A Causalidade Diabólica I

Coleção Estudos
Dirigida por J. Guinsburg

Equipe de realização − Tradução: Alice Kyoko Miyashiro; Revisão: Shizuka Kuchiki; Produção: Ricardo W. Neves e Sylvia Chamis.

A publicação deste livro foi
possível graças ao patrocínio da
Associação Universitária de Cultura Judaica
e da Confederação Israelita do Brasil.

Léon Poliakov

A CAUSALIDADE DIABÓLICA I

ENSAIO SOBRE A ORIGEM DAS PERSEGUIÇÕES

EDITORA PERSPECTIVA

Título do original em francês
La causalité diabolique (Essai sur l'origine des persécutions)

© Calmann-Lévy, 1980.

Dados Internacionais de Catalogação na Publicação (CIP)
(Câmara Brasileira do Livro, SP, Brasil)

Poliakov, Léon, 1910-
  A causalidade diabólica : ensaio sobre a origem das perseguições / Léon Poliakov ; (tradução Alice Kyoko Miyashiro). — São Paulo : Perspectiva : Associação Universitária de Cultura Judáica, 1991. — (Coleção estudos ; 124)

ISBN-85-273-0046-X

1. Judeus - Perseguições 2. Perseguição - História I. Título. II. Título: Ensaio sobre a origem das perseguições. III. Série.

91-2076
CDD-792.01
-909.04924
-320.56

Índices para catálogo sistemático:

1. Judeus : Perseguições : História 909.04924
2. Perseguições : História : História da Igreja 272

Direitos em língua portuguesa reservados à
EDITORA PERSPECTIVA S.A.
Av. Brigadeiro Luís Antônio, 3025
01401 – São Paulo – SP – Brasil
Telefones: 885-8388/885-6878
1991

Os demônios estão em toda parte; é provável que, de maneira geral, a crença na ação demoníaca se encontre na raiz de nosso conceito de causalidade.

ALBERT EINSTEIN

Do ponto de vista da consciência oficial, mesmo a responsabilidade dos cataclismos elementares (tremores de terra, secas, inundações) repousa sobre pessoas específicas. Ora, os portadores dessa consciência – os funcionários – assumem essa culpabilidade e se empenham, então, em ocultar os cataclismos da população. Consideram-se responsáveis (ou, mais exatamente, temem ser acusados) até pelas conseqüências da natureza social do homem; eis por que eles procuram deformar essa natureza e colocar toda a culpa sobre os vestígios do passado, sobre as influências perniciosas, sobre as máculas da cobiça, e assim por diante.

ALEXANDRE ZINOVIEV

A origem do Diabo não é clara, nem se sabe se algum dia será possível livrar-se dele.

LESZEK KOLAKOWSKI

Sumário

PREFÁCIO XI
1. INTRODUÇÃO GERAL 1
2. UMA NOVA HISTORIOGRAFIA 11
3. A DEMOLOGIA MILENARISTA. JUDEUS E JE-
   SUÍTAS 29
   A Explosão da Jesuitofobia na França do Século XIX 35
   O Grande Inquisidor e os Sábios de Sião 41
   A Tese da Conspiração Judaico – Jesuítica no III
   Reich 48
4. A REVOLUÇÃO INGLESA: O TEMA DA CONJU-
   RAÇÃO ROMANA. A ÉTICA CALVINISTA 55
   O Tema da Conspiração Romana na Inglaterra Elisa-
   betana 62
   O Milenarismo Inglês sob Cromwell 68
   A Marca Calvinista 80
5. A REVOLUÇÃO FRANCESA: O TEMA DA CON-
   JURAÇÃO ARISTOCRÁTICA E ALGUNS OU-
   TROS TEMAS 89
   Balanço. As Grandes Esperanças dos Ideólogos 128
6. FILOSOFIA ALEMÃ: A DIABOLÉTICA 143
   A Semente Hegeliana em Escala Mundial 156

Prefácio

Ao trabalhar em minha História do Anti-semitismo, um tema que, organicamente, secreta interrogações insólitas, tive, por último, que tratar da "visão policial da história" (as *plot theories*, teorias da conspiração, dos autores anglo-saxões: assimilar sob o vocábulo *plot* as *intrigas* e até os *planos* para as *conspirações*, a língua inglesa possui algo para nos ensinar. Além disso, ela nos põe no caminho de um extraordinário consenso etimológico, pois, no francês antigo, *complot*, uma "conspiração" é apenas uma "reunião de pessoas"; o equivalente russo *zagovor*, literalmente "falar por trás, pelas costas", é ainda mais sugestivo: falar pelas costas de alguém já é conspirar, a conspiração está em toda parte. Com algumas nuanças, encontra-se o mesmo fenômeno semântico no hebraico, no grego e no acadiano![1]).

1. Em hebraico, *kecher* (conspiração) significa: 1º) nó, anel; 2º) relação (no sentido de dependência ou vínculo causal); 3º) relações (no sentido de freqüentações ou contatos); 4º) conspiração; 5º) rebelião. Ao contrário do que se poderia crer, é o sentido de conspiração que, no hebraico bíblico, parece ter sido o sentido original, do qual os outros teriam sido derivados posteriormente (colaboração da Sra. Estelle Goitein-Halevi). Da mesma forma, *zagovor*, tem em russo um segundo sentido, popular ou medieval, que é o de encantamento ou fórmula mágica, e é possível que o sentido "conspiração" seja um derivado dessa acepção supersticiosa, sem na verdade perder a sua etimologia sugestiva.

No grego antigo, os dicionários assinalam para o verbo *synistémi* (de *syn*,

Como se sabe, segundo a "visão policial"[2], as desgraças deste mundo devem ser imputadas a uma organização ou entidade maléfica: os judeus, por exemplo. Procurei relacionar as expli-

com, junto, e *istémi*, pôr em pé, erguer, erigir) as significações de associar, reunir, estabelecer, organizar, combinar, tramar, conspirar.

Se a etimologia é uma ciência que impõe tanto rigor quanto minúcia no estabelecimento das filiações, consideradas as inumeráveis etimologias populares ou de fantasia, a nota abaixo de Jean Bottéro, relativa ao caso do acadiano, basta por si mesma, para impor a convicção, quanto à onipresença virtual da idéia de conspiração nas relações humanas:

"Conheço apenas duas ou três palavras em acadiano, escreve-me o eminente assiriólogo, que significam 'conspirar'. De início, há *kapâdu*, cujo primeiro sentido é 'esforçar-se por obter algo' (ela é sinônima de *tsarâmu*, que possui o mesmo sentido). Daí, passa-se a 'preparar a realização de um desígnio', 'meditar' ou 'projetar', que são todos sentidos freqüentes do verbo, tanto positiva quanto negativamente ('planejar a construção de um templo' e 'a destruição de uma cidade'). Quando se emprega o verbo no singular, ele indica apenas uma manobra, uma intriga, uma maquinação, mas, quando há vários sujeitos, intervém a noção de uma reunião, que parece essencial à 'conspiração'. É desse modo que, na Epopéia da Criação, os grandes deuses, primordiais, reunidos, discutem e planejam destruir seus filhos: eles 'conspiram' (verbo *kapâdu* no plural). Pode-se também incitar outras pessoas a conceber um desígnio, em geral malévolo, a tentar persuadi-las a pô-lo em funcionamento e realizá-lo: neste caso, utiliza-se o causativo do verbo em questão".

Um outro verbo é *dabâbu*, que é (diferentemente de *kapâdu*) mais amiúde usado em seu sentido fundamental: "falar", "discorrer", "discutir". A idéia de "conspiração" parece ter nascido no momento em que se utilizou este verbo no plural, para designar diversas pessoas que, juntas, "falam/discutem" um plano, em geral malévolo: este discurso comum pode supor conciliábulo, acordo, intriga. Todavia, emprega-se também o verbo em foco, em contextos análogos, no singular, como se o sujeito falasse para si mesmo, "em seu coração" (nuança por vezes acrescentada, de forma explícita, pelo uso da palavra "coração": *libbu*). Neste caso, volta-se ao "desígnio" de *kapâdu* e não há, propriamente falando, "conspiração" (de muitos).

Enfim, encontra-se de igual modo, no sentido aqui considerado, um terceiro verbo, que significa em primeiro lugar e mais correntemente "ligar/arranjar" vários componentes para formar um todo único: *katsâru*. Neste caso, a nuança é a de nosso "urdir", "tramar" um mau desígnio.

Um substantivo raro (um só exemplo conhecido e, provavelmente, uma palavra estrangeira – *hurrita* – derivada do acadiano) é *attamûkaru*, "conspiração", que parece de fato ter sido tirado do verbo acadiano *magxâru*, "estar de acordo"; este último, porém, segundo meu conhecimento, jamais foi empregado no sentido de "entender-se para perseguir um desígnio negativo", donde: tramar, conspirar.

2. A expressão "visão policial da história", que hoje caiu no domínio público, foi forjada, em 1953, por Manès Sperber.

cações desse gênero ao fascínio exercido sobre os espíritos humanos por uma causalidade elementar e exaustiva, que equivale, parece-me, do ponto de vista psicológico, a uma "causa primeira". Uma observação fortuita feita por Albert Einstein, sobre a gênese do conceito de causalidade, deu-me a idéia do presente ensaio sobre a "causalidade diabólica" em geral: perguntei-me em especial se os fenômenos totalitários do século XX não repousavam (entre outros fatores) na necessidade de sucedâneos para as causas primeiras de outrora.

Por outro lado, conforme os modos de interpretação que me pareceram impor-se desde o início de minhas pesquisas sobre o anti-semitismo, eu quis, em primeiro lugar, esquadrinhar o assunto com o auxílio de minha cultura analítica, procedimento sem dúvida mais lícito nesta matéria do que em qualquer outra, sem contudo iludir-me quanto aos resultados a esperar de um processo de que se pode afirmar, em duas palavras, que eles valem o que o historiador vale. Tratando-se de causalidade, voltei igualmente a consultar os trabalhos de Jean Piaget e de sua escola de psicologia genética, dos quais direi mais adiante em que eles me parecem menos satisfatórios, quanto à essência dos problemas, do que a psicanálise. Os métodos e a terminologia piagetianas, contudo, permitem-me delimitar o alcance que se pode emprestar, razoavelmente, a uma hipótese, que corre o risco de dar a impressão de propor uma nova chave da história universal – uma pretensão cuja desmedida deixar-se-ia coroar por uma ponta de ironia, sem dúvida tanto quanto o presente ensaio precisamente sobre as "chaves demonológicas" dessa ordem. Com efeito, poder-se-ia pretender, quando muito, esclarecer um certo aspecto *cognitivo* das condutas determinadas pela fascinação da causalidade diabólica, *aliás*, causa primeira, deixando à margem "seu aspecto afetivo em seu aspecto energético"; e Jean Piaget precisava bem que "esses dois aspectos são ao mesmo tempo irredutíveis, indissociáveis e complementares". Este seria o princípio de uma estratégia por mim adotada, de início, para o que acredito mais ou menos intuitivamente: sendo o conhecimento histórico puramente intelectual apenas para uma parte emergente, a essência do problema nos escapará, pois, como sempre.

É verdade que a concordância semântica entre línguas muito afastadas umas das outras, a respeito da "visão policial", não deixa de ser significativa. Ela nos recorda que maus pensamentos dormem no coração de qualquer um e que todos nós temos algo a esconder ou a calar. Pensemos num fato corriqueiro: quase sempre falamos de terceiros de maneira diversa em sua ausência do que em sua presença, e esse comportamento pode servir de esboço para uma intriga. Este é o efeito de um aprendizado social, que nos faz refrear os maus pensamentos e as más intenções, até a reprimi-los, sem impedir na verdade as projeções sobre outrem, o que é, de maneira diferente, grave. Se é verdade que toda loucura, toda paranóia, contém sua parcela de "verdade psíquica", como julgava Freud, pode-se mesmo admitir que, potencialmente, somos todos perseguidores perseguidos. É sobretudo desta forma, talvez, que "a má inclinação" estimula toda intriga ou toda conspiração, quaisquer que sejam os fins, as justificativas ou a ideologia. Em todo caso, o pior ocorre quando os adeptos da "visão policial" se apoderam do poder, pela força ou pela astúcia. É então que sua interpretação do devir humano, delirante em seu princípio, vem servir de fundamentos para uma ideologia de Estado e permite compreender melhor, de fato, o curso dos acontecimentos – a não ser que os resultados históricos da conspiração sejam muito diferentes dos planos de seus autores, como o testemunham os regimes totalitários – socialistas? – de nosso tempo[3].

Contudo, trato apenas superficialmente dessa história, satisfazendo-me aqui em examinar a obsessão das conspirações, em sua qualidade de "causas", *antes* do século XX. Aliás, desde o período anterior à Primeira Guerra Mundial, o pensador francês Lucien Lévy-Bruhl propunha, acerca da causalidade diabólica ou "primitiva", uma interpretação teórica, que, na verdade só foi enriquecida em nossos dias (exceto os incisivos esboços de Karl Popper) por Leszek Kolakowski e Alexandre Zinoviev, esses filósofos vindos do frio que, ao vigor de seu pensamento, aliam uma sólida experiência da *praxis* dos países ditos socialistas.

Ao corrigir as provas deste trabalho, cuja redação terminara em 1979, creio ter-me dado conta de que se sua parte introdutória e teórica contém sólidos argumentos, os capítulos de fato históricos são, em muitos pontos, menos satisfatórios, o que se deve, todo historiador de profissão me compreenderá, à imensi-

---

3. Cf. Karl Popper, *Conjectures and Refutations*, Londres, 1969, pp. 37 e ss., 123 e ss., 341 e ss.

dade do campo que eles abarcam. Espero que essas falhas sejam em parte compensadas num volume futuro, que versará sobre os mecanismos da causalidade diabólica no século XX.

Outubro de 1980

1. Introdução Geral

Não está distante de nós o tempo em que, pela opinião das populações ocidentais ou "brancas", não excluída a república dos cientistas e dos filósofos, o gênero humano se dividia em *raças inferiores* e *superiores*. Como prova, seria fácil citar Karl Marx, ou Darwin, ou Freud, ou importantes chefes de Estado, como Guilherme II ou Theodore Roosevelt, ou escritores não menos ilustres. Entre as figuras universitárias de proa, ninguém, à primeira vista, pareceu ter colocado essa distinção de forma tão radical quanto o filósofo francês Lucien Lévy-Bruhl, ao fazer contrastar "mentalidade civilizada" e "mentalidade primitiva", e ao qualificar esta última (a conselho de seu amigo Durkheim) de *pré-lógica*, porque ela ignorava as categorias da lógica aristotélica. Além disso, não pensavam os primitivos que o mundo era regido por forças invisíveis, poderes ocultos, não negligenciavam, portanto, as causas reais dos fenômenos em proveito das causas místicas, ou *primeiras*?

Essa arrogância do "homem branco" provocou, a partir dos anos 20, o protesto geral dos antropólogos: em nossos dias, Lévy-Bruhl, tachado por Claude Lévi-Strauss especialmente de "segregacionista", caiu num descrédito quase total. No entanto, Evans-Pritchard, sem dúvida o melhor cérebro da antropologia anglo-saxã, consagrava seu primeiro trabalho teórico à exegese e à defesa de sua obra, da qual tanto Carl Gustav Jung quanto Nikolai Bukharin se beneficiavam; Albert Einstein, preocupado com o problema das raízes da causalidade, pensava ter encontrado a sua explicação na *Mentalidade Primitiva*, e Jean Piaget aplicava ao pensamento da criança a noção de pré-logicidade[1].

Homenagens vindas de horizontes tão diversos forçam a respeitá-lo. Aliás, é importante saber que, no fim de sua vida, Lévy-Bruhl abandonou o infeliz termo "pré-lógica". De um modo geral, suas concepções evoluíram muito, entre 1909 e 1939. Pode-se dizer, a esse respeito, que ele seguiu um itinerário metodológico inverso ao de Sigmund Freud, pois, numa segunda fase, chegou a estender aos "civilizados" a mentalidade mística, a causalidade extra-espacial e extratemporal etc., que, de início, atribuiu só aos "primitivos". No fim de sua vida, convenceu-se de que todos os homens são capazes de, em determinadas circunstâncias, passar por cima da regra de não-contradição e de pagar tributo ao "princípio de participação", segundo o qual uma pessoa pode ser ao mesmo tempo ela mesma e outra coisa, ter o dom da ubiqüidade etc. Reconhece-se a lógica do inconsciente freudiano. Quanto à causalidade, eis como Lévy-Bruhl, nos seus cadernos de 1939, a explicava: "Corrijamos expressamente o que eu acreditava ser exato em 1909: não há uma mentalidade primitiva que se distinga da outra por *duas* características que lhe são próprias (mística e pré-lógica). Há uma mentalidade mística mais acentuada e mais facilmente observável entre os 'primitivos' do que em nossas sociedades, mas presente em todo espírito humano". A esse respeito, dava como exemplo o folclore europeu, "onde os modos de pensar e de sentir dos primitivos se exprimem plenamente", bem como "as circunstâncias excepcionais, em que, sem nelas pensar, o homem médio retoma a atitude característica dos primitivos". Assim, a mentalidade primitiva tornava-se uma mentalidade inerente, num grau variável, a todos os espíritos humanos.

Lévy-Bruhl dela fazia a seguinte descrição:

Enquanto, para os fenômenos normais, a mentalidade primitiva se comporte como se percebesse que as coisas só acontecem quando seus antecedentes são apresentados, ainda que ela não se formule a lei de causalidade que constata, e que, de antemão, aceite como certa a sua aplicação – desde que se trate de algo incomum, anormal, de uma anomalia, de um acidente, de uma desgraça, ela se torna, de um só golpe, indiferente a esta lei, e o *nexus causal* não tem senão uma importância secundária, que a deixa indiferente. Toda a sua atenção, na maioria

---

1. Cf. P. Masson-Oursel, "Disciples et élèves..."; M. Mauss, "Lévy-Bruhl sociologue", e H. Wallon, "L'oeuvre de Lévy-Bruhl et la psychologie comparée", *in Revue Philosophique*, mar.-abr. 1939.

das vezes apaixonada, dirige-se para a causa real pressuposta, que pertence ao mundo das forças sobrenaturais, e a questão do como parece perder todo interesse. É que, nesses casos, não se trata de uma causa segunda, provocada por um ou vários antecedentes, que faça parte de uma série irreversível de elos – mas de uma causa primeira, isto é, que tem por si mesma o poder de gerar, de produzir o seu efeito[2].

Ao examinar mais atentamente, via-se que o interesse dessa análise residia mais em sua precisão e na relação que Lévy-Bruhl estabelecia com as categorias da causalidade do que em sua novidade. De fato, a distinção entre a "causalidade diária" e a "causalidade mística" já fora feita por muitos autores de bom senso, mesmo que por alto. Dessa forma, para citar um filósofo, que Lévy-Bruhl com certeza lera, e talvez conhecera por meio de Paul Janet, a respeito das interpretações da Revolução Francesa pelos contemporâneos:

Quando os acontecimentos (...) provocam, por sua grandeza inesperada, o espanto, a admiração, o terror, é então que o pensador e o crédulo dificilmente escapam à tentação de ver nessas grandes crises a presença viva e a mão terrível da Providência[3].

No que lhe concerne, Lévy-Bruhl havia, de resto, esboçado, desde 1910, uma classificação dos diversos gêneros das "forças sobrenaturais":

Pode-se classificar, de maneira sumária, em três categorias, que aliás muitas vezes se sobrepõem umas às outras, as influências invisíveis com que a mentalidade primitiva está com freqüência preocupada: são os espíritos dos mortos – os espíritos, tomando a palavra no sentido mais amplo, que animam os objetos (de) toda espécie, animados ou inanimados) – e, enfim, os encantamentos e sortilégios provenientes da ação dos feiticeiros (...) a palavra "espírito", se bem que muito precisa, é a menos incômoda que possuímos para designar essas influências e essas ações, que constantemente se fazem sentir em torno dos primitivos.

Entretanto, poder-se-ia preferir a velha palavra "demônios", que sugere uma certa preponderância, ou uma anterioridade geneticamente verossímil, das influências *maléficas* que emanam de um "espírito".

É na introdução à *Mentalidade primitiva*, uma obra mais especialmente dedicada à causalidade, que Lévy-Bruhl salientava

---

2. *Carnets de Lévy-Bruhl*, Paris, 1949, pp. 9-10, 50-51 e 239-240.
3. P. Janet, *Philosophie de la Révolution française*, Paris, 1892, p. 31.

bem um outro princípio metodológico, que representa o valor de sua obra, ou seja, que o pesquisador deve esforçar-se para identificar-se com os primitivos, antes de compará-lo aos ocidentais, de julgá-los segundo o padrão europeu. A esse respeito, seu exegeta Evans-Pritchard o felicitava pela novidade de uma tentativa que acentuava as diferenças e não as semelhanças. O professor de Oxford comprovava também que ele era vítima de um processo de intenções, pois, apesar de suas ambigüidades terminológicas, não era de modo algum "racista". Contudo, no que concernia à "causalidade mística", ele lhe censurava uma certa falta de sutileza; enquanto em Lévy-Bruhl as "forças ocultas" constituem a única causa eficiente admitida pelos primitivos, Evans-Pritchard enaltece que estes admitem uma espécie de cooperação entre sobrenatureza e a natureza: "Eles sabem muito bem que o búfalo matou o homem, mas pensam que este não teria sido morto se não o tivessem enfeitiçado. (...) Eles se perguntam por que duas cadeias de acontecimentos independentes uma da outra se encontraram para levar um certo homem e um certo búfalo a um ponto preciso do tempo e do espaço..."[4] Não sei se a retificação possui um alcance universal, ou se existem "sociedades sem escrita" mais próximas do esquema lévy-bruhliano, mas, quanto aos anti-semitas franceses do início do século XX, o antropólogo inglês, com certeza, tem razão: é assim que, para Léon Daudet, a inundação de Paris de 1910 se explicava pelos desmatamentos efetuados pelos especuladores e negociantes de imóveis israelitas – as duas cadeias de acontecimentos resultavam, portanto, uma, do regime das águas, e, outra, dos malefícios judaicos[5].

Evans-Pritchard relatava ainda, baseado no testemunho de encontros que manteve com Lévy-Bruhl, o constrangimento por ele sentido, considerados os prolongamentos implícitos de suas análises: "Para ele, o cristianismo e o judaísmo também eram superstições, que comportavam uma mentalidade pré-lógica e mística. Contudo, para poupar as suscetibilidades, evitou exprimir essa opinião e excluiu a mística de nossa própria cultura". Sabe-se que Freud sentia os mesmos embaraços e que, no que lhe concernia, ele os reconhecia de forma explícita (em *Totem e Tabu*, sobre o cristianismo, e em *Moisés e o Monoteísmo*, sobre o ju-

---

4. Cf. E. Evans-Pritchard, *La Religion des primitifs à travers les théories des anthropologues*, Paris, 1965, pp. 95 e ss.
5. L. Poliakov, História do Anti-Semitismo, t. IV, *A Europa Suicida*, São Paulo, Perspectiva, 1985, p. 61.

daísmo). Um terceiro autor, que pertence à mesma geração e à mesma minoria, o filósofo Léon Brunschvicg, mostrou-se mais audacioso, no clássico tratado, que publicou em 1922, sobre a história do conceito de causalidade. A respeito dos primitivos, ele se apoiava sobretudo nos trabalhos de Lévy-Bruhl, para depois passar à "causa primeira" do ensinamento da Igreja, e escrever:

> A mentalidade que observamos na fase em que hoje se encontram as sociedades não civilizadas assemelha-se, na história da civilização, ao pensamento escolástico, que está de todo impregnado de formação lógica, mas que também subordina à representação metafísica da força a ligação natural dos fenômenos no espaço e no tempo. A mentalidade primitiva se caracterizaria assim mais como "pré-científica" do que talvez como "pré-lógica"[6].

A passagem da era da fé para a era da ciência representava para Brunschvicg "o progresso da consciência na filosofia ocidental", título de sua obra seguinte. É de Galileu e sobretudo de Descartes que ele datava o nascimento da mentalidade científica: "O advento do cartesianismo assinalava bem uma revolução na história da humanidade". Ora, quando Brunschvicg redigia, há mais de meio século, suas duas obras-primas, a última revolução intelectual dessa história ainda não ocorrera. Werner Heisenberg ainda não levara a seu limite os transtornos einsteinianos, não abolira as últimas certezas, não pulverizara uma causalidade e um determinismo que o próprio Einstein se esforçava por salvaguardar, graças a uma ascese heróica (aos olhos da geração crescente dos pesquisadores, dom-quixotesca e estéril). Com a mecânica quântica, a noção de substância arrastava a da causalidade em sua queda, e esta revolução, esta "metafísica indeterminista", coincidia com a entrada da Europa na era do absurdo e do terror totalitários[7].

Não é essa coincidência que o grande adversário filosófico de Heisenberg, o epistemólogo satírico Alexandre Zinoviev, para o qual "o futuro já está aí", nos descreve em suas *Hauteurs béantes*, (*Alturas Escancaradas*), nestes termos:

---

6. L. Brunschvicg, *L'expérience humaine et la causalité physique*, Paris, 1922, p. 109.
7. L. Brunschvicg, *Le progrès de la conscience dans la philosophie occidentale*. Paris, 1927. K. Popper, *The Logic of Scientific Discovery*, Londres, 1972, pp. 246-256 e *passim*.

Mística (...) É absurdo esperar alguma coisa do futuro, pois ele não apresenta nenhuma perspectiva. Se nossos antepassados pudessem ver o que se costuma denominar a realização de suas esperanças, eles irromperiam em protestos furiosos. As esperanças sempre se realizaram sob a forma de pormenores secundários de uma grande sujeira qualquer. Não se podem fundar as esperanças senão no passado, pois ele é indestrutível. Se você existiu no passado, você existirá no futuro. O inverso, porém, não é verdadeiro. O futuro é um reflexo fiel do passado. A vida se localiza no ponto onde os dois se chocam. Ela avança, ao mesmo tempo, no passado e no futuro.

Princípios de seleção (...) Entre nós, contraiu-se o hábito de crer que todos os homens são idênticos no plano intelectual e psicológico e que o cérebro não evolui deste ponto de vista. Todavia, quem sabe como os homens se diferenciam deste ponto de vista? Quem pode dizer a que conseqüência, na evolução dos homens, levaria uma seleção sistemática de imbecis, de medíocres, de lacaios, de delatores, de covardes, destinados a fornecer a camada mais privilegiada da sociedade? Isso não ocorrerá impunemente. Assim como os homens se reencontraram brutalmente diante do problema da poluição do meio ambiente e do esgotamento dos recursos naturais, do mesmo modo eles se reencontrarão brutalmente um dia frente ao do esgotamento de seu potencial intelectual e psíquico, e isto numa escala grandiosa. Nenhum ensinamento poderia contrabalançar esse fenômeno. Caso a humanidade se recuperasse, o que é pouco provável, seria preciso, sem dúvida, mais de um século para restaurar o potencial intelectual de um grupo humano, mesmo muito restrito, isolando-o e protegendo-o artificialmente. Porém, não será ele que será protegido, serão todos os outros que serão protegidos contra ele[8].

Reencontra-se essa idéia da degenerescência do espírito humano, mas expressa de modo clássico, sem sinal de humor negro, no outro grande pensador de formação inicialmente stalinista, que é Leszek Kolakowski. "Regressões culturais decisivas não são de forma alguma impossíveis, escreve ele, pois não há nenhuma lei natural que garanta o progresso ininterrupto da humanidade." E, num outro trabalho, ao tratar do "paraíso epistemológico inexistente":

Os enormes esforços mostrados na história da cultura para encontrar esse paraíso são comparáveis à busca do Graal. A quantidade de energia desperdiçada nessa busca e a obstinação extraordinária empregada para dirigi-la, embora os homens sejam conscientes da esterilidade tecnológica dessas explorações, obrigam em todo caso a refletir (...) semelhante tentativa representa uma tentação permanente da filosofia, e, se ainda (o que parece uma suposição fantástica) se pudesse explicá-la apenas pelo abuso das palavras, ela testemunharia uma certa degenerescência intelectual da espécie humana[9].

8. A. Zinoviev, *Les hauteurs béantes*, Lausanne, 1977, pp. 434, 410-411.

9. L. Kolanowski,d *L'esprit révolutionnaire*, Bruxelas, 1978, p. 22; *La philosophie positiviste*, Paris, 1976, pp. 244-247.

Retornemos, porém, às visões relativas à origem do conceito de causalidade, que permanecem (felizmente, pode-se dizer) fora do alcance das especulações dos físicos. Prosseguindo, nesse ponto, a obra de Léon Brunschvicg, Jean Piaget soube renovar o problema. Como se sabe, ele se dedicou ao estudo do desenvolvimento *cognitivo* da criança, tanto para reconstituir suas etapas em si, quanto para esclarecer, segundo este critério, a história do conhecimento e das ciências. Em determinados casos, ao examiná-los com mais cuidado, as descobertas piagetianas não fazem senão comparar e confirmar a teoria psicanalítica: assim, sobre o "narcisismo primário" do recém-nascido, ou sobre a "fase animista" subseqüente (a concordância das concepções é ocultada pelas discordâncias terminológicas). A respeito da causalidade, a escola piagetiana soube, com segurança, estabelecer com um perfeito rigor científico que, "inicialmente, a vida mental da criança é caracterizada pelo egocentrismo, há indiferenciação entre o sujeito e o objeto. (...) Em seguida, produz-se uma espécie de contágio do poder causal, que se acha delegado secundariamente às ações dos objetos uns sobre os outros, e isso em relação com outras qualidades do sujeito, que são também atribuídas aos objetos"; ou, citando o próprio Piaget, "os objetos são concebidos, por analogia com o eu, como ativos, vivos e conscientes: é, em particular, como esses objetos excepcionalmente imprevistos e interessantes que as pessoas são"[10].

"A hipertrofia egocêntrica" do poder causal na criancinha não faz pensar nessa "onipotência do pensamento", que, para Freud, representava uma etapa capital da hominização? A verdadeira diferença entre os dois mestres deve-se ao fato de que o de Genebra sacrificou a integralidade da visão a uma cientificidade apoiada nas verificações experimentais. É no criador da psicanálise que se encontram pontos de vista, que, por "indemonstráveis" que sejam, são satisfatórios para o espírito, sobre os traumatismos da individuação, sobre uma "rejeição" das frustrações que contribui para isolar o "puro ego do desejo" de um "exterior estranho e ameaçador" (Freud, 1930). O outro ("o objeto"), ao mesmo tempo que percebido originariamente, seria então sentido como uma força hostil ou perigosa, o primeiro avatar dos "espíri-

---

10. Fr. Halbwachs, *Réflexions sur la causalité physique*, "Études d'épistémologie génétique", XXV, Paris, 1971, p. 21; Jean Piaget, *Six études de psychologie*, Paris, 1964, p. 242.

tos" ou "demônios". "O ódio, enquanto relação com o objeto, é mais antigo do que o amor; decorre da recusa original dos estímulos do mundo exterior pelo ego narcisista" (Freud, 1915). E, mais laconicamente: "O perigoso é o que é estranho ao ego, o que lhe é exterior" (Freud, 1925)[11]. Todavia, os sentimentos (é preciso dizer: o sofrimento?) não são da competência de Piaget; a dinâmica dos impulsos não tem seu lugar na psicologia genética; a tensão original entre o Mal e o Bem, de que procedem os juízos de valor, nela é abandonada; os demônios são desencarnados, despersonalizados, reduzidos ao estado de ectoplasmas. E, talvez, seja por esse motivo que Albert Einstein tenha sabido exprimir o essencial bem melhor que Piaget: "Os demônios estão em toda parte; é provável que, de maneira geral, a crença na ação demoníaca se encontre na raiz de nosso conceito de causalidade"[12]. É verdade que aconteceu a Jean Piaget sugerir, à sua maneira intelectualista, que "os demônios estão em toda parte", ao escrever: "É surpreendente verificar como todas as formas pré-científicas de causalidade consistem em assimilações diretas do real às ações humanas". E, ao tratar do estágio "pré-causal" na criança, sabe expressar-se em termos simples: "Tudo o que está em movimento é vivo e consciente, o vento sabe que sopra, o sol que avança etc.[13]

Para concluir, gostaríamos de restituir a palavra aos antropólogos e podemos partir do princípio colocado de início por Lévy-Bruhl do seguinte modo: "A estrutura lógica do espírito é a mesma em todas as sociedades humanas" (*Cadernos*). Sabe-se do desenvolvimento grandioso dado a esta proposição por Claude Lévi-Strauss, que, nessa questão, se tornou o continuador e não o contraditor de seu antecessor. Convém citar, a esse respeito, a passagem que ele dedica, no início de *La pensée sauvage* (*O Pensamento Selvagem*), à noção de causalidade:

Contudo, não é verdade que o pensamento mágico, esta "gigantesca variação sobre o tema da causalidade", diziam Hubert e Mauss, se distingue menos da ciência pela ignorância ou pelo desprezo do determinismo do que por uma

---

11. Freud, *Das Unbehagen in der kultur* (1930); *Triebe und Triebschicksale* (1915); *Die Verneinung* (1925) (cf. *Studienausgabe*, 1969-1975, III, 101; III, 374; IX, 200).

12. Citado por Harry Grap Kessler, *Tagebücher 1918-1937*, Frankfurt, 1967, pp. 520-522.

13. J. Piaget, *Introduction à l'épistémologie génétique*, t. II, Paris, 1950, p. 282; *La psychologie de l'enfant*, Paris, 1966, p. 87.

exigência de determinismo mais imperiosa e mais intransigente, e que a ciência pode, quando muito, julgar insensata e precipitada?

Em seguida, Lévi-Strauss passa a palavra a Evans-Pritchard:

> Considerada como sistema de filosofia natural, ela (*witchcraft*, feitiçaria) implica uma teoria das causas: a má sorte resulta da feitiçaria, que trabalha de comum acordo com as forças naturais. Caso um homem atacado por um búfalo, caso um celeiro, cujos suportes foram corroídos pelos térmitas, lhe caia sobre a cabeça, ou caso ele contraia uma meningite cerebrospinhal, os Azande afirmarão que o búfalo, o celeiro ou a doença, são as causas, que se conjugam com a feitiçaria para matar o homem. A feitiçaria não é responsável pelo búfalo, pelo celeiro, pela doença, pois eles existem por si mesmos, mas ela o é por essa circunstância particular, que os coloca numa relação destruidora com um certo indivíduo. O celeiro teria desabado de qualquer modo, mas é por causa da feitiçaria que ele caiu num dado momento e quando um dado indivíduo repousava embaixo. Dentre todas essas causas, apenas a feitiçaria admite uma intervenção corretiva, uma vez que só ela emana de uma pessoa. Contra o búfalo e o celeiro, não se pode intervir. Se bem que eles sejam também reconhecidos como causas, estas não são significativas no plano das relações sociais (Evans-Pritchard, *Witchcraft*).

E Lévi-Strauss finaliza afirmando que "o rigor e a precisão que o pensamento mágico e as práticas rituais demonstram" parecem traduzir "uma apreensão inconsciente da verdade do determinismo enquanto modo de existência dos fenômenos científicos".

Portanto, de Freud a Evans-Pritchard, o consenso é geral. Pode-se acrescentar que Lévi-Strauss escreve, na penúltima página de seu *Pensamento Selvagem*: "Contrariamente à opinião de Lévy-Bruhl, este pensamento age pelas vias do entendimento, não da afetividade; graças a distinções e oposições, não por confusão e participação"[14]. Parece-me que esta discordância reflete as divergências implícitas entre Freud e Piaget. Todos os grandes autores, porém, seja qual for a sua linguagem, não nos sugerem que não há necessidade de cavar muito fundo para pôr a descoberto essas raízes – essas autênticas "causas primeiras" –, que são os espíritos, *alias*, os demônios?

Convém citar um último pensador, talvez, depois de Freud, o maior de todos, mas proveniente de um horizonte inteiramente distinto, o da nova lógica científica, a saber, Karl Popper, que, como Einstein, soube dizer o essencial em poucas palavras:

---

14. Claude Lévi-Strauss, *La pensée sauvage*, Paris, 1962, pp. 18-19, 355.

A teoria da conspiração é a visão segundo a qual tudo o que se produz na sociedade – aí incluídas as coisas de que, regra geral, as pessoas não gostam, tais como a guerra, o desemprego, a miséria, a penúria – é o resultado direto dos desígnios de alguns indivíduos ou grupos poderosos. Esta visão está muito difundida, se bem que represente uma superstição bastante primitiva. (...) Em sua forma moderna, ela é um típico resultado da laicização das superstições religiosas.

E, de modo mais conciso:
"Segundo a teoria da conspiração, tudo o que acontece foi desejado por aqueles a quem isso beneficia." *Is fecit cui prodest* – O culpado é quase sempre aquele a quem o delito ou o crime beneficia: eis, portanto, resumida em duas palavras, a visão policial da história[15].

---

15. K. Popper, *Prediction and Prophecy in the Social Sciences*, 1948; cf. *Conjectures and Refutations*, Londres, 1969, p. 341; *La société ouverte et ses ennemies*, trad. fr., Paris, 1979, t. II, p. 68.

2. Uma Nova Historiografia

História econômica; história das mentalidades; história demográfica; história religiosa; história política, a antecessora de todas elas; os gêneros de história, maiores ou menores, multiplicam-se sob nossos olhos. Quer se trate de economia, de climas ou de moda, o que todas têm em comum é o de estabelecer, cada uma à sua maneira, uma ordem causal entre os fatos. Desde cerca de vinte anos, surgiu um gênero totalmente novo, que punha em relevo uma espécie de causalidade demonológica. Ele possui seu áugure ou seu anunciador na pessoa do panfletário francês Maurice Joly (1831-1877), que, em seu *Dialogue aux enfers entre Montesquieu et Machiavel*[1] (*Diálogo no Inferno entre Montesquieu e Maquiavel*), uma sátira contra Napoleão III, demonstrava uma presciência das técnicas totalitárias de que talvez não haja outro exemplo. Contudo, a posteridade mal se lembra dele; quanto ao essencial, a história escrita pelos demonólogos e nosso século, que permanece tão sublunar como as outras, extrai sua inspiração dos "demônios hitleristas", e sua temática ou seu projeto implícito podem ser enunciados em duas palavras: de vez que a paranóia nazista não cessava de invocar "conspirações mundiais" (judaica, franco-maçônica, marxista etc.), até que ponto o curso dos acontecimentos no século XX foi determinado por representações dessa ordem?

---

1. Calmann-Lévy, editor, prefácio de J.-F. Revel.

Considerado o papel motor atribuído aos judeus na escatologia hitlerista, é possível classificar as obras sérias – uma dúzia – dedicadas, desde 1957, a essa questão segundo um eixo correspondente. Portanto, seria conveniente começar por falar da *Mythology of Secret Societies* (*Mitologia das Sociedades Secretas*) (1972), do historiador oxfordiano John M. M. Roberts, obra na qual praticamente não se trata dos judeus, pois versa sobre as interpretações demonológicas da Revolução Francesa, na primeira metade do século XIX. Não que o fim do Antigo Regime não tenha sido também posto sob a responsabilidade de Israel, mas apenas sob a III República e sob o papa Leão XIII, como veremos.

Como historiador de formação clássica, John Roberts toma cuidado em delimitar bem o seu assunto. Afastando de um só golpe, como delírios elementares, fenômenos tais como a caça às bruxas e o anti-semitismo, ele se restringe ao exame das campanhas que visam às organizações devidamente estruturadas, esforçando-se em traçar, de forma correta, a fronteira entre "a história positiva" e "a história mítica" das sociedades secretas. Talvez eu não traia o seu assunto, ao escrever que ele estuda uma certa fase inicial ou "nuclear", anterior à irrupção do povo na vida pública, da demonologia moderna. Entretanto, poder-se-ia falar também de uma "fase vergonhosa", pois, de um lado, M. Roberts verifica que a crença na instrumentalização causal das conspirações *satânicas* fazia parte do "aparato intelectual freqüente" dos homens cultos no século XIX, e, de outro, nos diz que esses homens prefeririam afastar-se dessas "superstições", não preocupar-se demasiado com essas "aberrações irracionais". A que atribuir esses recuos e essas contradições? Entre outras considerações, não só os papas, mas também os czares do século XIX, temiam a desordem, a fúria popular e os *pogroms* sangrentos; examinaremos isso mais adiante.

Frente a um assunto muito recente, M. Roberts multiplica as precauções, precisa que se trata apenas de um primeiro ensaio, admite seus possíveis erros. Apesar de sua prudência, ocorre-lhe ir muito longe. Em especial, quando se pergunta se não há "na sociedade ocidental uma tendência latente para personificar e dramatizar os problemas, para identificar um inimigo"; questão que aprofunda em sua conclusão, onde chega a admitir, por um processo inverso ao de Lévy-Bruhl (já que generaliza a partir dos europeus), que tal inclinação poderia ser universal – "uma propriedade da natureza humana":

Poderíamos admitir que existem características humanas permanentes, que predispõem a sociedade a uma irracionalidade política de um tipo perverso e nocivo. Seria possível indicar, por exemplo, que a mitologia das sociedades secretas não é a única a ter manifestado a sua faculdade de influenciar ampla e profundamente as condutas humanas. Esta não é mesmo a única versão da interpretação conspirativa da vida política. Outras sociedades, que não a sociedade européia moderna, foram agitadas por outras forças irracionais. Uma Europa anterior (para não ampliar nosso campo) conheceu outros dramas e perseguia os heréticos como portadores de uma doença fatal, que teria destruído a cristandade, se ela não tivesse malogrado. Numa época mais tardia, conhecemos a política, mais monstruosamente irracional ainda, do anti-semitismo; a prova por excelência, parece, do desejo permanente dos homens de serem enganados.

Esse esboço, porém, de uma abertura antropológica global (que não se encontra em nenhum outro historiador) é logo seguido, no historiador acadêmico inglês, de um movimento de recuo: "A hipótese de uma perversidade permanente não poderia ser demonstrada", "não há prova", e, de um modo geral, uma história psicanalítica é impossível, já que não se poderia estender os homens do passado num divã[2].

James Webb, cujo interesse está mais voltado para a demonologia esotérica ou *oculta*, não tem esse tipo de prudência, em *The Age of the Irrational* (*A Era do Irracional*) (1971-1972[3]): após ter colocado que era o primeiro a erguer o véu (M. Roberts também dizia o mesmo, com a elegância oxfordiana: "Este é um ensaio sobre um assunto até agora considerado não existente"), este amador não teme avançar e, amiúde, com felicidade. Em seu segundo volume, trata-se de modo considerável dos judeus, como o assunto o exige, pois nele se cuida dos primeiros mestres de Hitler. Também nele se discutem as tentações parapsicológicas de Freud e, sobretudo, de Ferenczi, dos deslizamentos aos abismos de C. G. Jung e de Wilhelm Reich, e de muitas outras coisas. Conclui: "É assim que é possível encontrar seu fim num universo povoado de demônios".

É interessante observar que os dois demonólogos anglo-saxões formulam uma consideração capital em termos próximos, a saber, que as crenças delirantes, que estudam, foram uma seqüela da ampla abertura suscitada pelo racionalismo das Luzes

---

2. *Mythology of Secret Societies*, conclusão.

3. J. Web, vol. I, *The Flight from Reason*, Londres, 1971 (ed. revista sob o título *The Occult Underground*, La Salle, III, 1974); vol. II, *The Occult Establishment*, La Salle, 1977. O título geral é *The Age of the Irrational*.

e da Revolução Industrial, e que elas prometiam certezas que davam "o sentimento de poder dominar ou controlar a realidade" (Roberts). Citemos, agora, James Webb:

> Na idade da fé, numa sociedade hierarquicamente estruturada, reservava-se aos indivíduos a necessidade de tomar suas decisões na assustadora consciência do grau ilimitado de liberdade de que dispunham. Saber que se é o árbitro de seu próprio destino, sempre é uma descoberta que amedronta e, durante o século XIX, povos inteiros começavam a conhecer esse medo. Num clima de ansiedade e de incerteza, a superstição pode proliferar à vontade. É possível ver aí uma regressão rumo a atitudes infantis, ou rumo a crenças adquiridas no início da existência, e recalcados depois; ou, talvez, o meio de conseguir uma espécie de controle ilusório sobre uma situação angustiante.

Talvez a idéia pudesse ser comentada assim, numa perspectiva psicanalítica ou psicogenética:

"Ser o árbitro de seu próprio destino" implicaria, nesse caso, o temor de uma regressão fascinante, aterradora, rumo ao todo-poderoso si fusionista ("narcisismo primário"), para evitar, portanto, ao preço de um mergulho num passado menos arcaico, aquele onde o poder causal já está delegado ao Outro, aquele de uma Ordem paternal e de seus controles. A lenda do Grande Inquisidor, que serve de núcleo temático aos *Protocolos dos Sábios de Sião*, e na qual nos deteremos mais adiante, permitirá melhor compreender esta problemática, que poderia exprimir o dilema existencial de qualquer um.

De James Webb, cujas leituras foram imensas, reteremos, enfim, as páginas ousadas nas quais ele empreende a demonstração "do parentesco fundamental" entre os "nacionalismos, os socialismos e a visão oculta do mundo" (capítulo "As Duas Realidades").

Encontram-se considerações originais sobre a relação entre nacionalismo e socialismo – entre o racismo e o marxismo – no ensaio sobre *L'hitlérisme et le système concentrationnaire* (*O Hitlerismo e o Sistema de Campo de Concentração*) (1967), devido a Joseph Billig. Como o título deixa perceber, trata-se de maneira considerável, nessa terceira obra, da "anti-raça" condenada dos judeus; mas seu autor evita mostrar-se como demonólogo. Seu grande mérito é o de ter estudado, com cuidado, os escritos dos dirigentes nazistas, Alfred Rosenberg e do próprio Hitler, bem como os trabalhos de seus filósofos esquecidos (Bäumler, Krieck), isto é, um pensamento, quase sempre, rejeitado como sendo rumor inútil e fúria.

Em conseqüência desse exame, Billig aplica-se em salientar o fascínio exercido pela doutrina marxista sobre Hitler. O líder do III Reich reconhecia sua perfeita cientificidade, em virtude da qual ela lhe parecia "matematicamente" promovida para a vitória final – a não ser opor-lhe um gás tão perfeitamente asfixiante (*sic!*), um *marxismo invertido*, por assim dizer, um mito tão inteiramente mentiroso, forjado com essa intenção de alto a baixo[4].

A obra maior de Rosenberg, *Le mythe du XXe siècle* (*O Mito do Século XX*), continha a exposição dessa antidoutrina. Em termos teológicos, o homem nórdico tornava-se um ser sobrenatural, o homem luciferino, que sabia domar, em seu proveito, as leis da natureza: Rosenberg o associava aos místicos e aos alquimistas alemães, que "souberam elevar-se até as estrelas", retomando, assim, as pretensões, que remontavam, de fato, à Idade Média, e que tendiam a constituir os alemães em sua própria causa primeira[5]. Cita, a esse respeito, o mestre Eckart:

> Eu sou a causa de mim mesmo... Com o meu nascimento, nasceram também todas as coisas, fui ao mesmo tempo a minha própria causa e a da totalidade das coisas. E, se quisesse, nem eu nem coisa alguma existiram; mas, se eu não fosse, Deus também não teria sido.

Alfred Bäumler felicitava Rosenberg por ter sabido pôr a nu "o âmago misterioso da própria formação mitificadora. (...) Ninguém, até o presente, teve conhecimento desse mito e, no entanto, o mundo viveu por ele. O desenvolvimento da realidade oculta é o momento decisivo de nosso tempo" etc. Lamentar-se-á que Billig não tenha ampliado o campo de suas análises, abstendo-se, em especial, de examinar, na perspectiva dada, a obra de Martin Heidegger.

Com Norman Cohn, chegamos ao pioneiro e, num certo sentido, ao teórico da nova escola histórica. Desde sua primeira grande obra, *The Pursuit of the Millenium* (*A Perseguição do*

---

4. Cf. *Mein Kampf*: "Essa tática (marxista), que está baseada numa justa avaliação das fraquezas humanas, deve levar quase matematicamente ao êxito, se o partido contrário não aprender a combater os gases asfixiantes. É preciso dizer às naturezas fracas que se trata, nessa circunstância, de ser ou de não ser" etc. Trad. fr. de 1934, p. 51.

5. A esse respeito, remeto ao meu *O Mito Ariano*, São Paulo, Perspectiva, 1974, pp. 80-83, onde se discute a pretensão especificamente germânica a uma "derivação de si mesma" (*Abstammung aus sich selbst*).

Milênio) (1957), ele colocava o verdadeiro problema, pois, ao tratar dos milenarismos medievais que fizeram derramar aos borbotões o sangue judeu, dedicava-se a salientar os traços estruturais que eles possuíam em comum com os movimentos totalitários modernos. Não é que ele pensasse em "negar o abismo que separa (...) o irracionalismo vulgar e o sadismo descarado, próprio do nazismo, da visão do mundo ostensivamente humanista, universal, científico e racional dos comunistas". Porém, em todos os casos e em todas as épocas, ele constatava uma finalidade quase idêntica: a salvação aqui e agora, conquistada com esforço sobre as forças do Mal, mesmo se a reivindicação fosse formulada em nome da vontade divina pelos antepassados, e em nome dos fins da história pela longínqua descendência. Dessa forma, relacionava a sangrenta "luta final" com os supremo combate travado contra o Anticristo e não deixava de acentuar as associações explícitas, aquela sugerida por Friedrich Engels no caso de Thomas Müntzer e sua Liga dos Eleitos, aquela invocada por Rosenberg no caso dos Bégardos e dos Irmãos dos Espíritos Livres.

Enquanto *A Perseguição do Milênio* era discutida, traduzida e começava a fazer escola, Norman Cohn continuava suas pesquisas nas duas grandes direções que esboçara. Em *Warrant for Genocide* (*Autorização para o Genocídio*) (1967), associava um antigo tema antijudaico ou anti-satânico, retomado e modernizado na segunda metade do século XIX sob a égide de Roma e de São Petersburgo, em particular sob a forma da conspiração dos Sábios de Sião, aos delírios homicidas dos nazistas. Ao estudar, em *Europe's Inner Demons* (*Demônios Ocultos da Europa*) (1975), a epidemia da caça às bruxas, levantava duas outras grandes questões. De um lado, era a do papel motor das obsessões demonológicas – uma questão já colocada por ele em suas obras precedentes – e à qual respondia dessa vez postulando que, a partir de um certo limite, a fantasia militante se torna "uma força autônoma" e exprime-se, em especial, numa legislação adequada. De outro, era a questão da lógica à qual obedecem as suspeitas inquisitoriais: estas visam a suas vítimas em função de certos comportamentos reais, ou são completamente gratuitas? No caso da caça às bruxas dos séculos XV-XVIII, as pesquisas de Norman Cohn faziam-no concluir que, o que quer que desde Michelet dezenas de medievalistas tenham podido pensar do assunto, jamais existiu nos fatos estudados alguma seita que praticasse o culto a Satã e se reunisse nos sabás, alguma "parcela de realidade" que servisse de clique às perseguições e aos processos.

Pode-se assinalar que esse problema apresenta muitas facetas e, sobretudo, que conheceu o grandioso prolongamento histórico que foram os Grandes Expurgos stalinistas – cujo sentido se aclara um pouco melhor quando se pergunta por que o hitlerismo não conheceu nada semelhante; é então que, num caso, importava designar pelo nome e oferecer como espetáculo os demônios, masculinos e femininos, e que, noutro, já eram predesignados e preoferecidos, sob a espécie de judeus e de judias. Contudo, a prudência profissional de Norman Cohn o impedia de insistir demais sobre os avatares modernos da caça às bruxas, do mesmo modo que ela o incitava a deixar nas mãos dos psicanalistas de profissão as interpretações em profundidade dos sonhos milenaristas – um domínio em que soube, no entanto, dar provas desde sua primeira obra.

Jacob Katz, em *Jews and Freemasons in Europe, 1723-1939,* (Judeus e Franco-Maçons na Europa, 1723-1939, Harvard, 1970), e Johannes Rogalla von Bieberstein, em *Die These von der Verschwörung, 1776-1945 (A Tese da Conspiração, 1776-1945,* Berna, 1976, entregaram-se a pesquisas paralelas sobre um assunto capital, que já prendera a atenção de John Roberts. No caso deles, tudo se passa como se tivessem convencionado dividir o trabalho, pois o talmudista israelita insiste na "história positiva" e o aristocrata prussiano, seu cadete há uns trinta anos, na "história mítica" das entidades, maçônicas e outras, que o século XIX percebia como os grandes inimigos da ordem estabelecida. Além disso, aquilo que Katz e Von Bieberstein possuem de comum é seu rigor profissional, como o preconizavam as respectivas tradições.

A história positiva da relação entre judeus e franco-maçons na Alemanha, como Katz a reconstitui, deixa a impressão de uma cega disputa entre todos os campos ou todos os interesses em confronto. Desde o fim do século XVIII, os judeus ambiciosos assediavam as primeiras lojas maçônicas alemãs e, desde então, sua admissão se chocava, contrariamente ao exemplo inglês, com uma barreira de fato, se não de princípio. Ao mesmo tempo, uma propaganda antimaçônica, já orquestrada pela Santa Sé, acusava os franco-maçons de serem os agentes de uma subversão alimentada sobretudo por fontes cabalísticas. Após o entreato napoleônico, todas essas tendências ou todos esses conflitos se acentuaram, e a polêmica em torno da admissibilidade dos judeus agitou a franco-maçonaria alemã ao longo de todo o século XIX, a ponto de Katz chegar a escrever: "Na linha da frente traçada entre os anti-semitas e os liberais, judeus e franco-maçons se encaravam de lados opostos" – mas isto vinha dificultar o amálgama levado a efeito alhures, na Europa, entre uns e outros.

Não é senão durante a Primeira Guerra Mundial que jornalistas católicos, de um lado, e anti-semitas profissionais, de outro, começaram a entoar o *slogan* dos judeus-e-franco-maçons, coveiros da Alemanha, uma fórmula que conheceu sob a República de Weimar um singular destino, incitando irmãos judeus a se demitirem das lojas maçônicas, ou irmãos cristãos a se distanciarem delas – até que, em 1933, o advento do III Reich pôs fim a toda a "história positiva" nesse domínio.

No que concerne à "história mítica", Rogalla von Bieberstein não deixa de descrever, no início de sua bela obra, a *parcela de realidade*, que, alguns anos antes de 1789, desencadeou um grande medo em escala intereuropéia – a saber, a pueril conspiração planejada pelos Iluministas da Baviera, com a intenção de destruir os valores cristãos estabelecidos. Importa notar que os judeus não estavam, no início, associados aos conjurados, a não ser metaforicamente (algum pregador dominicano elegia, em 1779, Judas, Herodes e Pilatos como fundadores da franco-maçonaria). É natural que as desordens revolucionárias, seguidas pela ameaça napoleônica, parecessem confirmar "os teoremas da conspiração", e lhe assegurassem uma ampla difusão. Vale notar também que a grande autoridade internacional no assunto, o jesuíta Agostinho Barruel, associou os filhos de Israel aos "conjurados franco-maçônicos e filosóficos", quando Napoleão convocou, em 1807, o grande sinédrio; também a propaganda russa denunciava, na época, o imperador como o Messias dos Judeus. A partir de 1815, o temor das conspirações diabólicas, longe de se abrandar, retomou como bola-de-neve uma carreira cujo êxito se deixa atribuir tanto aos defensores quanto aos adversários da ordem monárquica restabelecida. Von Bieberstein resume muito bem esse processo:

> O fato de que, não só os adversários, mas também os membros e os simpatizantes, atribuíam, muitas vezes, às "sociedades secretas" uma importância sem nenhuma relação com sua verdadeira influência, nos obriga a não nos satisfazermos com uma recusa superficial dos "teoremas da conspiração". (...) Ao relacionar todas as tentativas de emancipação [burguesa] à atividade conspirativa das "sociedades secretas", os adeptos da teoria da conspiração reforçavam em seus adversários a crença na eficácia política das conspirações; às vezes, eles devem, de fato, ter provocado a criação das "sociedades secretas". (...) no final das contas, Barruel, cujas *Memórias* são, em larga escala, uma edição comentada dos escritos dos iluministas, não só propagou o teorema da conspiração, como também a doutrina dos iluministas.

E é, dessa forma, que o coronel Pestel, o chefe dos dezembrinos russos, fazia traduzir os escritos do iluminista Adam Weishaupt, enquanto o doce poeta Shelley lia em voz alta e fazia ler ao seu redor as obras do padre Barruel. Um outro ilustre inglês, Benjamin Disraeli, questionava uma aliança judaico-maçônica, que atribuía à inércia continental:

> Quando, em fevereiro de 1848, as sociedades secretas surpreenderam a Europa, elas próprias foram surpreendidas por seu êxito inesperado e não teriam sido capazes de beneficiar-se da oportunidade se não fossem os judeus, que, infelizmente, se haviam ligado, havia anos, a essas associações nocivas. Qualquer que tenha sido a estupidez dos governos, o sismo político não teria devastado a Europa. Porém, a energia e os inúmeros recursos dos filhos de Israel prolongaram grandemente essa luta inútil.[6]

Portanto, não será espantoso ler, em 1872, sob a pena do jesuíta alemão Pachtler, que "é Judas que se encontra à testa da loja maçônica, as lojas cristãs são marionetes cegas animadas pelos judeus, quase sempre sem saber". Porém, como se sabe, é na Rússia que, no último quartel do século XIX, fora instalado o principal ateliê mundial de demonomania política.

Por outro lado, não importa qual possa ser a razão, verifica-se, tanto em Jacob Katz quanto em Johannes von Bieberstein, uma lacuna importante, pois eles não mencionam a fonte primeira da propaganda antijudaica-maçônica da época, que não era outra senão a *Civiltà Cattolica*, o hebdomadário oficioso da Santa Sé.

Um último explorador dessas regiões tenebrosas, o medievalista Gavin I. Langmuir, isola-se quase exclusivamente no vasto domínio da demonologia anti-semita, atendo-se mais, em particular, à violenta acusação de assassínio ritual, este cristicídio fantasiosamente reiterado de 1144 até nossos dias, de país a país e de geração a geração. O erudito historiado de Stanford começou esse estudo, entregando-se a pesquisa sobre as primeiras maquinações desse gênero (em especial sobre o famoso caso de Hugh of Lincoln, 1255); contudo, mergulhando mais fundo o seu olhar, chegou a renovar as teorias sobre "a causa do anti-semitismo". Não é no deicídio que ele vê as raízes, nem na antiga concorrência dos proselitismos respectivos, e menos ainda nos aspectos ju-

---

6. Cf. História do Anti-Semitismo, t. III, *De Voltaire a Wagner*, São Paulo, Perspectiva, 1985, pp. 280-281.

daicos secundários, formados pelo mecanismo das profecias realizadas por si mesmas (especialização no comércio e na usura, rancores anticristãos), mas num medo pânico, que deforma o entendimento: "O sentimento de um perigo, de um caos ameaçador, é tão grande que a ansiedade assim suscitada torna impossível qualquer pensamento objetivo".

Que perigo? A afirmação segundo a qual "os judeus" são os assassinos de Cristo, responde Langmuir, "exprime – e reprime – uma verdade de ordem diferente: a consciência que os cristãos sempre tinham de que os judeus podiam ter razão, quanto à natureza simplesmente terrestre de Jesus e ao caráter ilusório de sua crença em sua ressurreição". As diversas acusações dirigidas aos judeus "identificavam a ameaça fundamental: a de que Cristo podia ser apenas um homem morto e de que a fé cristã podia morrer".

Desse modo, Gavin Langmuir salienta que apenas um terror desse tipo é congruente com a monótona sanha com que, de Santo Agostinho a Karl Barth, os grandes pensadores religiosos extraíam seu argumento poderoso das atribulações dos judeus, dotados assim de um poder causal particular ("o presságio prevê e produz o acontecimento", o *signo* torna-se a *causa*): os judeus, seus assassinos, que não quiseram crer n'Ele,

porque era necessário que ele morresse e que ele ressuscitasse, desde então mais miseravelmente oprimidos pelos romanos, arrancados de seu país, onde já obedeciam a uma dominação estrangeira, exterminados e dispersados no universo; os judeus, que encontramos em toda parte, nos demonstram, por suas Escrituras, que as profecias relativas a Jesus Cristo não são de nossa invenção. (...) Dessa forma, enquanto eles se recusam a crer em nossas Escrituras, as suas, que lêem cegamente, se realizam neles (Santo Agostinho, 427).

Como se reconhecia em geral, a existência dos judeus é uma prova adequada da existência de Deus. É uma demonstração adequada da profundeza da culpabilidade humana, e, portanto, da inconcebível grandeza do amor de Deus, expresso pelo acontecimento no qual Deus em Cristo reconciliava o mundo com Ele. Os judeus dos guetos fornecem esta demonstração, sem querer, sem alegria e sem glória, mas eles a fornecem. Nada têm a afirmar ao mundo a não ser a sombra da cruz de Jesus Cristo, que cai sobre eles. Todavia, eles também, atual e necessariamente, afirmam o próprio Jesus Cristo. Eis por que "a Igreja deve tudo aos judeus" (Karl Barth, 1942).

Com certeza, em meados do século XX, essa teologia não era mais a de todos os cristãos. Permaneciam as variáveis individuais; como Langmuir escreve:

enquanto alguns sabem afrontar, sã e dignamente, as incertezas da condição humana, outros se deixam encurralar por um medo pânico, que utiliza todos os meios para não reconhecer essa condição, que chega mesmo a negar a alguns a qualidade de seres humanos. A raiz do holocausto reside na dificuldade que os homens sentem em enfrentar abertamente a angústia existencial.

Desde a era hitlerista e considerados, também, os "aspectos judaicos secundários", onde estamos? Gavin Langmuir não se esquiva das responsabilidades de sua herança:

(...) o anti-semitismo não foi nem uma extensão lógica nem uma simples vulgarização da doutrina antijudaico-cristã, mas a expressão de necessidades mais obscuras e menos ideais, geradas pela opressão de uma minoria. À medida que o antijudaísmo cristão foi, de início, responsável pela condição oprimida dos judeus, concorreu para a formação de crenças e de atitudes que o cristianismo não podia controlar. Elas contaminaram o próprio cristianismo e, de maneira geral, só foram condenadas como não-cristãs na segunda metade do século XX. Um problema que ainda resta solucionar é o de saber como os cristãos podem continuar cristãos e evitar o antijudaísmo[7].

Num sentido, receio ter ido mais longe que os autores que acabo de citar.

Não me ocorreu dizer num colóquio que, ao tratar da história medieval dos judeus, "entramos pela extensa introdução no domínio das obras do Demônio", e lembrar que, a respeito de sua emancipação, "a maior astúcia do Diabo consiste em fazer crer que ele não existe", adágio que eu interpretava como segue:

(...) não deveria ser impossível estabelecer uma relação entre o desaparecimento progressivo de uma população judia exteriormente reconhecível e a desmaterialização histórica do Diabo, determinada, talvez em parte, por esse desaparecimento do judeu revestido com seu uniforme de judeu, o que o tornava fisicamente diferente dos outros homens.

Assunto de década[8], mas, ao examinar mais atentamente, no

---

7. G. Langmuir, "Qu'est-ce que les Juifs signifiaient pour la société médiévale?", in *Ni Juif ni Grec, Entretiens sur le racisme*, Paris, 1977; "The Knight's Tale of Young Hugh of Lincoln", *Speculum*, XLVIII, 1972; "Anti-Judaism as the Necessary Preparation for Anti-Semitism", *Viator*, 2, 1971.

8. "Le Diable et les Juifs", *Entretiens sur l'Homme et le Diable*, C. C. I. de Cerisy, éd. Mouton, 1965.

volume IV de minha História do Anti-semitismo[9], eu me aventurava igualmente longe, numa direção análoga:

> Tenho razão de pensar, escrevia no prefácio, que o anti-semitismo revela-se ao mesmo tempo um símbolo e um agente da desordem ou da decadência da Europa? E que uma confusão sociopolítica, cujas seqüelas diretas – problemas dos judeus e dos "dissidentes" soviéticos, caldeirão do Oriente Próximo, posição internacional da Alemanha, e vou além – permanecem múltiplas e imbricadas entre si, merece ser conhecida e meditada amplamente?

Essas interrogações me levavam a intitular esse volume, tomo IV, de a História do Anti-semitismo – *A Europa Suicida*.

Aliás, em meus livros precedentes, a começar pelo *Breviário do Rancor* (1951)[10], reencontro outros acentos dessa espécie, que, no dia seguinte aos massacres hitleristas, apenas refletiam uma tradição judeu-centrista milenar, e que é possível crer mais bem defensável sob o reinado da fé que sob o da ciência. "Coração aflito das nações", segundo a imagem de Judá Halevi; porém, Spinoza também, que não levava a lei de Moisés em seu coração, escrevia na *Ética* (II, 7) que os hebreus parecem ter percebido as últimas verdades, mesmo que tenha sido "como que através de uma neblina". Durante os séculos seguintes, a grande maioria das figuras, cujos nomes foram retidos pela história, crédulos ou ateus, pensadores ou homens de ação, cristãos ou judeus, fizeram comentários sobre Israel e, quaisquer que tenham sido as suas perspectivas, quase sempre com paixão. É afirmar que parecia grande o perigo de aumentar o "poder causal" das crenças referentes aos judeus. No meu prefácio supracitado, reconhecia este perigo:

> As questões desse tipo encerram, além da dificuldade devida à sua desmedida, um obstáculo específico. Por mais que o anti-semitismo, quando se quer homicida, recorra ao argumento da conspiração mundial dos judeus, argumento político-policial e, como tal, dependente da competência de serviços especializados dos procedimentos, também conspiradores, e dos arquivos inacessíveis – até que ponto o pesquisador, que tenta divulgar o rasto deixado na história mundial pelas conspirações policiais que exploram a "teoria da conspiração", não se arrisca, de tanto roçar aliás as seduções da lógica maniqueísta, a sucumbir, por sua vez, a um delírio interpretativo? No caso das fontes primárias da visão hitlerista, por exemplo, o perigo é patente: os adeptos de gnoses ultra-secretas e de associações que remontam à Índia ou à Atlântida continuam, sem ser obrigatoria-

---

9. *A Europa Suicida*, São Paulo, Perspectiva, 1985.
10. Calmann-Lévy.

mente farsantes, a mistificar o público. Que se diga ainda que, como esquema explicativo e não importa o que se queira, a teoria da conspiração é mais satisfatória para o espírito do que qualquer outra: numa visão transcendente, ela parece mesmo inevitável como modo de leitura dos sofrimentos terrenos, pois todas as culturas são povoadas de divindades maléficas (a suposição de que a crença nos demônios serve de raiz ao conceito de causalidade remonta a Lévy-Bruhl e a Albert Einstein). E essa teoria está igualmente onipresente, ao menos em seu germe, nas suas versões imanentes.

Para me expressar ainda com mais clareza – a contaminação pode, nessas condições, levar a uma involuntária *mistificação de segundo grau*, em virtude sobretudo da carga emocional do postulado: "Os conjurados (judeus...) ameaçam destruir (ou já destruíram) nosso regime, nosso povo, todos os nossos valores sagrados". Como este postulado tornou-se, de fato, na década de 30, o *leitmotiv* das propagandas totalitárias, contribuindo, numa medida indefinível, para as grandes desgraças que se seguiram, o risco evidente, em particular no caso das vítimas virtuais, é de se deixar fascinar por uma tal acusação, para refleti-la ou "reprojetá-la", e para acusar, por sua vez, as demonologias dos tempos modernos de, sozinhas, terem *causado* essas desgraças.

Para minha autocrítica, não encontrava refutação satisfatória (eu invocava o enraizamento milenar do anti-semitismo no seio de nossa cultura), mas o que se teria a dizer, como demonstrar o que é cientificamente indemonstrável, já que a história não é uma ciência? "A produção de um fato empírico qualquer, que exige sempre um conjunto infinito de outros fatos, faz com que a determinação da causa de um fato seja, por conseguinte, praticamente impossível" (Alexandre Zinoviev). Ou, de modo mais simples: "A explicação histórica é retorno ao infinito" (Paul Veyne). Porém, o que é, então, a história? Ela é fundamentalmente "nossa relação com os valores" (Max Weber). Sobretudo quando se trata de *nossa* história, ou seja, no fim das contas, daquela da civilização ocidental, que nos substitui um mito das origens, como outrora o relato bíblico em relação com o problema do Bem e do Mal. É isto que provoca o interesse em direção à história, assim como a sua imensa carga afetiva e, por esse motivo, os "gêneros", por mais diversos que sejam, sempre permanecerão, por um viés, moralistas.

Quanto ao "gênero demonológico", no entanto, talvez pudesse, desta vez, responder um pouco melhor à minha autocrítica.

Se, para começar, olharmos os historiadores, que desempenharam algum papel no cenário político, como François Guizot ou Paul Miliukov, logo percebemos que eles quase não tinham temperamento maniqueísta. Não foram líderes, não sabiam ou não queriam arrastar as multidões, designando-lhes, para consolidar a união, qualquer inimigo apocalíptico. À sua forma de pensamento correspondia um estilo de ação, que se situava nos antípodas do carisma, uma propriedade da qual Freud nos afirma que acarreta "o milagre do desaparecimento completo de toda particularidade individual". E ele precisa:

> Tentamos explicar esse milagre, supondo que é devido ao fato de os indivíduos renunciarem ao seu *ideal do ego* em favor do ideal coletivo encarnado no líder. (...) A escolha do líder é, portanto, facilitada em grande medida. Basta que possua as qualidades típicas desses indivíduos no estado de pureza e de clareza particulares e que se imponha a eles por sua força e por sua onipotência, à qual ele, talvez, jamais tenham pretendido sem isso. Quanto aos outros, isto é, àqueles cujo *ideal do ego não* encontraria no líder uma encarnação completa, seriam arrastados "sugestivamente", ou seja, graças à identificação[11].

A descrição, que convém bem melhor a Hitler do que a Lênin, não é profética, já que data da primavera de 1921, durante a qual o militar desconhecido dava seus primeiros passos de agitador? Isto dito, é pelo viés sócio-psiquiátrico que se pode ilustrar o melhor modo de ação da causalidade diabólica e, assim fazendo, pleitear que seus exegetas mereçam escapar da censura, se não de judeu-centrismo, ao menos da mistificação de segundo grau. (Há um certo número de outras considerações, que examinaremos mais adiante.)

Com efeito, entre a imensa produção relativa ao fenômeno nazista, encontram-se trabalhos de profundidade, possibilitados pela amplidão da documentação disponível, de caráter propriamente sociológico. No seio do Partido Nacional Socialista, como isolar o núcleo extremista dessa minoria ativa, que une os portadores do sadismo gratuito e da violência? Uma obra recente, intitulada *Violência Política sob a Suástica* (1975)[12], do sociólogo norte-americano Peter Merkl, é especialmente dedicada a essa questão. Este autor se fundamente, de modo metódico, em quinhentos e oitenta e uma autobiografias pormenorizadas, que datam de 1934, dos antigos membros do Partido Nacional Socialista.

---

11. *Psychologie collective et analyse du moi*, trad., Paris, 1950, p. 94, *Studienausgabe*, IX, 120.

12. Para as citações abaixo, cf. Merkl, *Political Violence under Swastika*, pp. 488-503, 522 e 746.

Em seu trabalho, concede um espaço muito grande ao termo e à noção de *Judenkoller* (cólera (anti)judaica), sob os quais se entendia, na época, uma explosão de furor anti-semita irreprimível: "(esse funcionário) parece ter sido surpreendido, em 1912, pela *Judenkoller* e ter sofrido, depois, de uma paranóia aguda, que o fazia perceber os judeus em toda parte do governo e a se atormentar sobre a questão de saber se Jesus era um judeu". "Deve ter havido uma onda maciça de *Judenkoller*, em 1918-1919, na Alemanha." E, assim por diante.

Não que os judeus tenham constituído, sob a República de Weimar, o alvo número um de todos os membros do partido. Uma tabela, montada por Merkl, intitulada "Os Objetos Principais da Hostilidade", sugere, à primeira vista, o contrário: estatisticamente, o alvo número um eram "os marxistas em geral", citados por 44 por cento dos entrevistados, os judeus só vinham em segundo lugar, com 12,5 por cento (a que se acrescentavam 2 por cento de "marxistas judeus"). Contudo, é certo que apenas eles, excluindo todos os outros "objetos de hostilidade", se deixavam ligar a uma rubrica de "conspiração"; que apenas um terço dos entrevistados estava isento de todo anti-semitismo, e que, a respeito dos dois terços, que eram afetados por ele, Merkl chegou às seguintes constatações:

Mais de um quarto havia, com toda certeza, contraído um caso violento de anti-semitismo, em reação ao grande conflito de 1918 ou a crises pessoais. Quase o mesmo percentual apresentava uma forma mais crônica de sintomas psiquiátricos, tal como um medo paranóico da "conspiração". O restante era caracterizado por projeções verbais benignas.

Em resumo, sobressai das minuciosas análises de Merkl que cerca de 16 por cento de membros do partido acreditavam na conspiração mundial judaica, e que quase o mesmo percentual apresentava outras formas violentas do "misticismo antijudaico". O que vem lembrar a observação de Lévy-Bruhl sobre a atualização "da mentalidade mística, mais marcada e mais facilmente observável nos 'primitivos' do que nas nossas sociedades, mas presente em todo espírito humano". É preciso acrescentar que é nos indivíduos mal equilibrados e mal integrados, nos quais necessidades arcaicas ou desejos megalômanos permanecem imperfeitamente reprimidos, que a "causalidade animista", sobretudo nos momentos de uma grande crise, ressurge e se exerce com mais facilidade?

Todavia, o que parece capital ao nosso tema é uma conclusão de Merkl, segundo a qual, além das percentagens e dados estatísticos, os indivíduos do tipo "paranóico", obsedados por uma rígida causalidade, e especialmente receptivos, por isso, às teorias da conspiração, *têm muito mais peso do que os outros* na vida política (ao menos, no caso de um regime totalitário). Com efeito, Merkl pôde fixar as atividades para as quais os membros do partido se orientavam, em função de seu perfil psicológico. Por conseguinte, comprovou que eram sobretudo aqueles, que são sintomaticamente atraídos pela visão policial da história, que assumiam as posições de influência e de autoridade: os "tipos paranóicos":

> O grupo que fornecia, e de longe, a mais considerável proporção (70 por cento) de detentores de postos-chaves eram os paranóicos, dos quais 38,6 por cento assumiam funções, tais como organizadores de comícios ou de desfiles, oradores nas reuniões, *Ortsgruppenleiter* (dirigente de grupo local), altos ou intermediários funcionários, ou deputados (no Reichstag). A predominância dos anti-semitas políticos nesses domínios, apesar de suas manias bem visíveis, anunciava claramente o curso que o III Reich iria tomar.

"A doença da violência, que se apoderara da sociedade alemã, não conhecia remédio. O resto pertence à história", conclui o sociólogo norte-americano. Contudo, ao refletir sobre isso, toda a história, vista sob o ângulo do problema do poder, não é balizada pela promoção aos postos-chave das naturezas combativas, ágeis na decisão e mais facilmente arrastadas, por isso, para as soluções extremas do que o comum dos mortais? Tanto mais que a classe dos intelectuais se inclina, muitas vezes, de seu lado, a jogar lenha na fogueira (pensamos na ácida observação de Albert Einstein, quando da ascensão do nazismo: "Esta classe sucumbe, com mais facilidade, às fatais sugestões coletivas, porque não tem o hábito de haurir diretamente no vivido, mas deixa-se monopolizar mais cômoda e mais completamente por meio do papel impresso"[13]). Considerando a sociedade em seu conjunto, seria possível também invocar, para provar, o pacifismo básico, que, em compensação, predomina entre os "humildes deste mundo", que, por um lado, são apenas pessoas que ficam em seu lugar, ou ainda pessoas satisfeitas com seu destino ("O homem feliz não veste camisa" etc.).

---

13. Carta a Sigmund Freud (sobre a possibilidade de prevenção dos conflitos internacionais), em 30 de julho de 1932.

Num plano antropológico geral, pode-se reter também a lapidar observação de Wilhelm E. Mühlmann: "As religiões do amor são religiões plebéias"[14] – embora seja verdade, como Mühlmann não esquece de afirmar, que de tanto pregar um amor sem retorno, essas religiões se arrisquem, cedo ou tarde, a se transformar em cultos de ódio.

Em todo caso, esbocei há tempos, como historiador, uma hipótese "selecionadora" próxima da hipótese sociológica de Peter Merkl. No que me concerne, partia de um certo *ideal do homem alemão*, elaborado de início por humanistas e reformadores germânicos do século XVI, sobre o testemunho de Tácito e de outros antigos:

> É evidente [escrevia] – mas, segundo a fórmula consagrada, é ainda mais evidente – que, clinicamente falando, a paranóia ou as neuroses individuais não são e não eram mais freqüentes na Alemanha do que nos outros países europeus (embora a educação autoritária e as tradições nacionais de disciplina tendessem a privilegiar alguns tipos de neurose). Não é menos verdadeiro que o ideal do homem alemão, esboçado no tempo do humanismo, tenha exercido nos séculos XIX e XX uma influência que se pode crer decisiva, operando de dois modos: alemães de todo temperamento, em número crescente, procuravam conformar-se ao modelo patriótico assim proposto, e a vida imitava a arte histórico-política (deste ponto de vista, sendo o período mais característico o da "germanomania", nos dias posteriores às Guerra Napoleônicas); e alemães devidamente predispostos ao temperamento reivindicativo ou megalômano, semelhante àquele emprestado ao imaginário "homem ideal", impunham-se na vida pública, seletivamente e em proporções crescentes (testemunha a história do II Reich e sobretudo a do III Reich). Acreditamos que toda reflexão sobre a história alemã, entre 1871 e 1945, dá, por assim dizer, provas incontestáveis da importância e do modo de funcionamento desses mecanismos sociológicos, que, de um lado, exerciam uma espécie de impulso e, de outro, operavam uma seleção. Para ser satisfatório, todo esquema explicativo deve levar em consideração esses mecanismos sociais, que, ao mesmo tempo que aqueles que são comandados pelas determinações econômicas e demográficas, vêm preencher o abismo intelectual entre a interpretação psiquiátrica e a tragédia política européia[15].

Nesse sobrevôo histórico, não mencionava nomeadamente o "ego ideal" do III Reich (ou, para citar uma fórmula profética de Michelet, o "líder que concentra em si a honra do povo, de que ele se torna o tipo colossal"[16]. Para terminar de falar sobre o

---

14. W. E. Mühlmann, *Messianismes révolutionnaires du tiers monde*, ed. fr. Paris, 1968, p. 290.

15. *O Mito Ariano, op. cit.*, p. 82.

16. *Idem*, p. 26.

adepto supremo da *Judenkoller*, é necessário lembrar que, desde 1915[17], o soldado Hitler sonhava em esmagar "o internacionalismo interno", que, em *Mein Kampf* (*Minha Luta*), precisava sua idéia, ao deplorar que "os corruptos hebreus" não tinham sido asfixiados preventivamente, que anunciava, em 30 de janeiro de 1939, "o extermínio da raça judia", em caso de uma nova guerra, e que em seu testamento, ditado às vésperas de seu suicídio, exortava o povo alemão a dar um bom final a esse combate?

Tal seqüência nas idéias era, por sua vez, tributária de um imaginário coletivo muito particular, que remonta num sentido ao cisma intrajudaico, sobre o qual se abriu a nossa era, mas que foi, literalmente, transformado pela literatura, sobretudo romântica, do século XIX. É para essas fantasias que vamos, agora, nos voltar.

---

17. Carta da Frente de Flandres ao assessor de Munique, Ernst Hepp, em 5 de fevereiro de 1915: "[Esperamos que]... não só os inimigos externos da Alemanha sejam destroçados, como nosso internacionalismo interno também seja esmagado. Isto será mais importante do que todas as anexações".

3. A Demonologia Milenarista. Judeus e Jesuítas

A antropologia freudiana atribuía o processo da socialização humana, na verdade da hominização simplesmente, a uma conspiração dos "filhos" contra o "pai"; não importa o que se possa pensar disso, é incontestável que o tema e sua angustiante repetição, isto é, o temor de uma conspiração, sejam tão antigos quanto a própria história. Nós os encontramos na Bíblia, quer se trate dos Salmos, ou do Apocalipse[1]; e, numa tal perspectiva, o que é então a *Ilíada*, observa Karl Popper, senão a reflexão, nas planícies troianas, das intrigas e das conspirações urdidas no Olimpo[2]? Entre os romanos, o historiador Salústio, autor da *Conjuração de Catilina*, fazia das conspirações e das contraconspirações o principal motor do devir político romano. Também a gênese do cristianismo está intimamente ligada ao relato de uma conspiração

---

1. Cf. o Salmo 2 e, sobretudo, o Salmo 59, *Hino de Davi*: "... salva-me dos homens sanguinários! Pois eis que estão à espreita para me tirar a vida; esses homens violentos conspiram contra mim, sem que eu seja culpado, sem que eu tenha pecado, ó Senhor. Malgrado minha inocência, eles correm, e se preparam..."

2. "Homero concebeu o poder dos deuses de tal forma que o que acontecesse na planície de Tróia seria apenas uma reflexão das várias conspirações no Olimpo. A teoria da conspiração da sociedade é justamente uma versão desse teísmo. (...) Ela vem da rejeição de Cristo e da pergunta: Quem está neste lugar? (Cf. *Conjectures and Refutations*, Londres, 1969, p. 123).

dos judeus, ou dos principais judeus, narrada de uma forma bastante semelhante pelos quatro evangelistas. Depois, São Justino, seguido de São Tertuliano, retomam essa idéia da conspiração anticristã. Nos primeiros séculos da Igreja triunfante, São Jerônimo e São João Crisóstomo citam-na de igual maneira; em geral, porém, a literatura patriótica não se mostra especialmente preocupada com essa forma do "perigo judaico".

Na Idade Média, o tema desenvolveu-se de maneira diversa. Não que as autoridades cristãs, a começar pelos sumos pontífices, tivessem então chegado a temer qualquer represália judaica; mas sua pregação sobre o povo deicida acabou por gerar crenças populares desse tipo. A partir do século XII, é a lenda do assassinato ritual de uma criança, uma mística vingança judaica, celebrada anualmente na Páscoa por ordem de um conclave rabínico, espécie de governo secreto. Esse tema e seu semelhante, a profanação das hóstias, conheceram uma vasta exploração literária, de Mathieu Paris e Geoffrey Chaucer nos séculos XIII e XIV, até Dostoiévski e a seu intérprete Rosanov, nos séculos XIX e XX. No início do século XIV, é o envenenamento dos poços, horrível conspiração destinada a matar todos os cristãos, na qual os judeus desempenham o papel de organizadores, e os leprosos, o de executantes; mas, numa versão, a iniciativa primeira pertence ao Rei de Granada e, numa outra, ao Diabo em pessoa. Essa lenda era contemporânea a diversas desgraças, que se abateram então sobre a cristandade, em especial na França: uma grande penúria e uma epidemia, ainda benigma, de peste. A terrível peste negra, que se propagou cerca de trinta anos mais tarde, merece ser examinada um pouco mais atentamente, na perspectiva da causalidade diabólica.

Essa pandemia é, em geral, considerada a mais mortal de todos os tempos, pois ceifou, entre 1347 e 1350, um terço, e talvez mais, da população européia:

> Os seres humanos se interrogavam: por que essa calamidade? Qual é a sua razão? As pessoas cultas, os médicos em particular, redigiam tratados eruditos, de que ressaltava, segundo as melhores regras da escolástica, que havia duas espécies de causas para a epidemia: causas primárias, de ordem celeste (conjunção desfavorável dos astros, tremor de terra) e causas secundárias ou terrestres (decomposição do ar, envenenamento das águas), e já a hipótese do contágio era mencionada por alguns precursores prudentes. Os espíritos mais simples não se preocupavam com essas sutilezas: para eles, tratava-se, ora de um castigo divino, ora dos malefícios de Satã, ora de um e dos outros ao mesmo tempo, tendo Deus dado inteira permissão ao seu antagonista para castigar a cristandade. Nessas condições, Satã operava, segundo seu hábito, com o auxílio de agentes, que

poluíam as águas e envenenavam os ares, e onde podia ele recrutá-los a não ser no seio da escória da humanidade, entre os miseráveis de toda espécie, os leprosos – e sobretudo os judeus, povo de Deus e povo do Diabo ao mesmo tempo? Ei-los promovidos, em grande escala, ao seu papel de bodes expiatórios[3] (...) [Como escrevia, então, Jean Froissart] uma doença, chamada epidemia, de que morreu um terço dos homens, percorreu todo o mundo (...) e se afirmava, de ordinário, e se acreditava, com certeza, que esta epidemia provinha dos judeus, e que os judeus haviam lançado grandes venenos nas fontes e nos poços através do mundo, para empestear e para envenenar a cristandade; eis por que os adultos e as crianças experimentaram muita cólera contra os judeus, que foram atacados em toda parte onde se pôde agarrá-los, e mortos e queimados em todas as províncias limítrofes (...) exceto em Avignon e nas terras da Igreja, sob a proteção do papa, pois a Igreja nunca acha que se deve matá-los.

Deve-se reter a exceção; mas ela não desmentia, de modo algum, a regra de uma causalidade unívoca, pois, através de toda a Europa, a calamidade era imputada aos judeus, elevados assim à qualidade de instrumento da cólera divina. Instrumento exclusivo, que se note bem: quando da maior e mais durável catástrofe da história medieval, nenhum outro grupo maldito ou simplesmente marginal (feiticeiros, leprosos, heréticos etc.) parece ter sido associado aos judeus.

Nos tempos modernos, o fato foi abordado de outro modo, pois os flagelos desse gênero eram, às vezes, atribuídos ao mesmo tempo, tanto aos judeus, quanto "ao governo" (assim, em Paris, o cólera de 1832), ou "aos médicos" (em Marselha, a peste de 1720). Contudo, em 1920, quando, logo após a epidemia de gripe espanhola, alguns casos de peste enlouqueceram os parisienses, de novo os judeus, e mais especificamente "os judeus levantinos", foram os únicos acusados[4].

É verdade que, até a Reforma, os fiéis de Moisés apresentavam a singularidade de serem os únicos heterodoxos tolerados pela Igreja e se beneficiaram da proteção da Santa Sé, embora tudo o que não parecesse "cristão" fosse considerado mais ou menos "judeu", tanto aos olhos do povo como aos dos doutos. Ora, não existia talvez população tão politicamente segura, tão reverente às autoridades do que os judeus medievais. É apenas na Espanha que as perseguições da Inquisição, que visavam aos mar-

---

3. História do Anti-Semitismo, t. I, *De Cristo aos Judeus da Corte*, São Paulo, Perspectiva, 1979, p. 92.

4. *Ibid.*, t. IV, *A Europa Suicida*, Perspectiva, 1985, p. 274.

ranos mal batizados, provocaram, no fim do século XV, algumas conspirações autênticas[5].

No século seguinte, a Reforma, ao dividir a cristandade ocidental em duas, vinha engrossar a categoria dos inimigos pré-designados, fautores de todo o mal sobre a terra. Porém, se, durante longas gerações, "papistas" e "heréticos" se recusavam, à porfia, a responsabilidade de trabalhar por conta do Diabo, no caso dos primeiros, a ordem recém-fundada dos jesuítas logo granjeou a exclusividade de ódios e de temores, que ultrapassam, em ampla medida, a linha divisória confessional e que apenas se deixam comparar às acusações tradicionalmente dirigidas aos judeus (os jesuítas, "judeus de substituição"? – o uso da língua sugere bem, quando se se atém ao sentido imediato e pejorativo dos termos). É que, no espaço de uns trinta anos, o instrumento forjado por Inácio de Loyola torna-se a tropa de choque da contra-ofensiva romana, da Reforma Católica. Seu prodigioso êxito prendia-se à qualidade humana e à cuidadosa formação dos membros da Companhia de Jesus ou a uma organização engenhosa e a um espírito de grupo sem igual, ou a uma amplitude de pontos de vista, que assegurou aos jesuítas, ao mesmo tempo que o quase monopólio do ensino superior, o da confissão dos adultos deste mundo?

O que é certo é que, desde o Concílio de Trento, sempre os vemos invejados e odiados *urbi et orbi*, tanto é verdade que as qualidades, que garantem o êxito (e seus corolários, das servidões às vertigens!), dificilmente são perdoadas. É assim que, na França do século XVI, os jesuítas são detestados, tanto pelos dominicanos e pelas outras ordens religiosas, quanto pela Sorbonne e pelo Partido Monarquista, sem falar dos protestantes. Seria preciso mais para serem qualificados de judeus? "Havia no jesuitismo muito de judiaria; na verdade, tanto quanto os antigos judeus haviam condenado Nosso Senhor Jesus Cristo, esses novos judeus faziam o mesmo em relação aos apóstolos", escrevia o grande advogado Étienne Pasquier[6], o inimigo figadal dos jesuítas. De certo modo, a acusação continha uma parcela de verdade, pois os "novos judeus" contavam em suas fileiras com muitos "cristãos-novos", ou "conversos" de origem judaica, que vieram auxiliar Santo

---

5. *Ibid.*, t. II, *De Maomé aos Marronos*, São Paulo, Perspectiva, 1984, p. 161.

6. É. Pasquier, *Le catéchisme des Jésuites ou Examen de leur doctrine*, Villefranche, 1602, p. 78.

Inácio, e de quem a Companhia de Jesus se recusava a se separar, ao longo de todo o século XVI. Porém, de maneira geral, os espanhóis eram, à época, suspeitos de praticar uma fé impura ou "judaica", o que, por fim, incitou a ordem, por instruções da Santa Sé, a impedir o acesso de quem quer que fosse suspeito de ter um antepassado judeu (esta foi, fora da península Ibérica, antes do século XX, a única prática dessa espécie). No plano teológico, enfim, a ética voluntarista e o acento posto nos "atos", de preferência à "fé", bem como os refinamentos casuísticos, aproximam sem dúvida a moral jesuítica da tradição judaica. Censurou-se muito os judeus de terem introduzido no catolicismo romano "o espírito farisaico rabínico", e continua-se a propor genealogias desse gênero, de que se sabe tudo o que elas podem ter de gratuito[7].

No século XVI, é no mundo germânico que os jesuítas registraram seus êxitos mais espetaculares. Escreve-se, de hábito, que foi graças a eles que Roma reconquistou a metade da população alemã, já dada por perdida por nove décimos[8]. Não é nada extraordinário que as polêmicas mais acirradas tenham se desenrolado na Alemanha, e que elas tenham sido conduzidas por luteranos. Assim, desde 1568, o teólogo Merlin escrevia: "O Evangelho de Deus permanece impotente diante destas criaturas do Diabo, vomitadas pelo inferno para envenenar o império alemão", afirmação continuada por seu colega Roding: "Não são apenas envenenadores, mas conspiradores e assassinos. Seu objetivo é de massacrar todos os luteranos".

Para o célebre poeta Fischart, os jesuítas eram "antijesus" e "satanistas" *Das Jesuitenhütlein* (*O Chapéu dos Jesuítas*, 1580). Quase que a longínqua posteridade de Lutero tenha sido mais delicada; ainda se lê, numa enciclopédia protestante do começo do século XX: "Os jesuítas seguiam, como aves de rapina, os exércitos católicos vitoriosos e se apoderavam com uma voracidade devoradora de sua pilhagem protestante"[9].

As vituperações não tardaram a ser seguidas de tramas, tais como a *Historia jesuitici ordinis* (*História da Ordem dos Jesuítas*),

---

7. Cf., em último lugar, Fr. Ribadeau-Dumas, *Grandeur et misère des Jésuites*.

8. Cf. R. Fülop-Miller, *Les Jésuites et le secret de leur puissance*, Paris, 1933, v. II, p. 93.

9. *Realencyklopädie für protestantische Theologie und Kirche*, v. VIII, p. 766 "Jesuitenorden".

em 1593. Vinte anos depois era lançada, através do mundo, uma correspondência pretensamente interceptada, um procedimento cuja eficácia já fora experimentada às custas dos judeus. Tratava-se, neste caso, de instruções tidas como garantia para a dominação universal da companhia, forjadas em 1613 por um noviço polonês dispensado, sob o título *Avis privés de la société de Jésus*. Sua repercussão ultrapassou de longe a de *La lettre des Juifs de Constantinople aux Juifs d'Arles*. Logo se seguiram reedições em toda parte, sob outros títulos (*Secrets des Pères, Arcanes de La Compagnie de Jésus, L'Anatomie de la Compagnie de Jésus*, e ainda *L'Homme politique de ce siècle*), até que um editor holandês encontrou o título *Monita secreta Societatis Jesus* (*Advertências Secretas da Companhia de Jesus*), sob o qual o escrito foi legado para a posteridade. Dele são conhecidas mais de trezentas edições; no fim do século XIX, sua autenticidade era discutida ainda, de modo mais sério, por muitas pessoas[10], e, às vésperas da Segunda Guerra Mundial, o Grande Oriente da França continuava a difundi-lo[11].

Os jesuítas entregavam-se a contra-ataques. Na França, organizaram, no século XVII, a "cabala de Bourgfontaine", dirigida contra seus adversários jansenistas, e imortalizada por Pascal em *As Provinciais*. Em seus panfletos, acusavam o bispo jansenista, Antoine Arnauld, e outros, de conspirar, com o fito de "fazer passar o Evangelho por uma história apócrifa, exterminar a religião cristã e erguer o deísmo sobre as ruínas do cristianismo". Seguia-se a inevitável acusação de "conluio com Genebra" (e Pascal, nesse contexto, de assegurar a ortodoxia dos jansenistas: "Eis o que nos faz abominar os calvinistas, como que nos reduzindo à condição dos judeus" etc.). A acusação foi reiterada pela Companhia de Jesus no século seguinte, e o padre Hippolyte Sauvage não esquecia de adaptá-la à nova conjuntura das Luzes: "A impiedade e a irreligião recebem, sem cessar, novos acréscimos (...) nossa santa religião declina, a olhos vistos, na França; ela está a dois passos da ruína. Qual é a origem desse mal?" (*La réalité du projet de Bourgfontaine démontrée par l'exécution*, 1756). Reencontraremos esse tipo de demonstração, que consiste em profetizar depois de um fato que não ocorreu.

---

10. Cf. Paul Bernard, *Les instructions secrètes des Jésuites*, Paris, 1907, pp. 6 e 61.

11. Cf. Henri Rollin, *L'Apocalypse de notre temps*, Paris, 1939, pp. 31-32.

Um outro ensinamento que se deve extrair dessa longa polêmica (no século XIX ainda, Sainte-Beuve julgava necessário pleitear, em *Port-Royal*, a inocência dos jansenistas) é de nos lembrar a situação contrária dos judeus, que eram sempre suspeitos de querer "exterminar a religião de Jesus Cristo", aos quais se podia atribuir razoavelmente um tal desejo, e que, ao não terem lições de ortodoxia cristã para dar, não se colocavam, por sua vez, como acusadores. Do mesmo modo, eles não podiam se entregar a um proselitismo, que permanecia a missão primeira dos jesuítas. Continuemos: estes formavam uma ordem devidamente estruturada, dirigida por um geral nomeado por toda a vida; aqueles, uma população esparsa de comunidade independente; a diferença mais radical ou mais espetacular consistia no modo de perpetuação: cooptação para uns, procriação para outros.

No entanto, jesuítas e judeus provocavam as mesmas reações, que levavam ao nascimento de lendas semelhantes. "Segundo uma expressão célebre, sempre somos o jesuíta de alguém", escreve um historiador de Companhia de Jesus[12]. Ainda mais, somos "sempre o judeu de alguém", como quase todo judeu sabe. A fórmula parece inaplicável a qualquer outro partido, ordem ou grupo. A semelhança, sobretudo em relação à educação ou à formação respectivas, provém também da capacidade em se insinuar – sem reciprocidade! – nos mais diversos meios, ou de se assimilar a eles – mas exasperando "o narcisismo das pequenas diferenças", revivificando angústias arcaicas; pois uma tal assimilação jamais é perfeita, em virtude das segundas intenções, ou dos escrúpulos, ou dos ressentimentos, que traem a alteridade.

A EXPLOSÃO DA JESUITOFOBIA NA FRANÇA DO SÉCULO XIX

Parece que foi na França da primeira metade do século XIX, quando Paris servia de laboratório mundial para as teorias da conspiração, que a jesuitofobia atingiu seu ápice, como vamos mostrar.

Para nosso propósito, é inútil recapitular a rica história da Companhia de Jesus; bastará lembrar que os dois séculos, duran-

---

12. O padre Joseph Burnichon, em *La Compagnie de Jésus en France, Histoire d'un siècle, 1814-1914*, Paris, 1914, 2 vols., t. I, p. 7.

te os quais seus membros, em número de uma ou duas dezenas de milhares, percorriam, convertiam ou colonizavam a maior parte da Ásia e das Américas, subjugando os homens na Europa, "para a maior glória de Deus", foram seguidos, a partir de 1750, por uma era de perseguições e de expulsões, sob a égide conjunta das Luzes e do Absolutismo. Um rumor firme, que Schiller já propagara, em *O Visionário*, os acusava então de terem envenenado o papa Clemente XIV, que, em 1773, havia dissolvido sua ordem (por outro lado, pode-se observar que Adam Weishaupt, o instigador da conspiração dos iluministas da Baviera, fora educado pelos jesuítas). É também no curso dessa era agitada que o padre Barruel, auxiliado por alguns outros jesuítas, mostrou ser o principal autor dos "teoremas da conspiração", aplicados sobretudo aos franco-maçons. Mesmo na adversidade, a companhia agia, dessa forma, sobre os homens, e fazia surgir os grandes precursores. Contudo, por um contragolpe, ia tornar-se, uma vez restabelecida a paz, a primeira vítima das suspeitas e das fantasias que o padre Barruel e seus amigos e correligionários haviam propagado tão eficazmente.

É evidente que fatores históricos de peso totalmente diferente, como a queda do Antigo Regime, a extinção da legitimidade divina, e, por conseguinte, o enfraquecimento das explicações tradicionais, tornavam os contemporâneos receptivos a uma nova interpretação, político-policial, dos destinos humanos, na qual parecia restituída a Satã a função de um motor primeiro – e, por esse fato mesmo, estimulavam conspirações reais, civis ou militares, desde o Primeiro Império. E ainda bem mais sob os regimes que se lhe sucederam. Talvez jamais se tenha conspirado tanto quanto na França de 1814-1870; em todo caso, nunca se falou tanto em conspirações. (Pode-se consultar sobre esse assunto o fundamental capítulo XIII do *Diálogo do Inferno* de Maurice Joly, onde se encontra, entre outras idéias perspicazes, a antecipação de um Ministério das Conspirações.)

A fim de examinar com mais clareza, resumamos, de início, em que consistiu a história positiva das conjurações atribuídas sem razão infinitamente mais do que com razão aos jesuítas franceses[13]. Se Pio IX restabeleceu oficialmente sua ordem em 1814,

---

13. No sobrevôo que se segue, eu me fundamentei em G. Bertier de Sauvigny, *Le comte Ferdinand de Bertier...* (1948) e *La Restauration* (1955), bem como no padre J. Burnichon, *La Compagnie de Jésus en France, Histoire d'un siècle* (*op. cit.*).

isso ainda não tornava caduco o édito de seu banimento da França, em 1762. Porém, os jesuítas haviam adquirido a prática de uma existência à margem das leis (ainda uma analogia com a experiência histórica dos judeus), quer simplesmente "tolerados", quer se camuflando atrás de qualquer trabalho ou associação criada *ad hoc*, de aparência inofensiva. É preciso convir que se ignoram quais eram suas relações com as sociedades secretas realistas (*Institut philanthropique, Amitié*, e até *Francs-Régénérés* etc.), que se organizavam, desde 1795, na França, quase sempre a exemplo das lojas maçônicas. Todavia, sabe-se que, após ter-se aconselhado com o padre Barruel, que se tornara cônego de Notre-Dame, o jovem conde Ferdinand de Bertier se fazia admitir, em 1806, numa loja maçônica, a fim "de receber instrução com o adversário", e que fundava, em 1810, a sociedade secreta *Ordre des Chevaliers de la Foi*, a serviço da Monarquia e da Igreja. Essa ordem contribui, em certa medida, para o restabelecimento dos Bourbon, e se tornou, sob Luís XVIII, o núcleo sólido e organizado dos "ultra-realistas", fortaleza de sua centena de deputados na Câmara, e de sua presença nos ministérios e nas administrações. Melhor que os franco-maçons, ou até que os carbonários, ele soube trabalhar clandestinamente, de modo que, em virtude de um duplo desvio semântico, seu peso nos negócios públicos foi, de início, atribuído a uma "congregação" e, em seguida, aos "jesuítas". É sob o primeiro nome (ou sob o de Grande Esmoler) que Balzac descreveu seu poder em *O Cura de Tours* e em *Les Employés*, enquanto em Stendhal, o abade Castagnède, um jesuíta confesso, é "o chefe da polícia da congregação em toda a fronteira do Norte" (*O Vermelho e o Negro*, II, XXIII).

A luta contra as sociedades secretas, tanto ultra-realistas quanto republicanas ou bonapartistas, transformou-se desde 1815 na preocupação mais importante dos governos sucessivos de Luís XVIII; ao mesmo tempo, jornalistas e panfletários liberais multiplicavam seus ataques contra um "jesuitismo", que se tornou mais do que nunca uma noção polivalente. Como reconhecia, em 1832, Armand Carrel, "grandes espíritos haviam-se dedicado, sob a Restauração, a inspirar à França o ódio e o medo por essa congregação jesuítica, que talvez não existisse. (...) Entendiam-se muito bem sobre o valor da palavra *jesuitismo*; era sinônima de dedicação à legitimidade. Dizia-se, nessa época, jesuíta por realista". Repetiam-se também os velhos crimes imputados aos jesuítas, os assassinatos de Henrique III, de Henrique IV e de Dom

Carlos de Espanha, e a canção de Béranger se misturava com eles:

> Saímos debaixo da terra, meio raposas, meio lobos...
> Um papa nos aboliu,
> Ele morreu de cólicas,
> Um papa nos restabeleceu,
> Dele faremos relíquias...

(*Os Reverendos Padres*, 1819.)

Em 1824, as *Monita secreta* eram reeditadas uma primeira vez. Em 1826, os escritos revolucionários de François de Montlosier, um fidalgo até então conhecido como o pilar da reação nobiliária, anunciavam que a obsessão jesuitófoba atingira seu limite crítico. "Deixai-as crescer, reis da Europa; a instituição de jesuítas bajula-vos hoje, acaricia-vos; ela está na inocência da idade. Deixai-as alcançar a puberdade..." Montlosier garantia que, na França, era de notoriedade pública que os jesuítas estavam a ponto de se apoderar do mando do Estado. A fim de fortalecer seu poder, todos os meios lhes eram bons: "Por meio de uma associação, dita de São José, todos os operários são, hoje, arregimentados e disciplinados. Há em cada quartel uma espécie de centurião (...) o Geral-chefe é o abade Lowenbrock, jesuíta encoberto". Vindo de tal pena, essas insanidades autorizavam outras, sobretudo aquelas que são geradas todas sozinhas sobre um grupo percebido como ameaçador, seja ele qual for: raptos de crianças, assassinatos rituais simbólicos ou reais[14]. Como o noviço apóstata Martial Marcet assegurava, é a partir de sua casa de Montrouge, ligada por um subterrâneo secreto às Tulherias, que os jesuítas governavam a França e o mundo. Essas lendas fizeram virar, suficientemente, os cérebros, para que o estabelecimento jesuítico de Montrouge (como o de Amiens) fosse destruído no curso de um *pogrom* popular, quando da Revolução de Julho, e para que se tornasse perigoso para um padre, durante algum

---

14. "Na Sexta-Feira Santa, após as cerimônias da Paixão de Jesus Cristo, todos os noviços vão dar uma punhalada na estátua de Ganganelli (Clemente XIV), que eles supõem acorrentado por laços de fogo no fundo dos infernos, na de um rei da França e de seu ministro Choiseul, e ainda na de Pombal e de seu rei fraco, que deixou oprimir a sociedade" (Martial Marcet de la Roche-Arnaud, *Les Jésuites modernes*, 1826). "Milhares de punhais envenenados foram encontrados nas casas dos irmãos ignorantinos, nos seminários e até no palácio de nosso primeiro prelado..." (*L'ami du peuple*, agosto de 1830).

tempo, sair de sotaina na rua (em 1881 e em 1905, mas também em 1953. Os judeus russos foram expostos a movimentos zombeteiros populares do mesmo gênero).

A esta primeira campanha jesuitófoba do século XIX correspondia, ao menos, a existência real de uma sociedade secreta atuante: a imaginação alimentava-se, portanto, de uma certa conjuntura política, ao mesmo tempo que da tradição constituída. Os fatos ocorreram de maneira diversa quinze anos mais tarde, quando foi, por excelência, a imaginação do literato que entrou em ação, exercendo-se de forma quase gratuita. Talvez seja por esses motivos que a segunda campanha antijesuítica da França tenha tido repercussões mais vastas, tanto no espaço quanto no tempo.

Como pretexto, a excitação dos espíritos teve, dessa vez, o monopólio da instrução secundária e superior, à qual o Estado burguês aspirava; como principal alimento, a ascensão das paixões patrióticas, estimuladas em 1840 pela crise do Oriente e pela volta das cinzas de Napoleão. A introdução de *As Provinciais* no programa do bacharelato, no auge da crise, era um primeiro sinal. Em seguida, a xenofobia militante, que outrora se exercera contra Pitt e Coburg, e que desde então fora explorada ao sabor das gerações ora contra a esquerda e ora contra a direita, foi mobilizada contra o ensino dos jesuítas. "A França aos franceses?" É o que, em 1843, Edgar Quinet (que, como Eugène Sue, sugeria o Judeu Errante como uma contra-imagem[15]) parecia pleitear no Colégio de França, e sobretudo Michelet, que escolhia, para tema de suas aulas, "Os jesuítas são inimigos da França", "O padre Loriquet difamou a Guarda Imperial, que morre em Waterloo", e assim por diante.

No ano seguinte, o ataque prosseguiu no recinto das duas assembléias. "Os jesuítas não podem ensinar a dedicação, sobretudo aos franceses, exclamava Alexis de Saint-Priest na Câmara dos Pares. Não podem ensinar o amor pela França. É por isso que eles são aí insuportáveis." E revelava: "Já, por diversas vezes, os jesuítas quiseram nos outorgar a Inquisição e introduzir entre nós o gênio antifrancês da Espanha austríaca, cujo jesuitismo é o verdadeiro espírito"[16]. Na Câmara dos Deputados, o procurador-ge-

---

15. *Ahasverus* (1833), "o símbolo da humanidade laboriosa e sofredora".

16. Cf. A. de Saint-Priest, *Histoire de la chute des Jésuites*, Paris, 1846, pp. XI e XII.

ral Dupin falava de invasão e de colonização, "de expedição enviada pelo geral-chefe à província da França para tentar submetê-la..."[17] Todavia, afinal de contas, eram apenas os velhos agravos galicanos, acomodados à nova feição nacionalista. Ao romance popular coube dar uma dimensão totalmente diferente às suspeitas.

Com *Os Mistérios de Paris*, Eugène Sue acabava de realizar a obra-prima do gênero, em escala européia. Procurando atingir ainda mais vigorosamente, recorreu, com seu *Judeu Errante* (1844), à jesuitofobia. Essa paixão não o abandonará mais e ele imporá a norma a seus rivais: Alexandre Dumas sentiu-se obrigado a transformar o mosqueteiro Aramis em geral jesuíta, que faz e desfaz os reis, que prende Luís XIV na Bastilha (*O Visconde de Bragelonne*, 1848, 1850); assim se forma uma tradição, que desembocará, através de Ponson du Terrail, em Léo Taxil e seu *Amores Secretos de Pio IX*, também controlados pelos jesuítas[18].

No *Judeu Errante*, Eugène Sue se tornara socialista. Diante da justiça e do progresso, representados pelo judeu Samuel, o jesuíta Rodin e seus correligionários encarnam a reação mundial: eles se aplicavam a "aniquilar toda vontade, todo pensamento, toda inteligência, nos povos, a fim de entregá-los tolos e desarmados ao despotismo dos reis". Com o auxílio, pode-se crer, de tal fantasma, Sue conseguia o maior êxito do romance de folhetim de todos os tempos; provocava, entre outras seqüelas, uma espécie de "espionite" antijesuítica, de que a *Gazette des Hôpitaux* descrevia, em novembro de 1844, os sintomas, bem como a interdição *de facto*, do romance na imprensa diária, em 1850, quando os jesuítas haviam reconquistado os meios de ação, a fim de combater "o sutil veneno de uma literatura desmoralizante". Quanto ao envenenador-chefe, se não fez mais reviver seu bom judeu, ocupou-se em ressuscitar, em *Os Mistérios do Povo*, levados adiante, sob o Segundo Império, no exílio, o seu Rodin. Em longas notas, que se pretendiam eruditas, procurava tornar autênticas as suas visões, apoiando-se sobretudo numa calúnia lançada por Victor Considérant[19]. Essa mesma calúnia servia a um outro

---

17. Citado por J. Burnichon, *op. cit.*, v. II, p. 631.

18. Agradeço a Patrick Girard por ter-me chamado a atenção para esta genealogia da jesuitofobia literária.

19. Cf. *Les Mystères du peuple*, ed. Paris, 1880, t. VI, sobretudo *in fine*, p. 523, bem como *Les Mystères du monde*, seqüência dos *Mystères du peuple*, continuados por P. Vésinier, Lausanne, 1860, *passim*.

exilado, Victor Hugo, para melhor bradar, em *Les Châtiments*, contra "a sociedade de Jesus, essa miserável":

> Nós reinaremos. A turba obedece como a onda.
> Seremos onipotentes, regeremos o mundo,
> Possuiremos tudo: força, glória e felicidade,
> E, nada temeremos, não tendo nem fé nem regras.
>
> (*Ad majorem Dei Gloriam*, 1852.)

Por seu lado, Eugène Sue, "continuado" na Suíça por seu secretário Vésinier, chegava a fazer de Napoleão III um jesuíta (o que deixava supor ao padre Rothaan, o geral da ordem, a dominação mundial; porém, o imortal Rodin, bem avisado, desconfiava desse príncipe dissimulado e ingrato). "Para consolidar de modo mais indissolúvel ainda o novo poder", o padre Rothaan tencionava, entre outras medidas satânicas, "iniciar a arraia-miúda nos mistérios do bastidor, nas especulações da Bolsa... Por esse meio, o amor pelo lucro substituirá o amor pela liberdade". Ao estender desse modo o famoso *enriquecei-vos* a todos os cristãos escravizados, Sue-Vésinier operavam uma abertura demonológica capital. Pouco depois, Maurice Joly a ampliava por seu *Maquiavel*, o manipulador dos franceses, "cujos costumes mercantis o rivalizam com os dos judeus, que tomaram como modelos" – "Lançarei a especulação em novos caminhos, até então desconhecidos!" Nada estimula ou liberta tanto a imaginação dos intelectuais quanto o exílio. Entre as fantasias "reacionárias" da emigração francesa de 1790-1800, e aquelas, tão graves em conseqüências, da emigração russo-branca do século XX, as fantasias "revolucionárias" das elites francesas, prescritas por Napoleão III, serviram de sucedâneo, como veremos.

O GRANDE INQUISIDOR E OS SÁBIOS DE SIÃO

Nada há de extraordinário que, nas regiões germânicas e eslavas, o jesuíta tenha se tornado mais facilmente um duplo do judeu do que nos países latinos. De outro lado, no século XIX, a Companhia de Jesus observava os espíritos mais na Rússia do que na Alemanha. O lamentável mito de origem nacional[20] não tomou

---

20. Desde o século XVIII – e até que Stálin nele pusesse ordem – o mito de origem russa começava com um apelo aos Varegos escandinavos: "Nossa terra

o seu verdadeiro impulso senão com a instauração, em 1612, da nova dinastia Romanov, e a expulsão de todos os "agitadores estrangeiros", ou seja, em primeiro lugar, os jesuítas? Púchkin fazia dizer por seu *pater* polonês ao usurpador Otrepiev: "Que Santo Inácio venha em sua ajuda. (...) Nosso dever espiritual, às vezes, nos ordena a praticar a simulação, nesse mundo furioso" (*Boris Godunov*). Gogol não esquecia de evocar os jesuítas, "orgulhosos de seu poder invisível e de suas correspondências secretas, de uma extremidade a outra do mundo", em seu *Plano de Ensino da História Universal (Arabescos)*. Em Tolstói, o retrato no vitríolo da bela Helena Kurakin-Besuhov não deixa de associá-lo aos jesuítas, quando ela se converteu ao catolicismo (*Guerra e Paz*, Livro III, 6). Pode-se acrescentar que Tchernichevski, o primeiro mestre de Lênin, tratava, em 1858, das intrigas jesuíticas na França: "Quase todos os bispos e prelados franceses são provenientes da congregação e permanecem sob a sua influência. Entre vinte bispos franceses, quando muito se encontra entre eles um só que não seja ultramontano, isto é, jesuíta, inimigo da nacionalidade francesa", a que Tchernichevski, ele próprio filho de um padre, opunha a lealdade patriótica do baixo clero francês[21]. Sobretudo, houve Dostoiévski.

Naquele tempo, não houve nada de semelhante nos autores alemães. Um caso interessante é o de Karl Marx, que, ao se demorar em Paris entre 1843-1845, permanecia alérgico ao grande debate em torno dos jesuítas. Não é significativo que, na vasta produção de Marx e de Engels, só se trate da companhia uma única vez[22], e que seja em seu grande requisitório de 1873 contra Mikhail Bakunin e sua "Aliança" anarquista? Nele denunciavam "a moral da Aliança, emprestada de Loyola", uma "moral, cujos dogmas, de origem puramente cristã, foram meticulosamente elaborados pelos Escobar do século XVII", e fustigavam o projeto de uma sociedade revolucionária secreta e hierarquizada: "A unidade de pensamento e de ação não é outra coisa senão a obediência cega. *Perinde ac cadaver* (Igual a um cadáver). Temos diante de nós uma autêntica ordem jesuítica". É que Bakunin, a

é grande e fértil, porém nela reina a desordem: venham e se tornem os nossos príncipes e os nossos senhores".

21. "A luta dos partidos na França sob o reinado de Luís XVIII", *in Sovremennik* (1858).

22. Exceção feita aos artigos anônimos de Marx no *New York Herald Tribune*; ver mais longe, p. 226.

esse respeito bem mais um filho da época do que Marx-Engels, e, além de que, um adepto fanático das sociedades secretas, até de uma "polícia revolucionária internacional", invocava, antes de todos, os jesuítas, ora como um modelo ("abnegação de si mesmo"), ora como um fantasma ("redução de toda a humanidade à escravidão[23]"). Marx e Engels dirigiam, em grande parte, os seus ataques ao caso do terrível aventureiro Netchaiev, uma alma penada de Bakunin, imortalizada por Dostoiévski em *Os Demônios*. Com certeza, contradições sociais e culturais especificamente russas solicitavam de muitas maneiras o apelo ao mito jesuítico. Tudo isso é genialmente expresso em *Os Demônios*. Voltemos, pois, ao seu autor, que se encontra doravante na encruzilhada, tanto do mito internacional dos jesuítas quanto do mito dos judeus.

Ao se inclinar sobre o *corpus* da *dostoievskiana*, é-se levado a concluir que, ao lado da influência de Schiller (reconhecida com unanimidade), é conveniente pôr a de Eugène Sue (incômoda para os exegetas da obra). Não se poderia duvidar que o jovem Dostoiévski lia, avidamente, em 1845, os fascículos sucessivos do *Judeu Errante*; redigia, no mesmo ano, um artigo de enciclopédia, pouco ameno, sobre os jesuítas[24], e, logo depois, fazia deles o motivo capital da ação de seu *Sósia*: com efeito, é inspirando-se nos jesuítas que o infortunado Goliadkin se exercita na onipotência, para se desdobrar, para mergulhar na loucura, na mesma noite. Trinta anos depois, a Companhia de Jesus fazia sua reaparição, de comum acordo com o Diabo, nessa "lenda do Grande Inquisidor" que Freud e Stefan Zweig, como Berdiaev e Chestov, consideravam um ápice da literatura mundial.

O inquisidor de Dostoiévski, nonagenário e cego, procedia diretamente do *Dom Carlos* de Schiller, onde já se tratava dos homens ingratos e fracos, que temem a liberdade (que "fogem apavorados diante do espectro de sua grandeza interior"); mas, além, que era então a fulgurante lenda, se se a priva de sua dimensão religiosa, que continua a fascinar teólogos e filósofos, senão a transposição do debate em torno de "Napoleão, o Pequeno" ao qual os seus denunciadores associavam, de bom grado,

---

23. No relatório (redigido junto com Engels) *A Aliança da Democracia Socialista e a Associação Internacional dos Trabalhadores*, Londres, 1873; cf. também Confino, *Violence dans la violence, Le débat Bakounine-Necaev*, Paris, 1973.

24. Dostoiévski redigira, em 1845, este artigo para o *Spravotchni Entziklopeditcheski Slovar*, de Strakevitch, t. V, pp. 261-264.

a Companhia de Jesus? Maurice Joly não esquecia de efetuar essa comparação, fazendo dizer por *Montesquieu*: "A máxima do despotismo é a *perinde ac cadaver* dos jesuítas; matar ou ser morto: eis sua lei; é o embrutecimento hoje, a guerra civil amanhã". Porém, é a *Maquiavel* que ele fazia proferir expressões singularmente próximas daquelas do Inquisidor: "O maior de seus benefícios será, de início, ter dado a paz interna ao meu povo (...) levo no meu coração os seres sofredores, os humildes". Ainda mais próxima da inspiração dostoievskiana era sua declaração "eu personifico *a liberdade*, compreendem, como personifico a revolução, o progresso, o espírito moderno, tudo o que há de melhor"[25]. Com muita verossimilhança, tratava-se apenas de uma coincidência, visto que esses sarcasmos desencantados já eram correntes na época. Como, porém, não pensar nas sete coleções das obras de Eugène Sue adquiridas por Dostoiévski durante as suas viagens[26]. Em Vésinier-Sue, os jesuítas eram os mestres do jogo mundial, como vimos. Dostoiévski completava esses *Mistérios do Mundo* com o "grande segredo" dos jesuítas, que o Inquisidor revela a Cristo: "Cabe a mim ocultar-lhe o nosso segredo? Talvez queira ouvi-lo de minha boca, ei-lo. Não estamos com o senhor, mas com *ele*, desde há muito tempo já".

Dessa forma, é Satã que conduz o baile dos jesuítas, "desde há muito tempo já"; e a que importa acrescentar que, no Dostoiévski jornalista, ele se reveste de uma máscara ainda mais antiga, a dos judeus: "É o seu reinado que se aproxima, o seu reinado total! eis que chega o pleno triunfo de idéias, diante das quais sucumbirão os sentimentos de caridade humana, a sede de verdade e de justiça, os sentimentos cristãos". Ao tratar dos judeus, o jornalista falava igualmente de um grande segredo, das "leis esotéricas e talvez ocultas, que protegem a idéia judaica" (março de 1877). E, no Dostoiévski romancista, o seu herói Aliocha, tão puro, tão próximo de Deus, mostra-se feroz tanto com relação a uns quanto com relação aos outros[27].

25. *Dialogue aux enfers...*, diálogos II, XX e XXV.

26. Comunicação feita por Dominique Arban, citada por J.-L. Bory, *Eugène Sue*, Paris, 1962, pp. 415, 429.

27. Será preciso lembrar que *A Lenda do Grande Inquisidor* é narrada por Ivan Karamazov ao seu irmão Aliocha? Ivan atribui ao Inquisidor sentimentos humanitários; Aliocha objeta que, de notoriedade pública, os jesuítas são estimulados pela "sede de reinar, a vulgar cobiça dos bens terrestres". Num outro capítulo dos *Irmãos Karamazov*, ele se recusa a desmentir, no que concerne aos judeus, a acusação de assassinato ritual.

Como agentes do Espírito Maligno, o grande visionário associava, portanto, os judeus aos jesuítas. Contudo, se ele os dotava de um mesmo poder oculto, não chegava a imputar-lhes uma aliança ou um programa oculto, o que teria sido um desacato à razão européia do seu tempo. Raciocinando de uma forma diversa, outros ilustres mestres do pensamento guardavam o mesmo senso das realidades. Na área germânica, como não evocar os detratores de *Judá e Roma*, que eram Richard Wagner e o seu exegeta H. S. Chamberlain, o autor de *A Gênese do Século XIX*? Para as necessidades da interpretação racial, Chamberlain reduzia a Companhia de Jesus à pessoa de seu fundador; esta condensação onírica lhe permitia associar os bascos aos semitas, em sua comum qualidade de antiarianos. Por conseguinte, em Santo Inácio, "era sua raça primitiva, que procurava se vingar de seus vencedores, pelo mais robusto de seus filhos"[28]. A razão européia não foi ofendida.

No entanto, já algumas passavam por cima, a primeira das quais Cosima Wagner, que observava, com rancor, em seu diário que "os jesuítas eram muitas vezes judeus". Vamos agora penetrar na selva místico-ocultista onde desviantes heterodoxos, aliados ou não a policiais e a outros poderosos deste mundo, fantasiam as eventuais ortodoxias do futuro. Nela entraremos pela porta da Sociedade Teosófica, fundada em Londres pela extravagante Helena Petrovna Blavatski, para a qual a verdade estava "em todas as diversas religiões, salvo, entretanto, na religião judaica", e que acusava William Gladstone de ser um agente dos jesuítas[29]. Em Paris, a Sra. Blavatski tinha como adeptos Yuliana Glinka, que servia, de bom grado, de informante para a polícia russa, e Juliette Adam, uma escritora, que abrira sua *Nouvelle Revue* para a propaganda teosófica. É nesse meio que um imitador desconhecido compilava, por volta de 1898, para a informação dos policiais russos, os *Protocolos dos Sábios de Sião*, e que, dizem, foi Yuliana Glinka quem levou o manuscrito a São Petersburgo[30]. É importante observar que sua idéia-mestra – a proximidade de um reinado judaico – era partilhada, à época, por todo um setor das

---

28. Cf. Chamberlain, *La Genèse du XIXe siècle*, trad. fr., 1913, pp. 711-720.

29. Cf. *La Clef de la théosophie*, trad. fr., 1895, p. 66, e James Webb, *The Occult Establishment, op. cit.*

30. A esse respeito, ver Norman Cohn, *Warrant for Genocide, op. cit.*, p. 100.

elites internacionais, e que se pode mesmo encontrar-lhe o esboço na pena de homens tão diferentes e tão hostis ao anti-semitismo quanto Georges Clemenceau ou Friedrich Nietzsche, ou o conde Liev Tolstói[31] (em compensação, a ameaça jesuítica, que, nessa época, preocupava especialmente o campo dos partidários de Dreyfus na França, começava a se retrair, em escala mundial).

Como se sabe, os *Protocolos* são, na maior parte, uma transposição às vezes literal, capítulo por capítulo, do *Diálogo no Inferno*, de Maurice Joly. No restante, descrevem uma espécie de "melhor dos mundos", tal como o encaram os sábios de Sião, isto é, um mundo construído sobre a mentira, na medida dos cristãos ingratos e fracos. Essa visão sem dúvida faz pensar na *Lenda do Grande Inquisidor*, que o compilador desconhecido, um necessitado ou um humorista de origem verossimilmente russa, devia conhecer bem. Uma passagem do Protocolo XIV propõe o seu resumo caricato[32]; o Protocolo XXII descreve mais extensamente a felicidade bem ordenada que os *Sábios* judeus querem instituir na Terra e, por numerosas vezes, proclamam a sua intenção de reger os povos cristãos visando à sua felicidade, mas com um pulso de ferro, pois "a força cega do povo não pode ficar um dia sem guia" (Protocolo I). Já "sobre as ruínas da aristocracia natural e hereditária, erguemos a nossa aristocracia da inteligência e das finanças" (Protocolo I); resta açambarcar os centros do poder visível, sobretudo, "destruir definitivamente a corte papal" (Protocolo XVII); já não conseguiram os sábios desacreditar os seus rivais, os jesuítas, "aos olhos da multidão estúpida, porque eles formavam uma organização visível, enquanto permanecíamos na sombra?" Aqui, o compilador anônimo arriscava uma piscada, uma interpolação pessoal, duplamente cínica (pois é capaz de traí-la): "Aliás, que importa ao mundo o líder que ele terá? Que lhe importa que seja o chefe do catolicismo, ou o nosso déspota do sangue de Sião? (Protocolo V). Eis, em todo caso, um cinismo devidamente mefistofélico.

Porém, os jesuítas mantinham com os *Protocolos* ainda uma outra relação, uma vez que as suas campanhas anti-semitas, e mais particularmente a interpretação dada pela *Civiltà Cattolica*,

---

31. História do Anti-Semitismo, t. IV, *op. cit.*, p. XI *passim*.

32. "...As vantagens de um repouso, obtido após séculos de agitações, farão ressaltar o aspecto benéfico de nossa dominação. Os erros dos cristãos serão descritos por nós com as mais vivas cores. Nós provocaremos uma tal repugnância por eles, que os povos preferirão o repouso da escravidão aos direitos da fa-

ao Primeiro Congresso Sionista de 1897, deve ter sugerido, se não a idéia geral, pelo menos o título e a forma do escrito.

Não escrevia o órgão da Companhia de Jesus:

> A condenação de Dreyfus foi, para Israel, um golpe terrível; ela marcou na fronte todos os judeus. (...) Com a sua sutileza habitual, imaginaram alegar um erro judiciário. A conspiração foi armada em Basiléia, no Congresso Sionista, reunido, aparentemente, para discutir sobre a libertação de Jerusalém. Os protestantes uniram os seus interesses aos dos judeus para a constituição de um sindicato (5 de fevereiro de 1898)?

Essa é, portanto, a versão original do tema da "Conspiração Sionista". O artigo da *Civiltà Cattolica*, logo retomado pelo conjunto da imprensa católica internacional, fez época; em 1934 ainda, sob o III Reich, quando, por um típico retorno dos fatos, os jesuítas foram acusados de serem judeus, o padre Ludwig Koch invocava, para seu alívio, esse "texto fundamental"[33]. Vê-se como é híbrida a verdadeira genealogia dos *Protocolos*. Tentemos agora destacar os aspectos graças aos quais se tornaram uma Escritura sagrada da causalidade demonológica, deixando bem atrás deles as *Advertências Secretas*.

De início, a forma: nos dois casos, tratava-se de documentos pretensamente interceptados de uma certificação "oficial"; não há melhor forma de prova que um tal consentimento. Quanto à essência, o que há de mais odioso do que uma tutela exercida por "*padres* dotados de faculdades sobre-humanas, *sábios*, que ditam a sua lei aos cristãos", escrevia em minha *Europa Suicida*; e, em última análise, reduzia o fascínio dos *Protocolos* ao dilema existencial, que, "pelo menos uma vez na vida, parece, chega a colocar-se para cada um" – aliás, a *Lenda* dostoievskiana evocava infinitamente melhor esse dilema edipiano (obediência ou rebelião, escravidão ou liberdade) – com a ressalva do contraste entre o contemplativo *frisson* literário ("mas isso não é verdade") e o dinamismo do *frisson* político ("pois isso é verdade"). E "isso" parecia tanto mais verdadeiro para os *Protocolos*, que se haviam introjetado maciçamente as qualidades quase divinatórias do *Diálogo no Inferno*, que levantava, sem dúvida, a prospectiva política

---

mosa liberdade, que tanto os atormentou, que lhes tirou os meios de existência, que os fez explorar por uma tropa de aventureiros não sabendo o que faziam..."

33. "Grandsätzlicher Aufsatz"; cf. L. Koch, *Jesuiten-Lexikon*, Padeborn, 1934, verbete "Caso Dreyfus".

mais exata que o século XIX legara ao século XX. Os seus adeptos tinham condições, sobretudo a partir de 1918, de clamar que eles eram verdadeiros, pois o programa elaborado em Basiléia estava a ponto de se realizar no cenário do mundo. A começar pelo infalível *Times*: "Como explicar o terrível dom profético, que previu tudo isto?... Não teríamos escapado, graças a enormes esforços, da *Pax Germanica*, senão para sucumbir à *Pax Judaica*?... Decidiremos o caso sem proceder a uma investigação? (*The Times*, 8 de maio de 1920). Continua sendo verdadeiro que o menor senso crítico devia recomendar o ceticismo, consideradas a incoerência da "história externa" dos *Protocolos dos Sábios de Sião*, as contradições sem fim, quanto à sua data de redação, ao seu lugar de origem, ao seu autor e sobretudo quanto à maneira como eles teriam sido obtidos. Apesar disso, o "terrível dom profético" era uma velha cantilena anti-semita, que se encontrava, por exemplo, em 1898, em *La Croix*, fazendo seqüência ao artigo provocador da *Civiltà Cattolica* sobre o Congresso de Basiléia[34]. Dessa forma, portanto, também o próprio *Times* se deleitava em profetizar após um fato que não ocorrera – ou, se se prefere, este áugure invocava a "causa primeira" segundo Lévy-Bruhl, isto é, uma causa, "que tem por si mesma o poder de gerar, de realizar o seu efeito". Um emprego no qual, é preciso repeti-lo, os judeus sempre foram superiores aos outros.

A TESE DA CONSPIRAÇÃO JUDAICO-JESUÍTICA NO III REICH

Essa linha de tendência do primeiro pós-guerra iria conduzir à loucura generalizada, que grassava sob o III Reich, uma loucura cujos ápices foram alcançados desde o advento do regime hitleris-

---

34. Cf. *La Croix*, de 15 de fevereiro de 1898, sob o título "Études économiques et sociales: le secret de la puissance juive". O jornal católico referia-se – pois os *Protocolos* ainda não existiam! – a um romance anti-semita alemão, *Biarritz*, de um certo Goedsche, e o comentava como segue: "Faz, portanto, *dezoito anos* que esse discurso foi publicado; em nossos dias, todos os acontecimentos que se desenrolam, sob os nossos olhos, nele estão traçados de antemão, com uma precisão verdadeiramente espantosa (...) não devemos ver aí um plano premeditado" etc.

Gostaria de agradecer aqui ao Sr. Laurent Bensaïd, que desenterrou para mim este artigo característico.

ta. A loucura coletiva manifesta exprimiu-se sobretudo pela associação entre a conspiração judaica e a conspiração jesuítica, até por sua identificação. Não há nada de mais característico do que a forma pela qual um membro da Companhia de Jesus, o padre Koch, procurava refutar essa imputação, no verbete "Judeu" de seu *Jesuiten Lexikon (Dicionário Jesuíta)* (1934):

> Após o desastroso fim da Guerra Mundial e as experiências da Revolução Alemã, os judeus e os jesuítas foram considerados, com uma animosidade apaixonada, aliados unidos por sua mentalidade e por sua organização. Por meio de associações de idéias incrivelmente temerárias, fez-se da ordem jesuítica, ao mesmo tempo que a tropa de choque do papa e o instrumento involuntário do judaísmo aliado à franco-maçonaria, o portador secreto de uma conspiração mundial contra o germanismo, em especial contra a Alemanha. Atribuiu-se-lhe a culpabilidade do término infeliz da Guerra Mundial, bem como a intenção de edificar, com o auxílio do capital judeu e do espírito romano, um novo império mundial com uma religião mundial (Cf. os escritos de K. Bayer, J. A. Koller, E. Ludendorff etc.).

Diante dessas acusações, eis como o padre Koch pleiteava a causa dos jesuítas:

> De início, estabeleceu-se que uma *parte considerável* dos "judeus e judaizados", enumerados nos panfletos de Ahlwardt (1910) e de Von Widdumhoff (1924), *não tem absolutamente nada a ver* com a ordem jesuítica, não mais que [as grandes lojas] Wertheim, Tietz e Israel, quanto o príncipe Max de Bade, Stresemann, Hermann Bahr e assim por diante. Quanto aos jesuítas autênticos, eis os fatos: no começo, o estatuto da ordem não punha obstáculo à admissão dos judeus convertidos ou de seus descendentes. Porém, a experiência e a pressão da opinião pública espanhola fizeram o geral Aquaviva publicar em édito, em 1592, a interdição de admitir os "cristãos-novos" (marranos), e a V Conferência Geral de 1593 publicou uma lei, segundo a qual jamais e em nenhum país um rebento de judeus poderia ser admitido.

O padre Koch descrevia, em seguida, o rigor com que essa barreira antijudaica foi mantida ao sabor das gerações, quando "a ordem crescendo em número aceitava, não só arianos, mas todas as nações e raças, chineses e japoneses, brâmanes e rebentos de hindus". Justificava esta política pela presença, "entre os cristãos-novos, de espíritos inquietos, de tendências democráticas, aos quais o estatuto da ordem, fundado na obediência militar, não era conveniente". Ele extraía a conclusão: "entre todas as ordens, a Companhia de Jesus é, por conseguinte, aquela cujo estatuto oferece as melhores garantias contra a influência judaica. A acusação de judaização de seu ponto de vista é, pois, um desafio aos fatos"³⁵.

Por parte de um jesuíta, era pouco caritativo insinuar que as outras ordens religiosas não estavam suficientemente protegidas contra a judaização. O assunto reflete, com certeza, a desordem dos espíritos, entre os clérigos da Alemanha dessa época – uma desordem testemunhada, além do mais, pelas furiosas campanhas contra "a ciência judaica", em especial contra a teoria da relatividade; e, de modo geral, a dominação de uma nova filosofia, que se queria "não-causal" e que, na opinião da crítica epistemológica pós-hitlerista, teria feito surgir, entre outras elaborações intelectuais, as relações de incerteza de Werner Heisenberg (que o grande epistemólogo Karl Popper qualificava, em 1959, de metafísico, não ousando confessar o seu nome³⁶). Pois tudo permanece: a não-causalidade sendo boa apenas para os filósofos, a sede das causas primeiras só podia agravar-se entre o comum dos mortais. Entre os publicistas antijesuíticos de que o padre Koch se queixava, Erich Ludendorff era, e de longe, o mais ouvido. Nele também se encontra a marca teosófica; ele desposara, em 1926, a teósofa germânica Mathilde Kemnitz, sua inspiração. O caso é exemplar de muitos pontos de vista: de um lado, esse antigo comandante dos exércitos imperiais havia mergulhado, após a derrota alemã, num delírio paranóico, que o fizera regredir, veremos como, para um elementar egocentrismo primitivo; de outro, milhares de fiéis comungavam com ele na sua *Tannenbergbund (Federação da Montanha de Pinheiros)*; deste modo, a sua loucura fundava em escala coletiva uma razão nova, cujas normas surpreendem até sobre a essência da ideologia do III Reich. Adolf Hitler, que foi seu companheiro de armas quando do *putsch* (golpe armado) de novembro de 1923, tornara-se um de seus pesadelos; ele interditava o acesso a suas reuniões públicas, ao mesmo tempo tanto aos judeus quanto aos nazistas, esses "cães de guarda dos jesuítas"³⁷. Também se transformara num autor político e popular – o seu trabalho *Halte à la misère! (Alto à Miséria!)* atingira, em 1932, a tiragem de oitocentos mil exemplares.

---

35. *Jesuiten-Lexikon*, Padeborn, 1934, cols. 938-941.

36. Cf. William A. Wallace, *Causality and Scientific Explanation*, Ann Arbor, 1974, t. II, pp. 277-283, e sobretudo Karl Popper, *The Logic of Scientific Discovery*, Londres, 1972, pp. 452-453.

37. "Juden und Nationalsozialisten haben keinen Zutritt!" – cf. Gert Borst, *Die Ludendorff-Bewegung, 1919-1961*, Munique, 1969, p. 199.

O novo universo de Ludendorff era construído com o rigor de uma épura geométrica: de um lado, ele, a sua esposa e os outros alemães, unidos por uma "essência germânica" e encarnando o Bem perseguido; de outro, o Mal perseguidor, isto é, os outros seres humanos, sob o impulso das outras "essências" ou religiões, e sob a direção da "Trindade infernal": judeus–franco-maçons–jesuítas. Como ele conservara um excelente dom de exposição, convém citá-lo; escolhi a passagem de sua autobiografia em que fala de seu tratado antijesuítico, *Das Geheimnis der Jesuitenmacht und ihr Ende* (*O Segredo do Poder Jesuítico e seu Fim*):

> Minha esposa e eu trabalhamos nele durante o verão de 1929. Aí eu descrevia a organização e os estatutos da ordem jesuítica, a sua campanha de conquista da Igreja Romana até a sua submissão completa, e a sua vontade de poder político e econômico, destinada a destruir a Reforma de Lutero e, fazendo isso, abalar mortalmente o nosso despertar nacional. No domínio econômico, mostrava em particular como, no Estado jesuítico do Paraguai, o ideal comunista do ensino cristão fora realizado, ou seja, como, num quadro comunista, o "cristão vermelho" trabalhava para os jesuítas e o capital jesuítico, que concedia ao "cristão vermelho" apenas o mínimo vital. Se o que revelava era da mais alta significação para a compreensão da história de nosso povo e da essência da Igreja Romana, que da mesma maneira que o judeu considera a sujeição dos povos um mandamento religioso, e não político, o que minha esposa revelava ia ainda muito mais longe. Ela mostrava como o geral dos jesuítas se mantém, em sua qualidade de Papa Negro, à sombra do Papa Branco, e o dirige. Esse Papa Negro, que se sente o filho de Maria, reivindica para si, no pensamento oculto, a divindade e se intitula *Christus quasi praesens* (Cristo quase presente), por assim dizer, o Cristo contemporâneo, enquanto o Papa de Roma é apenas o vigário de Cristo. Para compreendê-lo, é necessário penetrar no pensamento místico da Igreja Romana, como minha esposa o fez. Contudo, à época, ainda não tínhamos compreendido que essa "elaboração" dos Papas Negro e Branco não era senão a reprodução dos panchen-lama e dalai-lama budistas, sendo o primeiro citado o Buda vivo ou Deus, que, em segredo, dá as suas instruções, enquanto o segundo, como filho de Buda, deve ocupar-se das questões políticas e manifestar-se em público. A seguir, minha esposa mostrou que o ensinamento cristão haurira em fontes hindus; mas já se sabia que, no que concerne às formas exteriores, por exemplo, a vida monástica, a missa, o rosário, a Igreja Romana fizera inúmeros empréstimos do budismo. É, desse modo, que as idéias sobre a posição do geral dos jesuítas quanto ao papa de Roma foram transmitidas pelas ordens ocultas, por intermédio dos árabes, na Espanha, onde Inácio de Loyola, o fundador da ordem jesuítica, adaptou-as para si. É preciso manter presente no espírito esssa "fecundação" da vida européia pelo budismo, se quisermos compreender a marcha dos acontecimentos. Voltarei ainda a isso muitas vezes[38].

---

38. Ludendorff, *Vom Feldherrn zum Weltrevolutionär und Wegbereiter Deuts-*

No prefácio à sua autobiografia, Ludendorff anunciava a sua busca da causa primeira, como se segue:

> Desejava encontrar a chave da história universal e dá-la ao *Volk* (povo) alemão. (...) A chave residia na imperfeição, querida por Deus, dos homens, na ignorância das leis da alma humana e da alma do *Volk*, e nos abusos aos quais podem se entregar por esse motivo todas as religiões, desviando o indivíduo isolado de seu patrimônio racial. É isso que minha esposa estabeleceu em suas obras filosóficas. Descobrimos a chave da história universal, ao estudarmos em particular a ação das potências secretas supranacionais: o judeu, com as suas doutrinas falaciosas, do cristianismo ao comunismo e ao bolchevismo, e Roma, com a sua doutrina errônea, enraizada, como no judeu, na Bíblia e no ocultismo.

Post hoc, ergo propter hoc (Depois disso, logo, por causa disso); percebe-se que é o judeu, e ele apenas, que era a verdadeira causa primeira. Ludendorff, porém, descobrira igualmente as regras cabalísticas, que presidiam os seus cálculos; portanto, ele podia revelar que, sendo 1923 um ano próspero para Jeová, Alexandre Helphand-Parvus havia decretado a estabilização do marco no dia 9 de novembro de 1923 (data de aniversário da fuga do cáiser para a Holanda); a mesma intenção esotérica teria presidido a assinatura do Tratado de Versalhes, em 28 de junho de 1919 (data de aniversário de Sarajevo!); o dia 12 de agosto de 1919, data da promulgação da Constituição de Weimar, era um outro "número de Jeová" (a saber, 30, como mostrava a adição dos algarismos 12, 8, 1, 9, 1, 9). Mesmo nos afrescos, que decoravam o memorial da Batalha de Tannenberg, inaugurado em 1927 por seu antigo duúnviro Hindenburg, ele chegava a reconhecer emblemas cabalísticos e a decifrá-los.

A loucura obsessiva de Ludendorff, que se pretendia revolucionário mundial, não impedia dezenas de milhares de alemães de contribuir para o seu *Tannenbergbund*, nem figuras como Ernst Jünger ou Ernst Niekisch de celebrá-lo como "um modelo da virilidade germânica" (Jünger, 1924) e "um despertador da consciência nacional" (Niekisch, 1931[39]). Essa ressonância ou essa conivência sugere que a sua paranóia só fazia traduzir, manifestamente, uma fantasia coletiva milenar, controlada em tempo normal, porém liberada sob o império das circunstâncias: derrota

---

chlands Volksschöpfung, *Meine Lebenserinnerungen*, Stuttgart, 1951, v. II, pp. 249-250.

39. Gert Borst, tese citada, pp. 91, 103, 171-172.

e revolução, inflação e desemprego, essas "anomalias, acidentes e desgraças", que reativam as causas primeiras, segundo Lévy-Bruhl. Considerando que as chaves da história universal, descobertas pelo casal Ludendorff, seriam tão novas? Ao comentar seu caso exemplar, escrevia, há alguns anos, em minha *Europa Suicida* (p. 152):

> Um homem mais ilustre ainda do que o "revolucionário mundial" não declarava um dia, perante o areópago mais respeitável e mais conservador possível, que: "Todos os primeiros cristãos foram judeus. A religião cristã foi, de início, pregada por homens que haviam sido judeus antes de se converterem à primeira idade da Igreja; cada um dos homens, cujo zelo, poder ou gênio, propagaram a fé cristã foi um judeu. (...) Porém, vocês permanecem influenciados por obscuras superstições". Assim falava Benjamin Disraeli à Câmara dos Comuns, ao pronunciar aí, em 1847, o seu primeiro discurso. Pouco antes, fizera dizer a *Sidonia*, seu porta-voz romanceado, bem mais: "Neste momento, apesar de séculos e séculos de perseguição, o espírito judaico exerce uma vasta influência nos negócios europeus. Não falo de suas leis, às quais vocês ainda obedecem, nem de sua literatura, de que vocês estão saciados, mas do intelecto hebraico vivo. Não há, na Europa, movimento intelectual em que os judeus não tomem parte. Os primeiros jesuítas foram judeus; a misteriosa diplomacia russa, que tanto perturba a Europa Ocidental, é, principalmente, dirigida por judeus; esta revolução poderosa, que se prepara na Alemanha e que, tão pouco conhecida na Inglaterra, se tornará uma nova e mais vasta Reforma, desenvolve-se, em seu todo, sob os auspícios dos judeus".

Como se vê, as interpretações do general Ludendorff e de Lorde Beaconsfield estavam amplamente de acordo com os fatos, de vez que designavam, aí incluídos os jesuítas, as mesmas potências tidas como regentes dos negócios humanos. Elas apenas se diferenciavam entre si por esse sinal de valor, que, negativo ou positivo, se atribui a todo escrito ou assunto relativos aos judeus.

4. A Revolução Inglesa: o Tema da Conjuração Romana. A Ética Calvinista

A antropologia, corroborada por dados extraídos da história, nos ensina que toda cultura elabora uma explicação do mundo, isto é, uma mitologia que repousa na idéia de uma ordem cósmica e responde às questões eternas das origens e dos fins, bem como no sentido do sofrimento humano. Em última análise, a finalidade desses mitos parece ser de ordem prática; ela está próxima à da linguagem, no sentido de que se trataria de se comunicar com o universo, na esperança de controlá-lo, de sujeitá-lo às necessidades e aos desejos dos homens. Donde o furor para se conhecer as causas absolutas e primeiras. A antropologia também nos ensina que, em caso de uma perturbação ou sofrimento coletivo grave, tal como o que um grupo mais forte pode infligir a um grupo mais fraco, que representa para este último uma "perda de controle", podem surgir novos mitos, para afastar a visão ordenada tradicional. Quase sempre, trata-se de um "mundo às avessas", de uma doutrina de salvação ou "milenarismo" que anuncia verdades novas, e levado a encarar uma ação violenta, extrema, revolucionária, para instituir o reinado dos deuses ou "valores" novos[1]. Disso, também, a história oferece múltiplos exemplos, notadamente os do século XX, durante o qual a dominação dos euro-

---

1. Cf. W. E. Mühlmann, *Messianismes révolutionnaires du tiers monde*, passim.

peus sobre o planeta terminou, não sem comoções sangrentas e perseguições inauditas, do Vietnã ao Magreb, do Irã ao Camboja. A esse respeito, convém assinalar que a propagação de idéias novas ou heterodoxas é poderosamente estimulada pelas técnicas de comunicação, a começar pelo alfabeto. As "sociedades sem escrita" (as sociedades frias de Lévi-Strauss) foram sociedades estáveis e conformistas, simplesmente porque suas agitações, na falta de traços escritos, transmitiam-se, com dificuldade, tanto de um para o outro quanto para as gerações futuras. Desse modo, os ocidentais forneceram, no fim das contas, aos povos do Terceiro Mundo talvez a sua melhor arma, ao mesmo tempo em que o espetáculo de seu poder suscitava mitos sincretistas, de que "os cultos do Cargueiro" permanecem o exemplo proverbial[2]. Enfim, será preciso lembrar que os métodos imperialistas de opressão não esperaram os europeus para a história incandescente, que eles se exerceram, sempre e em toda parte, em todos os recantos do globo? Começando pela zona de junção entre os três continentes, do Egito à Mesopotâmia, lá onde foram inventadas as culturas cerealíferas, lá onde, na esteira da revolução neolítica, se constituíram os primeiros grandes impérios.

Portanto, é-se tentado a aplicar a grade antropológica geral às vicissitudes do povo, que ocupou o centro dessa zona, isto é, os hebreus, ressalvadas as contradições, propícias à confusão, provocadas pelo imenso número de trabalhos dedicados à sua história, a multidão de interpretações e modos de ver de toda espécie; imensidade devida, sem dúvida, às paixões investidas num debate, que, desde a época de Ápion ou de Celso, não parou de se ampliar.

O que se deve à Palestina antiga? Pouco, caso se ouça Freud:

> Pensar que essa faixa de nossa terra natal não está associada a nenhum progresso, a nenhuma descoberta ou invenção (...) – a Palestina só produziu religiões, frenesis sagrados, supostas tentativas de conquistar o mundo exterior das aparências pelo mundo interior do desejo...[3]

---

2. Cultos surgidos na Melanésia no início do século XX, e estimulados pelo afluxo de homens e de equipamentos durante a Segunda Guerra Mundial. O seu tema comum é o de que os brancos são deuses ou espíritos e que eles vão voltar com os carregamentos mais importantes, caso se os atraia com preces e condutos apropriadas.

3. *Carta a Arnold Sweig*, 8 de maio de 1932; cf. também *Moisés e o Monoteísmo*.

Quarenta anos depois, muitos biblistas ou assiriólogos contemporâneos parecem partilhar a intolerância do autor de *L'avenir d'une illusion* (*O Futuro de uma Ilusão*):

> Aos nossos olhos ofuscados pelos grandes impérios e pelas altas e milenares civilizações da Suméria, da Babilônia e da Assíria, a leste; do Egito, a sudeste; e do país dos Hatti, a noroeste, Israel está como que perdida entre as numerosas e irrisórias tribos seminômades, escreve Jean Bottéro. Os israelitas (...) viviam, então, curvados sobre si mesmos, com uma bagagem cultural e intelectual derrisória, tendo apenas, por assim dizer, como propriedade particular as suas tradições em torno de seus antepassados e seu laço visceral com esse Jeová, que eles deviam acolher como se fosse um xeque sobrenatural de sua tribo[4].

No entanto, o assiriólogo, que é também um historiador reconhecido das religiões semíticas, chega, no mesmo texto, ao seguinte balanço:

> Eis aqui nesse punhado de fiéis de um Deus inicialmente obscuro, que (...) chega, em alguns séculos, a uma interiorização, a um enobrecimento da religiosidade tais que ninguém os ultrapassou desde então e que, por bem ou por mal, é preciso reconhecer os dois milênios, que nos fizeram o que somos, disso viveram, e nós mesmos sempre vivemos disso, não tendo ainda encontrado nada de mais alto e de melhor nesse domínio[5].

Esse debate poderia prosseguir, enquanto houvesse homens. Entre outros acentos, percebe-se em Bottéro a idéia, outrora axiomática, de uma progressão (intelectual e moral), à medida que a humanidade se distancia de sua infância. Cremos estar no direito de pôr essa idéia ao lado das lições da epistemologia genética sobre o desenvolvimento da inteligência e, em especial, sobre a elaboração, histórica ou individual, da causalidade, "do egocentrismo ao relativismo objetivo", como a formula Jean Piaget, isto é, da magia à ciência. Como ele resume, a partir do primeiro ano, "tudo se passa como se a criança só contasse consigo para alcançar seu objetivo. (...) Embora, até aqui, governasse sem mais nem menos a natureza, ela começa a não mais fazê-lo, a não ser "obedecendo-lhe"[6].

Todavia, eis que toco, irrefletida e talvez inutilmente, em diversos domínios bastante controvertidos – a velha lei da recapitu-

---

4. Jean Bottéro, "Le message universal de la Bible", *in Vérité et poésie de la Bible*, Paris, 1969, pp. 25, 33, 75.

5. *Idem, ibidem.*

6. Cf. *La construction du réel chez l'enfant*, Paris, 1967, p. 255.

lação (o desenvolvimento do indivíduo que reproduz o da espécie), contestada pelo biólogos, mas sempre renascendo das cinzas; a sua extensão ao domínio psíquico; e a perigosa polissemia da noção de "progresso". Além disso, tomo o caminho das comparações, de múltiplas facetas, entre o pensamento hebraico e as mitologias, que o precederam ou às quais ele se opunha. Ora, para nosso propósito, basta reter a paradoxal adoção pelos hebreus, a título de um tempo histórico das origens, de um desastre coletivo – a servidão no Egito –, hipostasiado, com a libertação subseqüente, em sentido linear da história, que contém o milenarismo em seu germe. Tanto que, na esteira da vitória do Altíssimo sobre os magos do Egito, a renúncia à magia tornou-se uma frustrante exigência cultural: os "espíritos" ou "demônios" não tiveram mais, oficialmente, direito de cidadania, num mundo assim "desencantado"; no máximo, eles foram, progressivamente, interiorizados pelos homens – a "má inclinação"[7] – e, de certa forma, por Deus, pois o Eterno, causa das causas, controla Satã e suas coortes. Ora, "os desígnios do Todo-Poderoso são insondáveis", quando muito, pode-se tentar granjear-lhe a benevolência com a ajuda de boas ações e de preces; é esse inacessível mistério dos desígnios divinos, essa barreira oposta às conjurações ou especulações causais, esse vexame ou ferida narcisista, que talvez represente o paradoxo supremo do judaismo e a sua conquista enigmática.

Por outro lado, os sofrimentos da plebe, arrasada e oprimida na sua Terra Prometida por seus poderosos vizinhos, faziam surgir, entre os profetas, visões de desforra e de esperança, que não terminaram de iluminar a história ocidental: o dia terrível de Jeová, a vinda do Messias, precedida pelas "dores do parto", o Juízo Final ou Fim Absoluto, enfim, após o qual as espadas se transformarão em arados. Alguns tiques de escrita ou imagens bíblicas – da "compota de Ezequiel"[8] ao "servidor sofrido" de Isaías perseguido pela multidão anônima, talvez por esses "homens sangrentos" ou "malfeitores" coligados, dos quais tanto se trata nos Salmos –, representaram, nos tempos modernos, a

---

7. O *Yetzer ha-ra* rabínico, de que já se tratou no livro do Gênese: "O Eterno viu que a maldade dos homens era grande sobre a Terra, e que todos os pensamentos de seu coração se dirigiam para o Mal", v. 5.

8. É o achado de Voltaire, a respeito de Ezequiel, IV, 12: "Tu comerás bolos de cevada que cozerás na presença dos filhos de Israel com excrementos humanos".

zombaria dos filósofos, ou a boa sorte dos psiquiatras. Talvez se possa dizer que, desde a aurora de sua história, o povo judeu conheceu as exaltações e os delírios escatológicos, ou "o surgimento de uma consciência elitista, a partir de uma situação de opressão", ou ainda "esse olhar estranho que os judeus lançavam sobre o mundo, ao longo da história" (Max Weber), esse "estar distraído" (Charles Péguy). Em todo caso, os contornos de uma tensão desse tipo, de uma oposição contra o poder estrangeiro, acompanhado pela opressão social, tornaram-se especialmente nítidas com o Livro de Daniel, que reflete as lutas populares judaicas contra a helenização. De igual modo, encontra-se nesse livro a irrupção das novas crenças sobre a ressurreição individual, bem como a visão das monarquias pecadoras, a começar pela Babilônia, a Grande Prostituta. Dois séculos depois, sob a opressão romana, tão dura ou tão insuportável quanto a dos selêucidas, esses temas são retomados no Apocalipse, onde o Anticristo combate junto com um Satã, que parece ter-se libertado do controle divino, Cristo e sua Igreja, até a discussão final, seguida pela idade das beatitudes sem fim, ou seja, "o fim da história". É sobretudo dessa forma que a consciência histórica ocidental mergulha suas raízes na escatologia judaico-cristã.

Porém, eis-me aqui preocupado em prosseguir o relato, pois o Diabo ou o Anticristo estão quase tão onipresentes na consciência ocidental quanto a idéia de causa, idéia indissociável de toda ação e de todo acontecimento. Para não nos perdermos nessa totalidade oceânica, é-nos preciso um fio condutor: vou, portanto, me concentrar nas visões do "mundo às avessas" que levam, às vezes, às revelações ou as acompanham. A título de introdução, eis como Wilhelm Mühlmann descreve o "mundo às avessas", ao tratar de um dos "cultos do Cargueiro", da Melanésia:

> O profeta Marafi diz: Haverá uma revolução do mundo. O cristianismo será destruído. O reinado milenar trará a desgraça aos brancos. Ele erige como Deus o diabo da doutrina cristã. Prega um céu onde tudo será de pernas para o ar. Como se vê, o indígena não distingue a ordem social da ordem universal. A desordem toma conta do mundo inteiro. Às vezes, isso dá efeitos curiosos: os inhames e as batatas brotarão nas árvores, as nozes, na terra. Os animais terrestres viverão no mar, os animais marinhos, na terra etc. O mundo todo oscila, haverá um novo céu e uma nova terra. Os brancos nos esconderam que Cristo era um papua, suprimiram as passagens que falam dele na Bíblia. Um outro grupo papua reivindica, em 1939, o emblema nacional holandês, invertendo as cores. Lá ainda se diz: essas cores são as nossas; foram os holandeses, que as tomaram de nós. A idéia de que se os "priva", de que se lhes "retém injustamente" alguma

coisa, desempenha, ademais, um grande papel no pensamento dos indígenas. Segundo eles, as imensas riquezas, que chegam nos grandes cargueiros, lhes são destinadas, mas os brancos as "confisca[9].

Contudo, a esse respeito, Mühlmann pensa que, nas culturas orientais como naquelas consideradas primitivas, as "revoluções" propriamente ditas, isto é, as radicais recolocações em causa da ordem social, não ultrapassavam a fase do sonho ou do projeto, e que, de fato, só houve nosso mundo ocidental para "se subverter" por si mesmo. Nesse ponto, há, aliás, um consenso da pesquisa internacional sobre os fenômenos revolucionários[10]; que se reflita também no conservantismo característico das "sociedades sem escrita". É fato que são as influências cristãs ou ocidentais que inspiraram aos povos do Terceiro Mundo os sonhos autenticamente escatológicos, centrados na idéia de um Juízo ou Dia terrível, no fim do qual os últimos se tornariam os primeiros. Todavia, apesar da grandiosa carga milenarista do Novo Testamento, também nossa cultura ignorava, até aurora dos tempos modernos, as revoluções efetivas. As explosões populares, que, multiplicando-se no fim da Idade Média, se colocavam sob o reinado do Apocalipse, para espanto dos contemporâneos, acabavam depressa. Em seu trabalho, Mühlmann insiste sobre sua natureza necessariamente exterminadora ou "xenófoba":

> O fundamental aqui são os sentimentos "anti", a motivação antagônica arquetípica encarnada por esta ou aquela figura, segundo a conjuntura – o mais belo exemplo disso é o fantasma do Anticristo: foi Nero, depois Maomé, depois o grão-cã, foi o sultão turco, o papa, o imperador da Alemanha, foi ainda, e sempre, o judeu[11].

Mühlmann poderia ter precisado que uma tradição quase dogmática da Igreja afirmava que o Anticristo sairia do "povo decaído". Em diversas passagens do presente ensaio, já tratei desse papel do judeu, enquanto protagonista inamovível da Luta Final, bem como de seu formidável poder probatório ou explicativo, que

---

9. Mühlmann, pp. 238-239.

10. No que concerne à pesquisa francesa, ver a síntese de Jean Baechler, *Les Phénomènes révolutionnaires*, Paris, 1970, sobretudo, p. 107; para a área anglo-saxã, pode-se reportar a Lawrence Stone, *The Causes of the English Revolution*, Londres, pp. 9 e ss.

11. Mühlmann, p. 260.

permaneceu imutável desde os primeiros séculos cristãos ao século XX, de Santo Agostinho a Karl Barth. Quanto à Idade Média, também já falei da obra clássica de Norman Cohn, na qual ele reaproxima, com conhecimento de causa, os milenaristas da idade da fé, os pequenos pastores franceses ou anabatistas de Münster, e os chacinadores totalitários da primeira metade do século XX. Eu me sinto mais bem autorizado a saltar quinze séculos de história cristã e a continuar esse relato onde meu amigo Cohn se deteve e onde, após a volta, aparentemente realizada, às fontes, que as Reformas foram, a história ocidental se acelera e acusa os seus aspectos únicos, e, por meio de pontos de referência seculares, as suas grandes revoluções – a começar pela Revolução Inglesa.

Um traço da Revolução Inglesa é o de ter-se desenrolado em contraste com as que a seguiram, sob a marca permanente da Bíblia, e de ter, pois, também retornado, no fim do século XVII, ao menos na aparência, ao seu ponto de partida. Num capítulo introdutório ("Linhagem de Sem e Jugo Normando") de minha pesquisa sobre *O Mito Ariano*, tentei relacionar esse traço às especificidades do mito de origens nacional e, em consequência, ao frenesi anti-romano ou "antipapista", e ao retorno quase institucional ao Antigo Testamento. Entre os prolongamentos modernos, eu me detinha na seita dos Israelitas Britânicos, que se pretendem autenticamente (de maneira carnal) de origem hebraica e se ligam às Dez Tribos perdidas; atualmente, eles fazem campanha contra um mercado comum oriundo do tratado de Roma, e de um modo geral contra "as leis bizantinas e romanas que remontam ao imperador Justiniano", às quais preferem "a lei comum inglesa que remonta aos Dez Mandamentos de Moisés"[12]. Os israelitas britânicos não são mais que um punhado; mas presume-se que milhões de fiéis da Igreja Anglicana façam, anualmente, uma prece, que implora pela "destruição da seita babilônica e anticristã" de Roma (o dia de Guy Fawkes, 5 de novembro), enquanto a Igreja Romana ainda não retirou a excomunhão que atingiu Elizabeth I e que desobriga os seus súditos de seu dever de fidelidade à Coroa (Bula, *Regnum in Excelsus*, 1570). Essas cinzas não estão totalmente extintas. Porém, comecemos pelo início.

---

12. Cf. *O Mito Ariano*, São Paulo, Perspectiva, 1974, pp. 37-38.

O TEMA DA CONSPIRAÇÃO ROMANA NA INGLATERRA ELISABETANA

Um bom ponto de partida nos é fornecido pelo reinado de Maria Tudor (1553-1558), que quis reconduzir seus súditos para a comunidade católica. Daí por que o cognome de "Bloody Mary" (Maria, a Sanguinária) lhe permaneceu ligado: se, de fato, ela enviou para a fogueira umas três centenas de sectários, estes foram elevados, graças ao *Book of Martyrs* (*Livro de Mártires*), de John Foxe, a uma glória exemplar, enquanto um número mais considerável fugiu para Genebra e outros lugares do continente, de onde restabeleciam, sob a rainha Elizabeth, esse calvinismo estrito, do qual se originou o puritanismo. Roma era, então, denunciada com uma veemência crescente, enquanto fonte primeira de todos os males deste mundo. A identificação do papa (ou da Igreja) ao Anticristo, que remontaria ao ano 1 000, e que foi praticada por inúmeros heréticos medievais, assim como por Lutero quanto por Calvino, tornou-se, no final das contas, a doutrina oficial da Igreja da Inglaterra. Desde 1559, o célebre bispo Aylmer, o prelado que declarava que "Deus é inglês", conjurava, em nome do novo povo eleito, para cortar a cabeça dessa hidra, o Anticristo de Roma[13]. Porém, os desejos ou as preocupações desta ordem incitavam forçosamente os cristãos a refletir sobre o fim dos tempos, até a querer datá-lo – como o empreenderam, igual a tantos ilustres ingleses dessa época, John Napier, que a fixou em 1688 ou 1700, e Isaac Newton, que a fixou em 2060[14]. É, pois, desde o fim do século XVI que os espíritos de além-Mancha foram surpreendidos pela febre milenarista. Por outro lado, um Anticristo romano não podia mais ser judeu, como a teologia tradicional, de São Cirilo ao cardeal Bellarmino e passando por Tomás de Aquino, desejava. No início do século XVII, era muito lido nas ilhas Britânicas o huguenote Nicolas Vignier, autor do *Anticristo Romano Oposto ao Anticristo Judeu do Cardeal Bellarmino* (1604). A idéia da "salvação pelos judeus" adquiria, desse modo, uma coloração insólita: o magistrado Henry Finch acabava de preconizar

---

13. Citado por W. Haller, *Foxe's Book of Martyrs and the Elect Nation*, Londres, 1963, p. 88.

14. Napier, *A Plain Discoverie of the Whole Revelation of Saint John*, 1594; Newton, *Observation on the Prophecies and the Apocalypse of Saint John*, 1689. Recordemos que John Napier é o inventor dos logaritmos.

uma espécie de dominação judaica mundial na *A Grande Restauração do Mundo, no Chamado dos Judeus, e com Eles de Todas as Nações e Reinos da Terra*, 1621. Outros sectários tornavam-se eles mesmos judeus e partiam para a Terra Prometida; sem ir tão longe, numerosos atores da Revolução Inglesa, com Cromwell à frente, consideravam a nova chamada dos judeus, ainda que fosse para acelerar o fim dos tempos, ao mesmo tempo em que elaboravam esta demonologia especificamente anglo-saxã, na qual as principais funções devolvidas ao povo deicida são transferidas para a "prostituta da Babilônia", e as seus adoradores de toda classe, e em especial aos jesuítas. No que concerne à distribuição dos papéis, o popular divertimento londrino da "queima do papa" é sugestivo: em 1679, o cadáver de um mártir anglicano era seguido, em procissão, por dois padres católicos, quatro monges franciscanos, quatro carmelitas, seis jesuítas agitando punhais ensangüentados, oito bispos e seis cardeais. Seguia-se o carro alegórico, isto é, o papa em sua carruagem, com "uma coroa de ouro na cabeça e, nas mãos, as chaves de São Pedro, um rosário e outras ninharias mentirosas; atrás de Sua Santidade ficava o seu conselheiro privado, o Diabo, que lhe cochichava as suas instruções"[15]. O auto-de-fé do sumo pontífice teve lugar, este ano, em Temple Bar, na data de aniversário da coroação de Elizabeth. Esse espetáculo se deixa considerar uma firme ab-reação ao grande medo da *popish plot* (conspiração papista) de 1678, à qual retornaremos. Como escreve um dos dois grandes historiadores da Revolução Inglesa, Lawrence Stone, "da Conspiração da Pólvora à conspiração papista, os ingleses foram abalados por um medo e um ódio paranóicos do papado"[16]. Por seu lado, o papa Inocêncio XI estava, em 1678-1682, obcecado pelo medo de que a França ultragalicana de Luís XIV não seguisse o exemplo da Inglaterra de Henrique VIII. Porém, voltemos aos tempos elisabetanos.

É sob o longo reinado (1558-1603) de Queen Bess, também chamada "a nova Débora" ou "a Rainha Virgem", que a Inglaterra, essa ilha periférica, tornou-se uma grande potência européia. Jamais a monarquia britânica teve uma soberana tão popular – e tão hábil; entre seus estratagemas demagógicos, pode-se reter

---

15. Cf. John Kenyon, *The Popish Plot*, Londres, 1972, pp. 187-188.

16. *The Cause of the English Revolution, 1529-1642*, Londres, 1972, p. 121. O outro grande historiador desse período é Christopher Hill.

suas pretensões à virgindade, substituto ou prolongamento do culto da Virgem Maria (aos comuns, declarava ter desposado o seu reino e pedia para gravar em seu túmulo: "Aqui jaz uma rainha, que viveu e morreu virgem"; em homenagem, Walter Raleigh ofereceu-lhe a *Virgínia* norte-americana). O humor antipapista dessa época é comprovado, entre outros sintomas, pelo teatro elisabetano: aí vêem-se então, para grande alegria dos espectadores, o Doutor Fausto esbofetear o papa, o rei João injuriá-lo (em Marlowe), e Joana d'Arc conspirar com os demônios. Se o século XVI europeu foi fértil em conspirações, a palma cabe incontestavelmente à Inglaterra. Sob o reinado de Elizabeth I, como sob o de seus sucessores, tratava-se sobretudo de conspirações autenticamente "papistas" e, desde que Gregório XIII encorajava os jesuítas ingleses a eliminarem "a mulher condenável da Inglaterra"[17], a minoria católica tornou-se ainda mais suspeita – e ainda mais ativa. Todavia, é necessário precisar que nem sempre é fácil efetuar a separação entre as conspirações reais e as conspirações imaginárias, deslindar se elas foram tramadas pelos conspiradores ou pela polícia, e considerar o papel exato dos jesuítas. Babington, o galanteador de Maria Stuart, foi um jesuíta? O erudito Edmund Campion foi totalmente inocente? Ainda hoje, as opiniões divergem, mas constata-se que o único jesuíta implicado numa conspiração real, o marrano Roderigo Lopez, médico da rainha, e cuja verdadeira religião não era um segredo para ninguém, foi julgado e enforcado como espanhol envenenador e não como judeu envenenador[18].

Com a dinastia dos Stuart, entramos, no século XVII, no tempo dos reis de religião incerta, unidos, por casamento ou por alguma outra forma, às dinastias continentais católicas, logo, altamente suspeitos aos protestantes de qualquer cor ou seita, sem na verdade dar satisfação aos católicos. Sobretudo em matéria de fé, as suspeitas exasperam mais as prevenções do que a certeza e são elas que fazem surgir as inquisições mais cruéis. No entanto, Jaime I (1603-1625), que se gabava de ceticismo, vituperava, às vésperas de sua ascensão ao trono, "os jesuítas, os sacerdotes e

---

17. O cardeal da Cúria precisava: "Visto que essa pecadora estende a sua dominação sobre dois dos mais nobres reinos da cristandade, que ela produz um grave prejuízo à santa religião católica e que é a causa da perda de milhões de almas, não é duvidoso que, quem quer que a enviasse para o outro mundo, não só não cometeria pecado algum, como ainda obteria méritos".

18. Devo esta indicação ao meu amigo Richard Marienstras.

toda esta canalha, que infestam a Inglaterra como moscas ou lagartas". Reter-se-á a designação dos jesuítas como uma entidade particular, precedendo as entidades mais gerais ou mais vagas de "sacerdotes" e de "canalha", como se a Sociedade de Jesus formasse a cabeça de um cometa nefasto (Cf. *judeus e heréticos, judeus e franco-maçons, judeus e comunistas* etc.). É sob o reinado de Jaime I que se organizou a famosa Conspiração da Pólvora, de Guy Fawkes, "a mais horrível conspiração que jamais tenha entrado no espírito humano" (Voltaire)[19]. Com efeito, uma enorme carga de pólvora, acumulada sob o Palácio de Westminster, devia permitir pulverizar o edifício quando da abertura do Parlamento, na presença do rei e dos ministros, e eliminar assim, de um só golpe, quase todo o pessoal dirigente do país (novembro de 1605). Uma denúncia fez abortar a conspiração; pareceu que, se seus autores eram oficiantes católicos, pelo menos dois jesuítas lhes haviam servido de confessores, e o provincial da ordem, o padre Garnet, foi queimado junto com Guy Fawkes e seus cúmplices. Embora esses conspiradores tivessem, de fato, conseguido alugar um porão contíguo ao subsolo de Westminster, arrepender-se-ia de não se salientar o recurso ao tema do "subterrâneo" nas conspirações imaginárias; quer se trate dos jesuítas na Restauração francesa, ou dos franco-maçons sob a III República, ou dos judeus em diversas épocas e lugares, o trabalho de sapa, de que são acusados, prossegue sob a terra (isto é, nas regiões infernais), igualmente no sentido literal[20].

As intrigas e as conjurações católicas, bem reais sob o reinado dos Stuart, como o plano de uma aliança com a Espanha, não deixavam de estimular o zelo dos puritanos e de outros sectários, cujo número e cuja combatividade cresciam com os progressos da instrução. Como Thomas Hobbes escrevia nessa época, "depois que a Bíblia foi traduzida para o inglês, cada homem, e mesmo cada rapaz e cada moça, que sabiam ler, pensavam estar conversando com Deus Todo-Poderoso e compreendiam o que ele lhes

---

19. *Essai sur les moeurs et l'esprit des nations*, cap. CIX.

20. *Jesuítas*: cf. mais atrás, p. 65. *Franco-maçons*: cf., no fim do século XIX, as célebres fabulações de Léo Taxil, segundo as quais o Diabo lhe comunicava as suas instruções sob o rochedo de Gibraltar. No caso dos *judeus*, é possível lembrar os *Protocolos* (o metrô foi cavado para fazer explodir a Cidade-Luz), e o rumor dito "de Orléans" (mulheres francesas encaminhadas para bordéis estrangeiros por condutos cavados sob o Loire).

dizia"[21]. Sob o reinado de Carlos I, que desposara Henriqueta da França, a ultracatólica irmã de Luís XIII, os conflitos entre a Coroa e o Parlamento conduziram, no fim das contas, à ruptura de 1640 e à Guerra Civil. Como se sabe, esta resultou no processo e na execução do rei, depois dos quais o poder pareceu, em 1653, escorregar por entre as mãos desses "Santos", que, com o consentimento de Cromwell, tinham intenção de restabelecer o sinédrio e legislar em nome do Cristo-Rei (sendo a antinomia só aparente, uma vez que os santos apenas faziam interpretar os dois Testamentos ao pé da letra).

Precisamos, agora, deter-nos mais longamente nessa época penosa da Revolução Inglesa.

A decapitação de Carlos I, mas sobretudo o seu processo, "esta ousada exploração da própria natureza da monarquia"[22], eram um acontecimento sem exemplo na história cristã, e Pascal meditava sobre "o pequeno grão de areia", que, ao fazer Cromwell morrer, restabelecera a ordem e a paz na Europa, enquanto Bossuet bradava contra "as quimeras ímpias", contra "esse pretenso reinado de Cristo (...) que devia aniquilar toda a realeza e igualar todos os homens"[23]. Tudo leva a crer que, na própria Inglaterra, a maioria silenciosa partilhava desses sentimentos e dessas indignações. Entre os monarquistas, era corrente a comparação com a Crucificação; antes da execução, a multidão se amontoava à passagem do monarca, para se beneficiar com os *toques* desse taumaturgo dinástico, e os lenços molhados com o seu sangue, sob o cadafalso, também operavam, acreditava-se, curas milagrosas[24].

De resto, o desaparecimento do "ungido por Cristo" deixava um vazio aberto, "ele ia além do que se deixava facilmente assimilar: os homens religiosos, mesmo quando simpatizavam com os regicidas, estavam horrorizados pela vacuidade assim criada; o fa-

---

21. *Béhémoth*, 1660, cf. ed. Londres, 1889, p. 21.

22. Cf. Michael Walzer, *The Revolution of the Saints*, Londres, 1966, p. 10.

23. Pascal, cf. *Pensées*: "Cromwell ia devastar toda a cristandade: a família real estava perdida, e a sua, para sempre poderosa, sem um pequeno grão de areia, que se pôs em seu ureter; mesmo Roma ia tremer debaixo dele; mas este pequeno cascalho, que nada era alhures, posto neste local, ei-lo morto", Bossuet: *Oraison funèbre d'Henriette d'Angleterre*.

24. Cf. C. V. Ledgwood, *The Trial of Charles I*, Londres, 1964, pp. 184-208.

lecimento da monarquia só se justificaria caso abrisse o caminho para a realeza de Cristo"[25].

No Parlamento, que tivera de ratificar o veredicto, a angústia, que apertava os corações, era atestada pelo sermão lá proferido, no dia seguinte à execução, pelo pastor Owen, o capelão de Cromwell, sobre o tema do "zelo do justo encorajado pela proteção divina", segundo Jeremias, XV, 20: "Eu te restituirei para este povo como uma muralha de bronze, eles lutarão contra ti, mas não te vencerão, pois estarei contigo..." Ao comparar a Inglaterra com Israel, também ameaçado por "Babilônia", Owen anunciava "o tremor do Céu, da Terra, e de todos os poderosos do mundo... Vós que sois os servos do Senhor, preparai-vos para a tempestade". Algumas semanas depois, apoiava-se na Epístola aos Hebreus (XII, 26), para acusar nomeadamente o papado: "Quem, entre nós, não vê que, há gerações, as nações do Ocidente foram reduzidas à escravidão civil e espiritual pelos artifícios da prostituta? Deus não retirou os véus desta prostituta, para pôr a descoberto a sua abominável obscenidade?" Dessa forma, a angústia se transformava em agressividade, e uma legião de pregadores e de autores, multiplicando os textos bíblicos, exortavam o novo povo eleito para uma cruzada, ao mesmo tempo anticatólica e antimonárquica. Bastará mencionar o maior de todos, John Milton:

> Deus testemunhou, com bastante freqüência, nas Escrituras que patrões são os reis; e a própria Terra gemeu, por demasiado tempo, sob o peso de sua injustiça, de sua desordem e de sua irreligião. Portanto, é uma honra que pertence aos santos *prenderem os seus reis com cadeias, e os seus nobres com grilhões de ferro* (Salmos, 149, 8); não de construir *Babel* (foi obra de Nemrod, o primeiro rei, *e o início de seu reinado foi Babel*) (Gênese, X, 10), mas de destruí-la; em especial contra a Babel espiritual; e, em primeiro lugar, vencer esses reis da Europa, que recebem o seu poder, não de Deus, mas da Besta, e que se julgam serem os seus dez chifres. Eles *odiarão a Grande Libertina*, e contudo, *entregarão os seus reinos para a Besta, que os dirige; praticarão o coito com ela*, e contudo *a queimarão no fogo*, e contudo *chorarão a queda da Babilônia*, onde haviam praticado o coito com ela (Apocalipse, XVII e XVIII).
>
> Desse modo, eles estarão vacilantes, incertos e cheios de perplexidade em todas as suas ações, até que, enfim, *juntando os seus exércitos à Besta*, cujo poder os elevou primeiramente, eles serão destruídos com ela pelo *Rei dos reis* contra quem se haviam rebelado, *e as aves comerão sua carne* (Apocalipse, XIX).

---

25. Cf. Nuttall, *Visible Saints: The Congregational Way 1640-1660*, Oxford, 1957, p. 46.

É dessa forma que se exprimia em seu *Iconoclasta* (acabo de citar uma tradução francesa publicada em Londres em 1652) o melhor poeta inglês, à época secretário do Conselho dos Negócios Estrangeiros. Essa era, portanto, a visão oficiosa, num momento em que o reinado de Cristo parecia iminente, ou que já se iniciara. Naqueles meses, quando "o sionismo, o vegetarismo e uma dúzia de outros *ismos* modernos estavam no ar"[26], e que profetas e profetisas, surgidos dentre o povo, preconizando que a cruzada contra o papa e o grão-turco, que a circuncisão, que a abolição dos impostos, desempenhavam um papel não negligenciável nos negócios públicos, tudo parecia possível. Coube, então, a duas novas seitas, no testemunho dos velhos livros judaicos, militar para uma "reviravolta absoluta" da ordem cristã.

O MILENARISMO INGLÊS SOB CROMWELL

Uma dessas seitas, a dos Cavadores (*Diggers*), havia-se separado do movimento igualitário dos Niveladores e estabelecia em abril de 1649, perto de Londres, uma pequena comunidade, cujos membros condenavam a posse privada da terra. Seu teórico era um fabricante e vendedor de tecidos de lã arruinado, Gerrard Winstanley, que elaborara uma concepção próxima da *Vontade Geral* de Rousseau: esclarecidos pelas luzes da Razão, e tendo abalado o jugo dos reis e dos sacerdotes, os homens poderiam trabalhar, com espírito unânime, para o bem comum. Porém, além da Razão, Winstanley punha suas esperanças no Amor, no clique de um "julgamento interior" no coração dos homens. Ele também extraía seus argumentos e suas exortações do Velho Testamento, como a época queria. É assim que exclamava na sua primeira *Declaração às Potências da Inglaterra e a Todas as Potências do Mundo*: "Deixem Israel partir livremente; rompam bem rápido este laço que é a propriedade individual, reneguem este assassinato tirânico, esta opressão, este furto que é a compra e a venda do solo, e dêem a sua livre concordância em fazer da terra um tesouro comum. Com isso, honrarão o seu pai e a sua mãe". Outro dirigente da minúscula comunidade, William Everard, tornou-se o seu verdadeiro líder. Como as autoridades locais se queixavam das atividades dos Cavadores, Thomas Fairfax,

---

26. David Underwood, *Pride's Purge*, Oxford, 1971, p. 260.

o comandante do Exército, fez comparecer diante dele os dois homens. Everard, em nome de todos os "ingleses livres", dirigiu-lhe o seguinte discurso:

> Somos da raça dos judeus; todas as nossas liberdades públicas se perderam, com a chegada de Guilherme, o Conquistador. O povo de Deus viveu, desde então, sob uma tirania pior do que aquela que os nossos antepassados suportaram sob os egípcios. Porém, o tempo da libertação está próximo. Deus tirará o seu povo da servidão e lhe restituirá a liberdade, para que usufruam dos frutos e dos benefícios da terra.

Depois disso, assegurou a Fairfax que os Cavadores cultivavam apenas as terras incultas e que, em nenhum caso, tinham a intenção de fazer uso da força. A seguir, ele o entreteve com as visões que o Senhor lhe enviava[27].

Fairfax parece ter simpatizado com os dois homens, porque os dispensou em paz. O caso suscitou alguma emoção, os jornais de Londres falaram dele sem grande boa vontade, e, no fim das contas, os vizinhos, sob o comando de um pastor, expulsaram os "profetas loucos" (loucos, porque rejeitavam a propriedade privada, e não porque o seu líder invocava os judeus; veremos que, numa ocasião ao menos, o próprio Cromwell fizera o mesmo, ou quase). A partir de 1650, não mais se ouviu falar dos Cavadores. Entretanto, no fim do século XIX, foram descobertos por marxistas alemães à procura de antepassados ideológicos e, atualmente, tanto alguns historiadores ingleses, quanto a historiografia soviética em seu conjunto, lhes concedem uma grande atenção. Os escritos de Winstanley foram igualmente publicados nos Estados Unidos e na Polônia, sem a preocupação com as visões extáticas, pelas quais esse profeta se dizia autorizado pelo Eterno.

A outra seita, surgida após a execução do rei, os Homens da Quinta Monarquia[28], fez com que se falasse muito dela durante todo o interregno e, com efeito, ela desempenhou, sobretudo em certos momentos, em 1653 e em 1659, um papel relevante na vida política inglesa. Porém, ao contrário dos Cavadores, esses Monarquistas de Cristo não são reivindicados, hoje, por ninguém, a não ser pelas Testemunhas de Jeová (que também estimam que

---

27. Cf. W. H. Armytage, *Heavens Below*, Londres, 1961, p. 20.

28. *Quinta* Monarquia, porque, segundo o Livro de Daniel, *quatro* reinos ou "bestas" tirânicos precederão aquele no qual reinarão "os santos do Altíssimo" (Daniel, VII, 18).

o reinado de Cristo já começou, apoiando-se em cálculos análogos), e mesmo pelo sionismo por mais que ele, contra a vontade, antecipasse, de certo modo, os tempos messiânicos). Porém, é evidente que são as Testemunhas do século XX, cuja força mental fora atestada por seu comportamento exemplar nos infernos, tanto nazistas quanto stalinistas, que estão autenticamente próximas dos sectários ingleses do século XVII, esses "homens tristes, honestos, insuportáveis e fortes", segundo uma definição de André Maurois[29].

Com certeza, todos os homens santos (genericamente qualificados de "puritanos"), que dirigiram a Revolução Inglesa, tinham a convicção de terem sido eleitos para comandar as batalhas do Senhor. Contudo, após a execução de Carlos I, houve alguns deles que iriam perceber, iluminados por suas "luzes interiores", que o confronto já ultrapassara um limite capital, o do I Milênio anunciado no Apocalipse (XX, 5-7), e iriam se julgar designados para agir como ministros do novo reino de Cristo.

Desde fevereiro de 1649, um grupo de cristãos de Norwich, dirigia a Cromwell uma petição, na qual proclamava que esse reino, sendo doravante "externo e visível", devia ser administrado, não pelos "poderes e autoridades humanos", mas pela reunião, inspirada pelo espírito de Cristo, de homens santos agrupados em suas igrejas, a fim de "superar todas as diferenças e divisões entre eles, e de coligar-se contra os poderes anticristãos deste mundo". Em Londres, foram seguidos, sob o impulso dos pregadores batistas Christopher Feake e John Simpson, aos quais se uniu o melhor general de Cromwell, Thomas Harrison, por "diversos oficiantes e membros das igrejas, entre os quais se encontram soldados". Em 1651, a guerra contra os Países Baixos aumentou os seus zelos: não significava ela a extensão ao continente do combate mundial descrito no Apocalipse?[30] Entrementes, os Monarquistas de Cristo eram unânimes na exigência de uma nova legislação, que, no que concerne às "leis morais", devia estar de acordo com a lei de Moisés. O sinédrio de setenta membros, que funcionaria como Parlamento, devia ser eleito pelos membros das igrejas, à

---

29. Cf. A. Maurois, *Histoire d'Angleterre*, Paris, 1957, p. 371.

30. Cf. Louise Fargo Brown, *The Political Activities of the Baptists and Fifth Monarchy Men in England*, Washington, 1912 (reed. em 1965), pp. 17-23, e B. S. Capp, *The Fifth Monarchy Men, A Study in Seventeenth-Century English Millenarianism*, Londres, 1972, *passim*.

exceção da massa dos ímpios, da *massa perditionis*. No início, os Monarquistas de Cristo contentaram-se com uma propaganda pacífica, considerando que Cromwell, que se tornara o seu "companheiro de estrada", prestava atenção aos seus argumentos. Diante do Parlamento, novamente convocado, de que eles constituíam, unidos aos batistas, o grupo dominante, Cromwell proferiu um discurso exaltado, falando durante mais de quatro horas. "Aceitei a vossa eleição, exclamava, pois, na verdade, ela é maravilhosa e vem de Deus. (...) Por que ficaríamos com medo de dizer ou de pensar que aqui estamos, talvez, às vésperas daquelas coisas que Deus nos prometeu. (...) Na verdade, penso que o acontecimento está à nossa porta; estamos no limite." Seguramente, ele reconhecia: "Posso parecer ultrapassar os meus limites; essas coisas são obscuras". Porém, em todo caso, "nosso dever é o de escolher homens que temam o Senhor e lhe dirijam louvores, como ele os forma por si mesmo, e ele não espera por outros [povos]".

No entanto, em sua peroração, ainda mais ardorosa, Cromwell exprimia o desejo de ver os louvores dos judeus virem reforçar os dos ingleses. Entoava o Salmo 68, no qual Deus promete tornar a trazer o seu povo "do fundo do mar", e comentava, citando o profeta Isaías: "Como alguns pensam, Deus tornará a trazer os judeus de seu exílio nas ilhas do mar, e responderá à sua espera". A seguir, falando dos cristãos das ilhas Britânicas: "Podemos dizer em seu nome, e poderíamos, com confiança, dizê-lo também por nossos irmãos do mar, se havia algum artifício capaz de persuadi-los a concorrer para esta tarefa – sim, podemos dizer que a sua concordância e o seu afeto ergueram-se para nós de todas as partes, além de toda expectativa"[31].

É que nesses anos, no fundo das especulações messiânicas de que a Inglaterra era o principal teatro, mas não certamente o único, o testemunho dos judeus adquirira uma dimensão suplementar. Ele era tradicionalmente ouvido, pois São Paulo anunciara que a sua conversão devia preceder o fim dos tempos e talvez o reinado do Anticristo, servindo de sinal ou de presságio à *Parusia* (chegada, vinda), à era das felicidades cristãs eternas; mas, enquanto a tradição da Igreja Católica remetia esses acontecimentos, em sua seqüência imprecisa, para um longínquo futuro indeterminado, o novo pensamento milenarista lhes fixava prazos tão

---

31. Cf. M. C. Abbot, *The Writings and Speeches of Oliver Cromwell*, vol. III, Cambridge, Mass., 1945, pp. 52-66.

próximos quanto exatos, em que esboçava, além disso, uma primeira variante da idéia de um progresso universal. Ora, nessa futurologia, a boa ou a má vontade do povo testemunha tendia a tornar-se uma chave fundamental para os destinos cristãos, quase aqui e agora. Porém, se, caso se ouça o escatólogo católico moderno Léon Bloy, "a salvação de todos os povos era diabolicamente suspensa por sua maldade"[32], já os puritanos encaravam essas coisas de forma totalmente diferente e, de algum modo, mais cientificamente. Sua grande autoridade no assunto, o matemático Joseph Mede, de Cambridge, soubera decifrar, desde 1627, em sua *Clavis Apocaliptica*, a mensagem do Apocalipse de São João, XVI: sendo a terceira taça a derrota da Invencível Armada, e, a quarta, a Guerra dos Trinta Anos, é entre a quinta (queda ou "eclipse" de Roma) e, naturalmente, a sétima e última, que devia ocorrer a conversão ou o "retorno" dos judeus (preparação do "caminho dos reis vindo do Oriente"). Em 1643, essas chaves do devir humano foram traduzidas para o inglês por ordem do Parlamento, e receberam assim a sua sanção oficial.

Todavia, alguns secretários tomavam eles próprios "o caminho dos reis do Oriente", como Thomas Tany, que se afogou no mar do Norte durante o trajeto, ou John Robins, que quis tomar a frente dos cento e quarenta e quatro mil eleitos, de que fala o Apocalipse, e anunciava que a sua esposa ia dar à luz o Messias, ou ainda o quacre James Nayler, que se proclamou o próprio Messias e foi torturado atrozmente[33]. Num capítulo do seu belo trabalho sobre "o mundo às avessas"[34], Christopher Hill, afetuosamente, passa em revista os loucos desse tipo. Nele, usa como epígrafe um adágio de *La plaidoirie d'um fou* (*O Arrazoado de um Louco, 1653*), de William Erbery: "Se a loucura está no coração" (Eclesiastes, IX, 3), então estamos na ilha do Grande Bedlam (antigo manicômio londrino). Sejamos, pois, loucos todos juntos". Em seu panfleto, Erbery, um explorador (*seeker*), escrevia que, para Deus, "os loucos são os homens mais sábios e os dementes, os mais razoáveis. (...) Se Deus não tivesse feito de mim um demente, não teria enlouquecido os ministros do culto".

---

32. Cf. *Le salut par les Juifs*, cap. XXI.

33. Cf. Armytage, *Heavens Below, op. cit.*, pp. 17-18, e Hill, *The World turned Upside Down*, passim. A seita chamada "muggletoniana" perpetuou esse tipo de messianismo inglês até o século XIX.

34. Cap. XIII ("The Island of Great Bedlam") de *The World turned Upside Down*.

Mais adiante, Hill cita longamente o divagador Abiezer Coppe, que, em seu *Rouleau de fer volant*, 1649 (*Rolo de Ferro Voador*), garantia poder "beijar e bolinar as senhoras e amar a mulher de meu vizinho como a mim mesmo, sem pecado"; assim dizia ter "beijado uma mendiga, que não tinha mais nariz em seu rosto do que eu no dorso de minha mão (mas apenas dois pequenos orifícios no lugar)". Numa outra passagem, esse Stavroguin do século XVII relatava o seu encontro com um mendigo, a quem recusou esmola, para depois mudar de opinião e dar-lhe todo o seu dinheiro:

> Depois disso, fui impelido (por esse poder divino que reside em nosso íntimo) a virar a rédea de meu cavalo e contemplei o pobre joão-ninguém, que fixava o seu olhar em mim, e fui impelido a tirar o meu chapéu e a me inclinar sete vezes diante dele, e eu lhe disse: "Fiz isto porque sou um rei, mas não é preciso revelá-lo a ninguém"[35].

Após ter citado outros escritos paradoxais ou hilariantes, Hill se interroga sobre a significação desses testemunhos de loucura religiosa:

> Tratar-se-ia de bravatas dos representantes da classe humilde? Ou de opiniões perigosas formuladas de um modo que permitisse desmenti-las, ou de perturbações mentais? A provocação, a vontade de chocar, parecem evidentes. Porém, os extremistas, sobretudo os divagadores e os primeiros quacres, parecem ter aceitado melhor que os outros contemporâneos o elemento irracional presente nas questões humanas. No caso de Coppe, pode-se falar de surrealismo. Após tudo, Deus no homem podia falar, de resto, em nome da consciência irracional; Deus está, por definição, além da razão humana[36].

No capítulo em questão, Hill não fala das facécias de Cromwell, aspergindo com tinta o seu amigo Marten (que lhe pagou na mesma moeda), após ter selado a sentença de morte de Carlos I, ou assinando com nomes burlescos as suas cartas políticas. Essa idiossincrasia era bem conhecida: Walter Scott já falava (em *Woodstock*) de um *clownish demeanour* (comportamento cômico) ou *turn for humour* (virada para o humor). Quando se reflete que tais formas são inimagináveis no caso de Robespierre ou no de Lênin, cercados, salvo raras exceções, de pessoas tão mortalmen-

---

35. Hill, capítulo citado, e *passim*. Em *The Pursuit of the Millenium*, Norman Cohn cita, em anexo, longos trechos do extraordinário panfleto de Abiezer Coppe.

36. Hill, *loc. cit.*, pp. 283-284.

te sérias quanto eles, chega-se a dizer que Hill não atingiu o fim de sua análise: depois de tudo, os comportamentos, que ele descreve e qualifica genericamente de *radical madness* (loucura radical), eram também os de uma humildade cristã, de uma confissão de ignorância, frente ao mistério dos desígnios divinos – e eis por que a desrazão pode tornar-se a suprema sabedoria.

Porém, é evidente que os protagonistas dessa revolução não eram todos formados sobre esse modelo. E o fanático puritano, no qual vou me deter agora, William Prynne, é típico para a categoria revolucionária universal dos caçadores de bruxas. Um contemporâneo dizia que esse panfletário espantosamente prolífico possuía a *facies* de uma bruxa e que o seu crânio estava recheado de conspirações. Conspirações sobretudo jesuíticas: ao lê-lo, os membros da companhia não dispunham "da faculdade de se metamorfosear para revestir todas as aparências e se insinuar invisivelmente em todos os conselhos?"[37] Principalmente nos do Exército, para impeli-lo ao regicídio; mas também nos dos quacres e dos Monarquistas de Cristo, até nos do próprio Cromwell[38]. Nos panfletos anteriores à execução do rei, Prynne, ao contrário, acusava Cromwell de favorecer os planos jesuíticos[39]. Tratava-se, em 1642-1643, da conspiração chamada de Habernfeld, talvez imaginada de alto a baixo, talvez efetivamente esboçada nos Países Baixos por monarquistas católicos. Para Prynne, essa conspiração era "a obra-prima romana" (*Rome's masterpiece*), e escrevia "que todas as facções, que, hoje, fazem tremer a cristandade, procedem da corja de Cam jesuíta", de que enumerava "as quatro ordens": "os eclesiásticos, encarregados das questões religiosas, os políticos, cujo ofício é abalar, por todos os meios, o estado dos reinos e das repúblicas, os seculares, que devem se insinuar nos assuntos dos reis e dos príncipes, os espiões, homens de condição inferior, que se colocam a serviço dos grandes deste mundo".

---

37. Cf. William M. Lamont, *Marginal Prynne, 1600-1669*, Londres, 1963, p. 1 e pp. 139-149 (citando *The Substance of a Speech made in the House*, de Prynne (1649).

38. *The Quakers Unmasked* (1655), *A New Discovery of some Romish Emissaries* (1656) e *The Substance of a Speech*.

39. O favorito papal, ou uma plena descoberta dos extraordinários favores de Sua Majestade (...) e a obra-prima de Roma, a grande conspiração do papa e seus instrumentos jesuítas para extirpar a religião protestante, restabelecer o papado, subverter as leis, liberdades, a paz (...) (1643).

Os jesuítas não eram a única obsessão permanente de Prynne, sob todos os regimes. Quando em 1656 Cromwell quis, na linha de suas esperanças milenaristas e como homem político prudente, readmitir os judeus na Inglaterra, semeando alguma emoção nos espíritos, nosso puritano constituiu-se no principal adversário público desse projeto. Em sua *A Short Demurrer*...[40] (*Breve Objeção*), que continua sendo seu escrito mais conhecido, lembrava, de início, os crimes históricos dos judeus contra Deus e contra os homens: profanações, degolas de crianças e usuras, que os fizeram ser expulsos da Inglaterra e de inúmeros países. Apresentava, a seguir, duas séries de argumentos contra a sua readmissão. Do ponto de vista teológico e moral, não podia certamente negar a importância de sua conversão, e prometia ele próprio orar para esse fim. Porém, seria um motivo para admiti-los na Inglaterra, "numa época em que a maioria do povo e também os propagadores de religião se entregavam à apostasia e aos erros?" A sua vinda, "faria, provavelmente, milhares de ingleses se transformarem em judeus, antes de converter um deles ao cristianismo"; ademais, "eles não conspiram, apressando-nos a recebê-los entre nós, para nos atrair para o judaísmo, ao qual muitos se inclinam hoje?" Por outro lado, não seria um precedente perigoso, do qual os jesuítas e os papistas poderiam se beneficiar? E, sem ir nessa linha de raciocínio, como os seus êmulos alemães do século XX, até atribuir um desígnio comum aos judeus e aos jesuítas, Prynne invocava a ameaça suprema: "Tomando os judeus como pretexto, veremos chegar muitas centenas de jesuítas, sacerdotes e monges (...) sob o título, o hábito e o disfarce de judeus, para minar a nossa religião, Igreja e Estado, e semear as heresias, as blasfêmias e o papismo". Como prova, citava três casos de jesuítas assim disfarçados[41].

Prynne reservava para o fim a segunda série de seus argumentos, os que refletiam as apreensões e as cóleras da classe mercantil inglesa, já imbuída (como Max Weber salientava) da

---

40. Uma Breve Objeção à Reintegração dos Judeus Suspensos na Inglaterra. (...) Com uma sumária compilação de tais leis inglesas, Escrituras, já que parecem argumentar com força, e concluir contra a sua Readmissão na Inglaterra, especialmente nesta época, e contra o geral chamado da Nação Judaica. Com uma Resposta às principais Alegações para a sua Introdução.

41. Prynne escrevia que se tratava, na realidade, de três judeus convertidos, dos quais dava os nomes: "Ramsay, o Escocês", "Eleazar" e "Ben Isaías". Estas personagens são ignoradas pela historiografia inglesa.

ética puritana burguesa, da filosofia do *Time is money*. "A admissão dos judeus, escrevia, apenas arruinará os nossos comerciantes ingleses, para enriquecer a si próprios e a alguns grandes, que participarão de suas pilhagens e ganhos ilícitos." E evocava a especulação sobre os metais preciosos, a suntuosidade das vestimentas ornadas de fios de ouro e de prata, e "o uso bastante recente das fumaças intoxicantes do tabaco, que faz despender tanto dinheiro e tempo, e que impede o cultivo de plantações e o comércio de mercadorias mais necessárias e mais úteis".

Como se sabe, os comerciantes da City, ao menos formalmente, tiveram então ganho de causa, pois os judeus não foram oficialmente chamados de volta. Quanto à agitação popular, aliás sustentada por uma onda de outros panfletos *pró* e *contra*, ela deixa a impressão de que, entre esses lendários judeus e os turbulentos Monarquistas de Cristo, o povo inglês distinguia-os mal, e que temia vagamente uma judaização a pedido, tanto mais que, de maneira geral, essa maioria silenciosa estava amedrontada pelo fervor milenarista dos revolucionários ingleses. Prynne assegurava que fora incitado a redigir a sua *Breve Objeção* pelas conversas alarmantes que mantivera nas ruas de Londres; um soldado mutilado teria dito a um outro: "Devemos, agora, todos nos transformar em judeus, e não ficará nada para os pobres!"; outros miseráveis teriam exclamado: "Os outros já se tornaram todos diabos, e agora devemos nos tornar judeus!" Há outros testemunhos sobre os boatos dessa espécie[42]. Porém, mesmo a maior parte dos puritanos não queria ouvir falar da introdução das leis de Moisés e do restabelecimento do sinédrio, e Prynne, com certeza, estava longe de ser o único sectário antijudaico. A crer no malicioso dramaturgo Ben Jonson, desde o início do século, alguns puritanos tinham antipatia pelos judeus, exatamente porque o comum dos ingleses os tratava de rabinos e de judeus[43].

Retornemos agora aos Monarquistas de Cristo: a desmedida de suas pretensões e a ineficácia do "Parlamento dos homens santos" incitavam, em dezembro de 1653, Cromwell a dissolvê-lo,

---

42. Cf. Cecil Roth, *A Life of Manasseh ben Israel*, Filadélfia, 1945, pp. 249 e 346.

43. Ver a personagem do "rabino Busy", em *La foire de la Saint-Barthélemy* (1614). Esse puritano hipócrita declara desde a sua aparição: "Ao comer publicamente a carne de porco, professamos o nosso ódio e a nossa execração pelo judaísmo, de que acusam, às vezes, os nossos irmãos. Logo, eu a comerei, eu a comerei excessivamente" (ato I, cena 2).

pondo fim, assim, a "essa história de minha própria fraqueza e loucura", para se tornar o Lorde Protetor da Inglaterra, ou seja, o ditador *de facto*. Os monarquistas logo o acusaram de ter unido de novo o campo do Anticristo, e começaram eles também a tramar conspirações. Contudo, até o fim de seus dias, Cromwell demonstrou uma magnanimidade extraordinária em relação a eles. Visitava-os em sua prisão e esforçava-se por aconselhá-los, "como irmão e como cristão"; mas os terríveis homens santos, se condescendiam em escutá-lo, negavam-se a dividir a refeição que ele lhes levava.

Fiéis a si mesmos, montavam as suas conspirações sobre o modelo bíblico, tanto quanto fosse possível. "As forças deviam ser divididas em três grupos, segundo os precedentes estabelecidos, por Abraão, Jacó, Gedeão e Davi; os oficiantes deviam ser escolhidos por sorteio. O saque e os despojos devidos ao Senhor (...) deviam ser depositados num tesouro comum[44]. Por ingênuos que tenham sido, esses empreendimentos semeavam o terror: dizia-se que Londres iria ser saqueada, que os conjurados dispunham de milhares de homens decididos a tudo (na realidade, o número dos Monarquistas de Cristo jamais ultrapassou dez mil, enquanto as suas conspirações só agrupavam algumas dezenas de participantes). Quando de uma tentativa de golpe de Estado, que ocorreu em abril de 1657, um cidadão de Veneza informava ao seu governo que os seus autores dispunham de armas para vinte e cinco mil homens, e que eles planejavam exterminar toda a nobreza inglesa.

No fim das contas, esses planos e essas sedições beneficiaram apenas os Monarquistas. Para os agentes de Carlos II, os Monarquistas de Cristo eram "os instrumentos mais apropriados para semear a confusão", que era preciso "adular" devidamente, para incitá-los a uma sublevação, da qual era desejável que o general Harrison tomasse a frente. Parece que alguns autores da Restauração foram, não só os beneficiários, mas também os artífices desses empreendimentos, que os sequazes de Carlos II se esforçavam em manipular os sequazes de Cristo e em envenenar a opinião – e houve, entre eles, jesuítas, com efeito. Pode-se refletir, a esse respeito, sobre os escritos destinados, em 1659-1660, a ilustrar o perigo "quinto-monárquico" ou "judaico", para semear

---

44. Cf. Louise Fargo Brown, *The Political Activities of... The Fifth Monarchy Men*, op. cit., p. 69.

o pânico: panfletos exaltados distribuídos nas ruas, ou provocações refinadas, como a *Bibliotheca Fanatica*, ou catálogo dos livros e panfletos atribuídos aos monarquistas de Cristo, nos quais eles proclamavam a sua intenção de se tornar os senhores do mundo. Era, portanto, o mesmo processo de intimidação ou de diabolização que o das *Advertências Secretas* ou dos *Protocolos dos Sábios de Sião*.

Isso dito, os Monarquistas de Cristo em seu todo só foram, de fato, perseguidos e dizimados durante o reinado de Carlos II, sob o qual se entregaram a derradeiras ações desesperadas, pois a Revolução Inglesa, decididamente singular nesta questão como em muitas outras, não devorava os seus filhos.

O restabelecimento da monarquia, na primavera de 1660, estava de acordo com os desejos da grande maioria dos ingleses, e se operou sem efusão de sangue, como Carlos II prometera. Contudo, para ilustrar a continuidade dinástica e real, para apagar, pelo menos ritual e simbolicamente, o *parricídio* de 1649, fez-se uma exceção para os seus autores: o cadáver de Cromwell foi exumado e pendurado, e a sua cabeça permaneceu, durante anos, exposta sobre um pique (lança antiga), enquanto alguns regicidas, que se pôde pegar vivos, foram executados com refinamentos de crueldade inauditos. A maioria deles suportou heroicamente o seu martírio: o general Harrison, estripado vivo, discursava para os espectadores, anunciando-lhes que em breve iria voltar ao lado de Cristo, a fim de castigar o rei e os juízes. Porém, os fervores messiânicos da revolução haviam tido a sua época, mesmo entre os "homens santos", de modo que apenas a sua esposa acreditou[45]. Assim, pois, o universo mental inglês parecia solidamente recolocado em pé e unido, além do entreato cromwelliano, aos regimes monárquicos do passado. Provavelmente, este restabelecimento era facilitado por uma visão geral do mundo, pela qual mesmo os milenaristas de toda coloração dirigiam o seu olhar para trás, tanto quanto invocavam Jesus Cristo e o seu antepassado Adão. A noção moderna de progresso ainda permanecia por inventar.

Essa continuidade política e essa junção dinástica exprimiam-se, entre outros aspectos, no paradoxo de um rei com inclinações católicas, reinando sobre um povo para o qual a Igreja Romana e os seus jesuítas continuavam a encarnar o Mal, de tal

---

45. Cf. *O Diário de Samuel Pepys*, 10 de outubro de 1660.

modo que a opinião popular lhes atribuía as catástrofes e as desgraças públicas. Dessa forma, quando ocorreu o terrível incêndio, que, em 1666, devastou Londres, o monumento comemorativo do Grande Incêndio indicava expressamente que o desastre era obra "da traição e da maldade papistas". A deslealdade dos católicos ingleses (perto de 5 por cento da população) decorria, além disso, quase diretamente da Bula de Pio V[46]; mesmo porque só foram politicamente emancipados – e a inscrição comemorativa revista – em 1829-1830.

O ponto culminante desse grande medo ocorreu no outono de 1678. Foi suficiente então que dois aventureiros, Titus Oates e Israel Tonge, inventassem uma nova *popish plot*, visando assassinar o rei e os seus ministros e desarraigar a religião protestante, para que uma histeria coletiva se apoderasse da nação inglesa. Instalando-se excepcionalmente juntas, a Câmara dos Comuns e a dos Lordes designaram então uma comissão encarregada de investigar os ruídos subterrâneos de picareta (uma reminiscência da Conspiração da Pólvora) e de fazer inspecionar os cortejos fúnebres, para procurar armas nos caixões. Como observava Roger North, um monarquista cético, "tornara-se mais fácil negar Cristo do que negar a conspiração". Nove jesuítas foram condenados e executados, doze outros, bem como vários leigos, morreram na prisão; seguiu-se um êxodo de católicos da nobreza – mais de uma centena de famílias. De imediato, até o geral da Companhia de Jesus admitia que os seus homens tinham podido "ocupar-se da política"[47]; e quando, no fim das contas, o pânico se apaziguou, a *popish plot* encontra-se na origem imediata da entrada dos *whigs* (membros do Partido Liberal inglês) no governo e portanto do sistema, inglês antes de se tornar universal, dos partidos políticos. É sobre esse impulso histórico que a abdicação do rei Jaime I, em 1688 (muitas vezes qualificado de "segunda" Revolução Inglesa), resultou no regime parlamentarista britânico, ou, em outras palavras, na tolerância recíproca ou nesse pluralismo institucional, ao qual a agitação política dos anos 1640-1660, bem como a liberdade de consciência religiosa, tão cara a Cromwell, tinham predisposto os espíritos.

46. *Regnum in Excelsis*; cf. mais atrás, p. 98.
47. John Kenyon, *The Popish Plot*, op. cit., pp. 205 e ss.

A MARCA CALVINISTA

A Revolução Inglesa, cujos demônios, constatemos uma última vez, jamais foram sanguinários, foi sobretudo uma revolução intelectual e moral: resultado, com certeza, mas também e sobretudo ponto de partida. Como Lawrence Stone resume, "é esse legado de idéias que permite proclamar que a crise inglesa do século XVII é a primeira 'grande revolução' da história mundial e, por conseguinte, um acontecimento de importância fundamental na evolução da civilização ocidental"[48]. Acrescentaria que é sobretudo esse acontecimento que pôs o Ocidente no caminho de suas outras revoluções de toda ordem (aqui entendidas no seu sentido amplo, no quadro do tríptico: ciências-economia-política), que fizeram de nosso mundo o que ele é, e o que ainda poderia se tornar, esperando que "a última tonelada de combustível fóssil tenha acabado de se consumir" (Max Weber). As ciências modernas e a filosofia da Luzes sobretudo, tanto quanto remontem, de maneira geral, à problemática intelectual gerada pela Reforma, associam-se mais diretamente à Revolução Inglesa. De Montesquieu e Voltaire a Max Weber e Sigmund Freud (que reconhecia apenas os ingleses e os escoceses como "verdadeiros mestres"[49]), as figuras de proa do pensamento europeu reconheceram essa associação. E, antes deles, como contemporâneo, La Fontaine:

> *Les Anglais pensent profondément –*
> *Leur esprit, en cela, suit leur tempérament,*
> *Creusant dans les sujets, et forts d'expériences*
> *Ils étendent partout l'empire des sciences*[50].

Ora, logo após a era cromwelliana, são os puritanos, que, como milenaristas desencantados, afastados, de resto, da vida pública e de seus púlpitos, excelem em número crescente nas ciências, executando as suas pesquisas e as suas experiências como um novo dever religioso, em nome da maior glória de Deus. São eles sobretudo que povoam a "sociedade real", constituída sob o

---

48. Cf. L. Stone, *The Causes of the English Revolution*, op. cit., p. 147.
49. Cf. a carta à sua noiva Martha Bernay, em 16 de agosto de 1882.
50. *Le Renard anglais*. (A Raposa inglesa: Os Ingleses pensam profundamente / Nisso, o seu espírito segue o seu temperamento, / Esquadrinhando os assuntos, e fortalecidos de experiência / Eles estendem em toda parte o império das ciências.)

reinado de Carlos II, a tal ponto que os seus adversários se esforçam em desacreditá-la, como um "covil puritano"[51]. Do mesmo modo, os maiores nomes da época – o piedoso anglicano Newton, ou John Locke, que teve Owen, o capelão de Cromwell, como primeiro mestre, ou Milton, o herético – mantêm com o puritanismo, de um modo ou de outro, relações estreitas. Pois, no fundo, "o puritanismo, enquanto atitude de espírito, tinha obtido uma vitória retumbante", e mesmo "a vida religiosa de toda a Inglaterra tornara-se puritana" (Maurice Ashley).

Provavelmente, o estudo ferrenho das Escrituras, com o auxílio das Luzes pessoais, predispunha os espíritos a buscas espirituais de outra natureza. Nessa perspectiva, esboçada por Christopher Hill, a mentalidade científica teria surgido "por acidente" – mas para, com o tempo, expulsar Deus de seu universo[52]. Não estamos ainda nesse ponto; e, ao contrário, é-nos preciso agora abordar essa ética calvinista ou sectária, singularmente ascética, que regulava a existência inteira (ainda que de uma forma diferente que entre os judeus) em função do Todo-Poderoso, que condenava, como prazeres carnais, as artes e os divertimentos, quaisquer que fossem, sem falar das alegrias propriamente sensuais; que lançava a suspeita sobre a amizade e até sobre o amor familial, e que submetia o cristão a uma autocensura de todos os momentos, em nome da "recusa de si mesmo"[53], e para que todos os seus pensamentos e todas as suas atividades fossem dedicados à glorificação do Senhor e de sua Criação. Contudo, justamente por isso, a conquista do conhecimento "objetivo" tornava-se uma obra piedosa, enquanto celebração do esplendor e da harmonia dessa criação.

Ocorria, além disso, que a Bíblia sugeriu as boas hipóteses, em especial nas ciências da vida; foi, desse modo, quanto às leis da procriação, "espécie por espécie", corretamente descritas pelo pastor John Ray, cujos tratados de ciências naturais se intitulavam *Dieu manifesté dans les oeuvres de la Création et la Sagesse de Dieu* (*Deus Manifestado nas Obras da Criação e a Sabedoria de Deus*). O autor puritano mais influente, o pastor Richard Baxter, comentava da seguinte forma esses títulos:

---

51. Cf. R. K. Merten, *Science, Technology and Society in XVII-th Century England*, "Osiris", IV, 1938, p. 474.
52. Hill, *Oliver Cromwell and the English Revolution*, Londres, 1970, p. 243.
53. Cf. o tratado do pastor Baxter, *A Treatise of Self-Denial*, Londres, 1657.

Não julgueis a física e a ciência da natureza como simples estudos preparatórios: a parte mais nobre e mais sublime da sabedoria é a de buscar, admirar e adorar Deus em todas as suas obras; os homens mais santos entregaram-se a essas contemplações. O Livro de Jó e o de Salmos podem nos ensinar que física se liga à teologia mais estreitamente do que se supõe.

Em outra obra, Baxter elogiava as "invenções úteis", como uma das alegrias mais lícitas do mundo terreno:

Que delícias não experimentaram os inventores da carta de navegação, da atração magnética, da impressão e dos canhões, quando de suas invenções! Que prazer Galileu deveu conhecer, graças aos seus telescópios, quando observou as oscilações da Lua, os planetas mediceanos, as modificações de Vênus e as estrelas da Via Láctea![54]

Com certeza, essas alegrias não eram o quinhão, ao menos sob essa forma, desses virtuosos da "acumulação primitiva", de que a ética puritana tolerava e até aprovava, a título de uma vocação, os empreendimentos e as fundações, contanto que eles não extraíssem dela nem vaidade, nem glória, nem satisfações sensuais de qualquer espécie. Por outro lado, os êxitos financeiros e industriais desse gênero, ao instituir um estilo de vida e uma mentalidade capitalistas, perdiam, ao sabor das gerações, sua denotação de um "sinal de Eleição divina". Já no século XVIII, John Wesley, o fundador do metodismo, expressava o seu desespero:

Em qualquer lugar em que se encontrem, os metodistas tornam-se diligentes e frugais; por conseguinte, os seus bens crescem. Daí também ocorre que eles crescem pouco a pouco em orgulho, arrebatamento, concupiscência, arrogância. Desse modo, embora a forma da religião permaneça, o seu espírito se esvai rapidamente. Não haverá um meio de prevenir isso, de impedir essa decadência contínua da verdadeira religião? Não impeçamos as pessoas de serem diligentes e frugais. Exortemos todos os cristãos a ganhar e a economizar até se fartarem, em outras palavras, a se enriquecerem. Porém, como fazer para que o nosso dinheiro não nos mande para o inferno?[55]

Coube a Max Weber explorar esses fundamentos da mentalidade capitalista moderna, assim separados de sua paradoxal justificação religiosa, que resultavam na inversão burguesa entre fins e

---

54. R. Baxter, *Le pasteur chrétien*, Paris, 1841, p. 13, e *The Christian Directory*, t. V, p. 535.

55. Citado por Max Weber, *L'éthique protestante et l'esprit du capitalisme*, Paris, 1954, p. 238.

meios, ou seja, nessa insensata mania de viver para trabalhar, que se propagou no curso dos dois últimos séculos, ao mesmo tempo que "o mal-estar na civilização", em todo o planeta. Ao mesmo tempo também que um vestuário masculino uniforme e monótono, que remonta ao vestuário dos cabeça-redondas puritanos; ou que os exercícios esportivos, praticados, não como um jogo espontâneo, mas como um "bom uso do corpo"; um uso racional, pois também a boa saúde pode ajudar a elevar as almas para Deus.

A respeito desses diversos resultados da Revolução Puritana, não se poderia concluir melhor senão citando a perspectiva futura pessimista de Max Weber, por ele proposta desde 1905; pois, se as suas teses sobre a relação entre a religião e as economias continuam a ser discutidas com um entusiasmo crescente[56], ninguém contesta que a *gaiola de aço* da civilização técnica e burocrática, que ele evocava em sua conclusão, só fez se comprimir desde então, da maneira que se sabe; uma maneira que o grande pensador parecia pressentir: "segundo os pontos de vista de Baxter, a preocupação com os bens exteriores não devia pesar nos ombros de seus homens santos a não ser como um 'casaco leve que, a cada instante, se pode rejeitar' ". Porém, a fatalidade transformou esse casaco numa *gaiola de aço*.

Ao mesmo tempo que o ascetismo empreendia transformar o mundo e nele mostrar toda a sua influência, os bens deste mundo adquiriam sobre os homens um poder crescente e irresistível, um tal poder que jamais se conhecera antes. Hoje, o espírito do ascetismo religioso fugiu da gaiola – definitivamente? Quem pode dizer (...) Seja como for, o capitalismo vitorioso não mais precisa desse sustentáculo, desde que repousa numa base mecânica. Não basta mesmo para o humor da filosofia das Luzes a risonha herdeira desse espírito, que, em definitivo, não parece alterar-se; e a idéia de cumprir o seu "dever", por meio de uma tarefa, doravante persegue a nossa vida, tal o espectro de crenças religiosas desaparecidas. Quando o cumprimento do dever profissional não pode ser diretamente ligado aos valores espirituais e culturais mais elevados – ou, inversamente, quando ele não pode mais ser sentido como uma simples coerção econômica –, em geral, o indivíduo renuncia a justificá-la. Nos Estados Unidos, nos próprios locais de seu paroxismo, a perseguição da riqueza, despojada de seu sentido ético-religioso, tende, hoje, a associar-se às paixões puramente agonísticas, o que lhe confere quase sempre o caráter de um esporte.

---

56. Em 1970, em *Protestantisme et capitalisme, La controverse pos-weberienne*, Philippe Besnard recenseava 169 trabalhos publicados entre 1912 e 1969 sobre esta controvérsia. Mais de dois terços desses trabalhos datavam dos anos de 1960.

Ninguém ainda sabe quem, no futuro, habitará a gaiola, nem se no fim desse processo gigantesco surgirão profetas inteiramente novos, ou um poderoso renascimento dos pensadores e dos ideais antigos, ou ainda – no caso em que nada disso ocorreria – uma petrificação mecânica, enfeitada com um espécie de vaidade convulsiva.

Porém, eis-nos aqui no domínio dos juízos de valor e de fé, dos quais evitaremos sobrecarregar esta exposição histórica. A seqüência de nossa tarefa teria consistido antes em mostrar a significação, o que só fizemos iniciar no estudo que precede, do racionalismo ascético para o conteúdo da ética político-social, bem como para os tipos de organização e as funções dos grupos sociais, desde o conventículo até o Estado[57].

Vê-se que o pensamento de Weber não separava os costumes políticos dos costumes econômicos, mesmo que estes últimos constituíssem o objeto propriamente dito de sua pesquisa, e, numa de suas célebres notas, fazia contrastar o horror calvinista da "idolatria da criatura" e a *paixão histérica* dirigida por seus próprios compatriotas ao "grande homem" bem antes que, graças às circunstâncias, essa paixão conduzisse ao totalitarismo nazista, que veio habitar a *gaiola de aço*[58].

Por seu lado, o seu amigo, o teólogo Ernst Troeltsch procurava salientar as afinidades entre os calvinismo e a estabilidade democrática, em conseqüência do horror diante da idolatria do mundo sublunar e de suas criaturas, quer fossem estas o povo, ou o monarca, ou o Estado[59]. Contudo, talvez se possa acentuar de maneira ainda mais específica ou mais clara por que os puritanos, precisamente por serem perseguidos pela onipresença do Espírito Maligno e, de início, em seu foro interior, foram os principais autores de uma tradição política hostil às suas projeções coletivas sobre outrem, e às perseguições maniqueístas, que delas podem proceder. A esse respeito, observar-se-á que mesmo as obsessões anticatólicas, nas quais me demorei, ao tratar da Inglaterra do século XVII, e que se reencontram nos Estados Unidos do século XIX, igualmente sob a forma da obsessão pelas conspirações[60], não acarretaram massacres e desgraças maiores. Ora, se é lícito atribuir esse equilíbrio ou essa inteligência política a uma multiplicidade de "causas", aquela que, agora, tentarei pôr em relevo,

---

57. *L'éthique protestante et l'esprit du capitalisme*, pp. 246-247.

58. *Ibid.*, nota 31, p. 127.

59. Cf. Troeltsch, *Gesammelte Schriften*, Tübingen, 1912, v. I, pp. 703, 953-954.

60. Cf. História do Anti-Semitismo, t. IV, *A Europa Suicida*, pp. 208-209.

e que Weber evocava numa nota, ao falar da "interiorização do espírito de vingança"[61], merece um lugar privilegiado, justamente enquanto modo assaz excepcional, e quase inimitável, do funcionamento da *causalidade diabólica*.

Voltemos, pois, às "causas primeiras" segundo Lévy-Bruhl, aquelas que são consideradas explicativas das desgraças e das catástrofes de toda ordem, e que, em todos os lugares e todos os tempos, a sabedoria ou a imaginação das nações colocava nas regiões sobrenaturais, até que o pensamento moderno não chegasse para negá-la ou, pelo menos, para pôr entre parênteses a sua existência. Por isso, a maldade dos homens, de alguns homens ou ainda de algumas raças, se achou elevada à categoria de um fator explicativo único e exaustivo, tendo como resultado as monstruosas matanças que conhecemos, e às quais não deixaria de chegar; mas, em todos os casos, o apelo a uma tal explicação e a gratificação concomitante repousavam num mecanismo de projeção, que permitia transformar em ódio vingador o mal ou a culpa, que, de outro modo, deveria ter-se encarregado de si mesmo. Donde a universalidade do recurso aos "bodes expiatórios", comum a todas as culturas, religiões e ideologias (é assim que, na Rússia contemporânea, seria usual, no caso de uma desgraça pública, "pôr toda a culpa sobre os vestígios do passado, sobre as influências perniciosas, sobre as máculas da cobiça, e assim por diante", como ironiza Alexandre Zinoviev[62]). É evidente que, em escala individual, algumas naturezas estão mais aptas que outras a se libertar do Mal dessa forma, mas, em escala coletiva, o adversário requerido sempre se deixa designar, para o maior proveito e alívio da comunidade, ou, pelo menos, de seus dirigentes. É evidente também que a teologia cristã ensinava sempre a combater o Diabo dentro de si, mas os puritanos e outros sectários de origem calvinista agiam de um modo não usual, por assim dizer, na solidão de seus corações, pois rejeitavam, enquanto superstições romanas e artifícios mágicos, as técnicas comunitárias de consolação e de intercessão, a começar pela confissão, às quais as outras Igrejas cristãs continuavam apegadas. O seu mundo interior era, portanto, já o "mundo desencantado" weberiano, submetido, em princípio ao menos, a esse pensamento dito racional do Ocidente (cf. o "pensamento lógico" de Lévy-Bruhl), que se encontra

---

61. Cf. in: *L'éthique protestante*..., ed. cit., nota 26, p. 124.
62. Cf. a citação dada na epígrafe.

no centro da visão histórica de Weber, e de que ele percebia as premissas na tradição hebraica[63].

Desse modo, pois, o puritano não devia senão basear-se em si próprio, não se deixar guiar senão pela inspiração extraída do estudo pessoal da Bíblia (quando muito, podia consultar o seu pastor): eis já, em seu germe, uma tradição individualista pouco propícia à ascensão das grandes paixões coletivas e cruzadas mortais. As exaltações ou os "ódios maravilhosos" desse tipo eram censurados de muitas maneiras, tanto pelos mandamentos especificamente destinados a refrear o impulso vingador, quanto por essa desconfiança em relação aos laços afetivos de toda espécie, do culto ao líder à simples amizade fraternal, na falta dos quais os mecanismos de projeção não poderiam, a julgar pelo balanço histórico, ultrapassar os limites da vida familial ou do incidente de aldeia (como foi, em suma, a famosa caça às bruxas de Salem[64]).

Já vimos como o pastor Baxter recomendava aos seus correligionários uma introspecção de todos os momentos, com o fim de lutar contra os seus demônios interiores, e como ele lhes ordenava a repressão de todas as satisfações de ordem instintiva. Um outro teólogo de renome, o pastor Charnock, insistia no autocontrole e no autoconhecimento: "o autoconhecimento é a prerrogativa de uma natureza racional", escrevia citando a esse respeito o *Cogito, ergo sum* da "nova filosofia" de Descartes (e testemunhava assim o modernismo puritano[65]). Há de se reconhecer que essa atitude de espírito quase não favorecia a formação e a propagação das mitologias regressivas, que acabariam por unir em torno delas as massas populares européias e asiáticas. Pode-se citar também a *Praxis pietatis*, 1624 (*Prática da Piedade*), de Bailey cuja desconfiança para com o próximo ia até o ponto de recomendar "para imaginar de manhã, antes de se misturar com os outros, que se caminha numa floresta selvagem, cheia de perigos, e orar a Deus para nos conceder o manto de circunspecção e de justiça"[66].

Todavia, se a teologia puritana era uma teologia da suspeita, esta estava, fundamentalmente, voltada contra si mesma. Eis co-

---

63. Premissas que ele encontrava na proibição das práticas mágicas, bem como no anti-ritualismo profético; cf. *Le judaïsme antique* (*O Judaísmo Antigo*).

64. Única nos anais puritanos, essa perseguição fez apenas 19 vítimas (1962).

65. Cf. in: *L'éthique protestante*..., ed. cit., nota 76, p. 145.

66. *Ibid.*, nota 26, pp. 123-124.

mo a nossa grande testemunha Richard Baxter alertava os seus colegas e os seus leitores, a fim de lembrá-los de que, a todo momento, corriam o perigo de se reencontrar no inumerável campo dos *condenados*, promovidos para o Inferno: "Bradando contra os pecados de outrem, não pensais que estais agravando o vosso? Vós falais do Inferno, mas é falar de vossa herança; vós descreveis as alegrias do Céu, mas é demonstrar a vossa miséria, vós que não tendes nenhum direito à herança dos santos". E descrevia os artifícios com a ajuda dos quais o Diabo podia comprometer a salvação dos cristãos mais bem intencionados:

Vosso inimigo não vos perde de vista; sois o alvo de suas astúcias, de suas traições, de seus ataques. Portanto, atentai para vós. (...) O príncipe das trevas é mais sábio e mais hábil do que vós; ele pode se transformar em anjo de luz para vos enganar; ele se insinuará junto a vós, ele vos envolverá em seus artifícios; ele vos arrebatará a vossa fé e a vossa inocência, antes que suspeiteis que já as perdestes, ele vos fará acreditar que a vossa graça se fortalece e aumenta, quando já vós não a terdes mais[67].

Contudo, os próprios *eleitos*, e quaisquer que possam ser as suas certezas interiores, deviam ficar sempre alerta, escrutando as cartas ocultas de Deus, e se proibir toda a frouxidão ou o repouso, de forma que a principal distinção entre eles e os *condenados* parecia reduzir-se ao fato de que, ao invés de agirem como servos cegos do Diabo, eles deviam desdobrar a sua vigilância a serviço de um soberano divino não menos perseguidor. É isso que Baxter nos sugere, em seu tratado sobre *Le repos éternel des saints (O Repouso Eterno dos Santos)*: "Eles são menos numerosos do que o mundo imagina". Isso dito, não há, para eles, pior ilusão do que esperar algum repouso neste mundo, e seria ainda um pecado dos mais graves, por sutil que fosse:

Como é uma idolatria evidente colocar o nosso repouso nas riquezas ou nas honras, também é uma idolatria, embora menos grosseira, colocá-lo nos meios da graça, por mais excelentes que sejam.

Eis por que "Deus é obrigado a nos perseguir e a nos expulsar de todas as nossas posições, com medo de que nos fixemos nelas e que nelas busquemos o repouso"[68]. Eis, na verdade, um

---

67. Cf. Baxter, *Le pasteur chrétien*, pp. 6, 35.
68. Baxter, *Le repos éternel des saints*, Paris, 1833, pp. 31, 181, 188.

Deus pouco inteligível e, em todo caso, bem esquecido de seus atributos de bondade e de amor.

Conhecemos o dito espirituoso de Milton, ao envelhecer: "Antes ir para o Inferno do que respeitar os desígnios de um tal Deus"[69]. E pode-se também afirmar que, das Sagradas Escrituras, os puritanos só se esforçavam por reter as lições de aflição e de pesares, à exceção das de alegria e de amor, que eles se fabricavam, pois, um Deus do Velho Testamento sob medida – mas fustigando o ativismo de todos os instantes. Segundo o popular escritor John Bunyan, no momento da remissão das contas, "não será dito 'Vós acreditastes?', mas 'Vós agistes, ou apenas fizestes falar?'"[70] Porém, qualquer que tenha sido o preço psico-histórico a pagar, esse Deus soube temperar caracteres de aço e formar gerações de batalhadores e de homens de ação, talvez os mais dinâmicos que o mundo moderno tenha conhecido, de modo que, a despeito de todas as frouxidões e de todas as reviravoltas, do declínio dos princípios e das crenças, essa combatividade constituiu-se em virtude nacional ou tribal, para jogar as suas últimas energias em 1940-1941, quando a velha Inglaterra dos Eleitos resistia na sua solidão a um continente nazificado e a um messianismo desenfreado do tipo moderno. É assim e é também de muitas outras formas que o incompreensível Deus puritano, denunciado, em virtude de sua ferocidade, por inúmeros pensadores e inumeráveis maneiras, de Nathaniel Hawthorne a Erich Fromm, contribuiu para evitar aos anglo-saxões os delírios coletivos, que há dois séculos se multiplicaram na Europa e no mundo.

---

69. Cf. *L'éthique protestante...*, p. 117.

70. Citado *ibid.*, nota 53, p. 138: "It will not be said did you believe, but: Were you Doers or Talkers only?" – John Bunyan era o autor do célebre tratado sobre a piedade: *Pilgrim's Progress*, 1672.

5. A Revolução Francesa: O Tema da Conjuração Aristocrática e Alguns Outros Temas

Atualmente, o debate em torno da Revolução Inglesa, que permaneceu cristã à sua maneira, preocupa ou comove apenas os especialistas, enquanto um juízo sobre a Revolução Francesa intervém, de um modo ou de outro, nas paixões políticas, que, no século XX, se desencadearam em escala mundial. Logo em seguida à Revolução de Outubro, era erigido em Moscou um monumento a Robespierre — os adversários do novo regime, seguidos por alguns jornais ocidentais, acreditaram reconhecer nele a estátua de Judas Iscariotes, como sugeria a fantasia cristã. É que os homens de 1789 valiam-se de idéias, que, na sua hostilidade às Igrejas estabelecidas, culminaram, em 1793-1794, nas campanhas jacobinas de *descristianização*. Porém, a dúvida ou a completa descrença, sempre cultivadas em segredo nos corações ou transmitidas em sussurro ao ouvido, só começaram a ser propagadas abertamente e em ampla escala no fim do século XVII, de início nos países de disposição calvinista, a Grã-Bretanha e os Países Baixos. De resto, antes de tratar da penetração e da radicalização — será preciso falar de "diabolização"? — dos pontos de vista dessa ordem na França, é necessário examiná-las no seu país de origem.

Negligenciando o judeu espanhol Spinoza (já que a sua influência direta na França foi, de início, negligenciável), convém começar por seu vizinho na Holanda, o protestante francês Pierre Bayle, autor do famoso *Dicionário Histórico e Crítico* (Roterdã,

1696), que ensinava a tolerância e o ceticismo para a Europa letrada daquela época, e que "continua o requisitório mais opressivo que jamais se ergueu pela vergonha e pela confusão dos homens"[1]. Continua também um modelo de honestidade intelectual e de crítica das fontes, no qual Bayle chegava a tomar a defesa dos jesuítas contra os seus detratores habituais: "Não poderia pensar que as regras da moral aceitassem que se abusasse assim de uma prevenção pública: elas nos ordenam para sermos eqüitativos com todos e jamais retratar as pessoas mais perdidas do que o são" (verbete "Loyola", nota Q).

Ninguém, talvez, soube dissociar com tanta penetração a fé e a razão do que esse pessimista, que dividia os autores em "religionários protestantes" e "racionais"; mas, se "todos se enganaram", se as lutas e as guerras religiosas só fizeram multiplicar "as desumanidades e as terríveis desordens", as pretensões dos "racionais" são ainda mais vãs. Pois "a razão não pode resistir contra o temperamento; ela se deixa levar de triunfo em triunfo, ou como cativa, ou como aduladora. Ela contradiz as paixões durante algum tempo e depois não diz nada, se aflige sem testemunha e, finalmente, lhes dá a sua aprovação[2].

Ninguém, talvez, tenha acentuado tão bem o impasse intelectual e moral do homem moderno:

> Disputai, tanto quanto vos agradar, sobre as questões de lógica, mas, na moral, contentai-vos com o bom senso e a luz que a leitura do Evangelho introduz no espírito, pois, caso empreendais discutir à maneira dos escolásticos, não sabereis logo por onde sair do labirinto" ("Loyola", nota Q). Para resumir, o destino do homem está numa situação tão má que as luzes, que o libertam de um Mal, precipitam-no em um outro ("Takkiddin", nota A).

Portanto, tendo demonstrado que a Revelação é indemonstrável e que a questão do Mal é um impenetrável mistério, Bayle permanecia dividido entre "um agnosticismo metafísico" e um "fideísmo abrupto" ("a Razão deve-se submeter às verdades reveladas[3]. Porém, o que sobretudo importa reter é que, ao denunciar incansavelmente os erros, as tolices e os crimes, cometidos

---

1. Paul Hazard, *La crise de conscience européenne 1680-1715*, Paris, 1961, p. 96.

2. *Réponse aux questions d'un provincial*, Roterdã, 1704, t. I. Cap. XIII.

3. Cf. Elisabeth Labrousse, *Pierre Bayle*, Haia, 1963-1964 e, mais especialmente, a conclusão, t. II, pp. 602-610.

em nome da fé, ao fustigar notadamente o catolicismo romano, "religião sanguinária, assassina, habituada à carnificina há quinhentos ou seiscentos anos" ("Japão", nota E), esse atleta da verdade não incriminava o clero de impostura e de fraudes, até de uma conspiração pactuada.

Os impetuosos deístas ingleses não se preocupavam por tão pouco. Locke mal tentara conciliar, à sua maneira, a fé e a razão em *The Reasonableness of Christianity*, 1695, (*A Racionalidade do Cristianismo*, quando o intrépido John Toland dava o passo decisivo em *Christianity not Mysterius*, 1696, (*O Cristianismo não Misterioso*) – e no mesmo instante distinguia, contra a vontade, os limites do pensamento deísta, de Voltaire a Rousseau, já que a idéia de uma religião despojada de seu mistério, de um Deus que a razão humana pode comover, é inconciliável com a idéia de um Deus bom.

Para remediar essa incoerência, sem insultar o Ser Supremo, os artífices da irreligião moderna deviam-se nomear culpáveis, enganadores, consistindo a solução habitual em desculpar Deus, acusando os seus servidores ou ministros ("o corpo diplomático do bom Deus", dirá Henri Heine). Em seu livro, Toland inaugurava essa receita de maneira original – questionava os sacerdotes, tanto pagãos quanto cristãos, que teriam desnaturado, por seus ritos e seus mistérios, a pura religião de Jesus: "Os sacerdotes pagãos (...) realizavam os atos mais elevados de seu culto, que consistiam em ritos ridículos, obscenos ou desumanos, na intimidade de seus templos". Eles iniciavam nesses mistérios as suas ovelhas, prometendo-lhes uma vida eterna no Além, entre os deuses. Porém, *"como, por que e para quem esses mistérios foram introduzidos no cristianismo?"*

Segundo Toland, Jesus viera "para cumprir e não para destruir" a lei judaica. Contudo, os primeiros cristãos, quando quiseram atrair os gentios, chegaram a imitar as misteriosas cerimônias, às quais estavam acostumados. Ora, "desprovidos de todo precedente no Evangelho, à exceção do Batismo e da Santa Ceia, eles o disfarçaram e o transformaram, de modo estranho, nele acrescentando os ritos místicos pagãos; e os dirigiam no maior segredo". É dessa forma que se constituiria uma casta de sacerdotes cristãos, que "em pouco tempo impuseram esses mistérios e outras usurpações ao gênero humano, sob o pretexto de serem os lavradores do vinhedo do Senhor (...) mediadores entre Deus e o Homem, eles se reservaram o direito exclusivo de interpretar a

Escritura, e, fazendo isso, atribuíram a infalibilidade ao seu Corpo"[4].

Toland permaneceu fiel, durante a sua vida, a essa interpretação do cristianismo ou do judeu-cristianismo, inspirada, dir-se-ia, pela "judaicofilia" sectária inglesa. Insistiu nessa posição em *Nazareus, a Jewish, Gentile and Mahometan Christianity*, 1718, (*Nazareu, um Cristianismo Judaico, Gentio e Maometano*), onde, num apêndice, exortava as potências cristãs a ajudarem os judeus a reconquistar a sua Terra Prometida. Todavia, esse primeiro dos *livres-pensadores* modernos, que foi um autêntico erudito, continua também o único a ter concentrado o seu ataque sobre os sacerdotes, quer tenham sido pagãos ou cristãos. Todos os outros inspiradores ingleses do "rei Voltaire" ou do barão de Holbach, atacavam, plagiando Toland, os antigos hebreus, esses impostores como chefe.

A começar por Anthony Collins, que os tratava de "povo iletrado, bárbaro e ridículo" e de "brutos inveterados", e por Thomas Morgan, para quem eles eram "uma horda de pobres e miseráveis escravos egipcianizados", ao passo que para Matthew Tindal eles teriam se entregado, desde a Antiguidade, a sacrifícios humanos ou assassinatos rituais. Ainda não se tratava senão dos "deístas moderados". Porém, Voltaire, que se servia sobretudo do *Discours sur la libre pensée* (*Discurso sobre o Livre-Pensamento*) de Collins, rápido fez introduzir os judeus, lá onde não os havia em sua origem. Eis aqui uma amostra de sua arte de ridicularizá-los, em que simulava a defesa da tradição cristã – trata-se do versículo bem conhecido de Isaías, tido como o que anuncia a vinda de Cristo[5]:

Assim, esses intérpretes, ofuscados por sua própria tradição e por sua própria língua, lutam contra a Igreja, e afirmam obstinadamente que esta profecia não pode dizer respeito a Jesus Cristo de nenhum modo. Mil vezes refutamos a sua explicação, em nossas línguas modernas. Empregamos a força, o patíbulos, os

---

4. *Christianity not Mysterious: or a Treatise Showing that There Is Nothing in Gospel contrary to Reason, or above*, Londres, 1696, pp. 69, 158-170. Para outros pormenores sobre Toland, ver História do Anti-Semitismo, t. III, *De Voltaire a Wagner*, Perspectiva, 1985, pp. 56-58.

5. Cf. Isaías, VII, 14, a discussão que versa sobre a tradução exata ("jovem" ou "virgem") de *alma*, a mãe, que dará à luz, como sinal divino. Sobre os empréstimos tomados por Voltaire aos deístas ingleses, ver Noman Torrey, *Voltaire and the English Deiste*, Yale, 1930, bem como *De Voltaire a Wagner, op. cit.*, pp. 58-62.

suplícios das rodas, as fogueiras; entretanto, eles ainda não se rendem. *Questions sur l'encyclopédie* (*Questões sobre a Enciclopédia*).

Quanto aos extremistas do deísmo inglês, bastará mencionar Peter Anet (rebatizado por Voltaire como "Sr. Hut" ou "Sr. Huet", por derrisão ao apologista Sr. Huet, o adjunto de Bossuet, que pretendia ter livrado a religião cristã de suas "pernas judaicas", e sobretudo o demente ou "diabólico" pastor Woolston, que, condenado por blasfêmia, morreu na prisão. Por fim, convém citar Lorde Bolingbroke, não que a sua crítica tenha sido especialmente veemente – ao contrário, sobre o capítulo dos judeus, ele adotava uma posição intermediária entre Toland e a coorte de seus êmulos –, mas porque Voltaire se cobria de preferência por "Milorde Bolingbroke", por causa dos numerosos títulos políticos e nobiliários desse filósofo.

Essas formam as principais fontes dos argumentos eruditos, que se encontram nos inúmeros escritos do patriarca de Ferney contra a religião estabelecida. Lembremos agora qual era a sua religião, qual era o Deus sem mistério que esse teísta queria substituir ao Deus da Bíblia. Era um "Ser supremo tão bom quanto poderoso, que (...) pune sem crueldade os crimes e recompensa com bondade as ações virtuosas", um pai divino acessível à Razão, mais remunerador que vingador, digno do "culto racional prestado, sem superstição, ao Ser supremo, por uma família honesta"[6]. Ora, se os homens, em sua loucura, ignoram esse Deus, se a história ocidental, dita cristã, é apenas um encadeamento de injustiças e de crimes, a culpa pertence aos judeus, prolongados pela Igreja Católica. A fim de combater as suas superstições ou as suas imposturas, o propagandista de gênio desferia os argumentos, por mais surpreendentes que fossem, o sangue e o sexo, nele salpicados, como se sabe, de escatologia. Desse modo, em seu mais longo tratado anticristão, *Exame Importante de Milord Bolingbroke ou o Túmulo do Fanatismo*, cujo tom pretendia ser relativamente moderado, pois acreditava-se que o autor do escrito fosse o aristocrata inglês:

A história judaica não é senão um encadeamento de crimes consagrados. Salomão começa degolando o seu irmão Adonias. Se Deus concedeu a esse Salomão o dom da sabedoria, parece que lhe recusou os da humanidade, da justiça,

---

6. Cf. *Dictionnaire philosophique*, verbete "Théiste", e *O Jantar na Casa do Conde de Boulainvilliers*.

da continência e da lei. Ele possui setecentas mulheres e trezentas concubinas. O cântico, que se lhe atribui, está ao gosto desses livros eróticos, que fazem enrubescer o pudor. Nele só se falou de tetas, de beijos na boca, de ventre semelhante a um monte de trigo, de atitudes voluptuosas, de dedos postos na abertura, de estremecimentos; e, enfim, termina por dizer: "Que faremos de nossa pequena irmã? Ela ainda não tem tetas; se é uma parede, construamos em cima; se é uma porta, fechemo-la". Tais são os costumes que, com respeito, miseráveis rabinos e teólogos cristãos ainda mais absurdos lhe atribuem.

Enfim, para unir o excesso do ridículo a esse excesso de impureza, a seita dos papistas decidiu que o ventre da Sulamita e a sua abertura, os seus peitos e os seus beijos na boca, são o emblema, o tipo do casamento de Jesus Cristo com a sua Igreja.

De todos os reis de Judá e da Samaria, há muito poucos, que não sejam assassinos ou assassinados, até que, enfim, essa corja de bandidos, que se massacravam uns aos outros nas praças públicas e no templo, enquanto Tito os perseguia, caísse sob a espada, e nas penas das galeras dos romanos, com o restante desse populacho de Deus, de que dez duodécimos haviam-se dispersado, desde há muito tempo, na Ásia, e fosse vendida nos mercados das cidades romanas, sendo cada cabeça judia avaliada ao preço de um porco, animal menos impuro do que essa nação.

Quanto aos crimes de sangue judaicos, Voltaire, como mostrei alhures[7], era obsedado pelos assassinatos rituais ou sacrifícios humanos, dos quais fala em quase todos os seus escritos ditos de crítica religiosa. Satisfaz-se também, sob a máscara de "Fréret" (Nicolas Fréret), que ele fazia discutir com um abade, em anunciar aos cristãos que eles eram judeus:

Sr. Fréret: Por Deus!, diria que sois judeus e idólatras, que zombais de nós e que embolsais o nosso dinheiro.
O abade: Judeus e idólatras!, como falais!
Sr. Fréret: Sim, judeus e idólatras, pois vós me obrigais a isso. O vosso Deus não nasceu judeu? Não foi ele circuncidado como judeu? Não cumpriu ele todas as cerimônias judaicas? Não lhe fazeis dizer várias vezes que é preciso obedecer à Lei de Moisés? Não fez ele sacrifícios no templo? O vosso Batismo não era um costume judaico tomado aos orientais? Não denominais ainda com a palavra judaica de Páscoa a principal de vossas festas? Não cantais, há mais de cento e setenta anos, numa música diabólica, canções judaicas que vós atribuís a um régulo judeu, bandido, adúltero e homicida, homem segundo o coração de Deus? Não emprestais sobre penhores, em Roma, em vossas judiarias? E não vendeis impiedosamente os penhores dos pobres, quando eles não pagaram até o fim? *Le dîner chez le comte de Boulainvilliers* (*O Jantar na Casa do Conde de Boulainvilliers*).

---

7. História do Anti-Semitismo, *De Voltaire a Wagner*, cap. "Voltaire", *op. cit.*, pp. 78-90.

As duas últimas interpelações nos mostram que Voltaire não se preocupava em fazer uma distinção entre os hebreus da Antiguidade e os judeus seus contemporâneos. Estes últimos, ele os qualificava de "nossos senhores e nossos inimigos, em quem nós acreditamos e aos quais detestamos (...) não encontrareis neles senão um povo ignorante e bárbaro, que une, há muito tempo, a mais sórdida avareza à mais detestável superstição e ao mais invencível ódio por todos os povos, que os toleram e que os enriquecem. No entanto, não é preciso queimá-los". Seus métodos polêmicos, fingimentos, disfarces, falsas atribuições, eram inumeráveis. É evidente que, em muitos textos, atacava unicamente o cristianismo, sem se referir aos judeus; é assim, no artigo "Transubstanciação", no qual, desta vez disfarçando-se de "Sr. Guillaume, ministro protestante", ele falava do sacramento da Eucaristia – e dos papas – nestes termos obscenos: "Sacerdotes, monges, que, saindo de um leito incestuoso, e não tendo ainda lavado as suas mãos sujas de impurezas, vão fazer deuses às centenas, comem e bebem o seu deus, caçoam e urinam o seu deus (...) esta superstição valeu a um sacerdote italiano quinze a vinte milhões de rendimento".

Resta precisar que Voltaire não incriminava, nem a Igreja, nem os judeus, de qualquer conspiração diabólica pactuada. Ademais, no que concernia a esses últimos, isso quase não se impunha para ele, pois que, já antecipando a temática racista, ele os acreditava cruéis e estúpidos "por natureza". Sobre essa questão, os seus ataques se apoiavam na nova antropologia das Luzes; se os negros são "animais" para ele, os judeus não estão longe disso: "Encarávamos os judeus com o mesmo olhar com que vemos os negros, como uma espécie de homem inferior", e, na ocasião, ele os exorta: "Vós sois animais calculadores, esforçai-vos para serdes animais pensantes".

Vê-se que, a despeito da total dessemelhança, entre as grandes figuras das Luzes e os doutrinários anti-semitas do século XX, sobre todos os pontos – mentalidade, objetivos ou modo de ação –, a visão do mundo voltairiano era *estruturalmente* idêntica, sobre a questão que nos interessa, à visão hitlerista: a criação é pura e inocente, mas os judeus, autores primeiros da poluição universal dos espíritos, a perverteram completamente. Além disso, numerosos ativistas do III Reich, a começar pelo próprio Führer, qualificavam-se, de bom grado, de "deístas" (em alemão,

Gottgläubig[8]). Será preciso lembrar, para concluir, que Voltaire foi o autor de cabeceira de Catarina II após ter sido o mentor ideológico de Frederico II, que toda a Europa letrada seguia as suas campanhas contra "o Infame", e que o substantivo *voltairiano* continua incorporado nas diversas línguas européias? Talvez não tenha sido indiferente para a história ocidental que a patriarca de Ferney tenha investido nos judeus as suas angústias ou terrores infantis, e se se arrisca a falar de um grito, que, de eco em eco, provocou a avalancha.

Entre os seus colegas de armas nessa guerra, eu me contentarei em evocar o ateu militante Dietrich Holbach, que a perseguia como mecenas e como editor. Também ele se servia de nomes falsos ou de testas-de-ferro de todo tipo, e ele também atribuía aos judeus, em sua fúria anticristã, uma lamentável primogenitura. Em *Le Christianisme dévoilé* (*O Cristianismo Desvelado*), ele não se exprimia de maneira diversa do que em *L'Esprit du judaisme* (*O Espírito do Judaísmo*):

> A superstição feroz e ridícula do povo judaico transformou-o no inimigo de nascença do gênero humano: ele sempre foi rebelde, sempre foi maltradado na sua mísera região. Alternadamente escravo dos egípcios, dos babilônios e dos gregos, experimentou, sem cessar, os tratamentos mais duros e mais merecidos.
>
> Esse povo (...) tornou-se muito fraco e muito miserável. Vítima, sempre, de seu fanatismo, de sua religião insociável, de sua lei insensata, ele está, agora, disperso em todas as nações, para as quais é um monumento durável dos efeitos terríveis da cegueira supersticiosa.

Um sistema caro ao barão de Holbach era o de recorrer ao patriotismo da Europa e ao bom senso de seus princípios: "Que os soberanos (...) releguem, na Ásia, uma religião dada à luz pela imaginação ardente dos orientais" "Enfim, ousa, pois, ó Europa, sacudir o jugo insuportável dos preconceitos que te afligem! Deixa aos hebreus estúpidos, aos frenéticos imbecis, aos asiáticos lassos e degradados, essas superstições tão aviltantes quanto insensatas; elas não são criadas para os habitantes de teu meio"

Holbach não dizia menos, às vezes fazia dizer mais, em *Les Saints du Judaisme...* (*Os Santos do Judaísmo...*) (de "Boulanger"), e nas *Opinions des Anciens sur les Juifs* (*Opiniões dos Antigos sobre os Judeus*) (de "Mirabaud"), ou em *La contagion sacrée...* (*O*

---

8. *Gottgläubig* era, no III Reich, uma categoria confessional reconhecida, do mesmo modo que católicos ou luteranos.

Contágio Sagrado...) (de "Trenchard"). O que não o impedia de fazer ridicularizar o cristianismo por um judeu, em *Israël vengé...* (*Israel Vingado...*) (de "Orobio de Castro"). Assuntos bem mais violentos eram mantidos no seu salão da Rua Royale, conhecido por seus freqüentadores, Diderot, Naigeon ou o Barão Grimm, sob o nome de *sinagoga holbachica*[9].

Conforme a lenda, é nessa "sinagoga" que Jean-Jacques Rousseau fez, por volta de 1754, um escândalo: "E eu, senhores, creio em Deus! Eu saio, caso digam uma palavra além disso!" Atualmente, filósofos e teólogos não estão longe de serem unânimes em ver, no autor de *A Profissão de Fé do Vigário de Savóia*, o grande apologista do cristianismo, na França das Luzes. Porém, era, com certeza, uma religião bem pessoal a de Jean-Jacques. Esse calvinista extraviado (que não professava menos a mais viva admiração por Calvino), não satisfeito em expurgar de sua religião as doutrinas do pecado original e da salvação, delas propunha, em todos os seus escritos, a exata antítese: o homem é bom "por natureza", a Deus, em sua bondade infinita, não poderia condenar ao Inferno, nem rejeitar ninguém. Porém, de onde provém então o Mal? Ao examinar mais atentamente, cremos dar-nos conta de que Deus elegeu um certo homem, e um só, que é Jean-Jacques, o qual sabe, sobretudo após ter, certo dia, devidamente desafiado Deus[10], que ele está salvo, de uma salvação inamissível. Doravante, o Ser Supremo e Jean-Jacques, ambos justificados, o Mal deve residir fora deles, no "ser social", numa sociedade corrompida pela invenção da agricultura e da propriedade privada. À exceção do próprio Rousseau, prolongado por seus lendários "homens naturais", e talvez também à exceção dos judeus[11], "o homem civil", genérico, o homem seu contemporâneo tal qual é, só aspira, segundo Rousseau, a "arruinar tudo até que ele seja o único senhor do Universo" (*Discurso sobre a Origem da Desigualdade*).

Sabe-se que Rousseau era um grande doente, atormentado pelas crises de uma mania de perseguição. Acusava então de conspiração, contra a sua obra ou contra a sua vida, os seus ex-

---

9. História do Anti-Semitismo, *De Voltaire e Wagner*, op. cit., p. 104.

10. Ver o *test* de tipo pietista ("se eu comovo, sinal de salvação; se eu falho, sinal de condenação") ao qual Rousseau se entregou em 1737 e de que fala no Livro VI das *Confessions*.

11. Cf. *De Voltaire a Wagner*, pp. 91-97.

amigos filósofos, ou a orquestra da Ópera, ou o seu protetor David Hume, ou os jesuítas, ou ainda a França inteira; mas, quando se recuperava, as coisas se tornavam piores: todos os homens civilizados eram culpados, até criminosos. É que "a loucura de Rousseau não está junto ao seu pensamento; é preciso nele integrá-la, sob pena de nada compreender dela"[12]. Observar-se-á, entretanto, que, na sua loucura, ele apenas fazia reservar, a toda a sociedade contemporânea, o lugar ocupado pelos judeus ou pela Igreja em Voltaire e associados: o da causa primeira da miséria e da perversão deste mundo.

Elevado à glória súbita por seu *Discurso sobre a Ciência e as Artes*, e confinado, doravante, num papel na medida de profeta abandonado por todos[13] e de denunciador, Rousseau concentrou em seu segundo *Discurso sobre a Origem da Desigualdade entre os Homens* os seus ataques mais ferozes contra o gênero humano real:

> Os homens são maus, uma triste e contínua experiência nos dispensa da prova; no entanto, o homem é naturalmente bom, e creio tê-lo demonstrado: então, o que é que o tornou depravado? A sociedade humana (...) leva necessariamente os homens a se odiarem mutuamente, à proporção que os seus interesses se cruzam.

Após uma idílica evocação do "homem selvagem", o requisitório recomeça, e ele acaba por voltar à obsessão da poluição:

> Se pensarem nas monstruosas misturas dos alimentos, nos seus perniciosos condimentos, nos gêneros estragados, nas drogas falsificadas, nas trapaças dos que os vendem, nos erros dos que os administram, no veneno dos recipientes onde são preparados (...) enfim, se reunirem os perigos acumulados continuamente sobre as nossas cabeças por todas essas causas, perceberão quão caro a natureza nos faz pagar pelo desprezo que atribuímos às suas lições[14].

Essa misantropia assinala a maioria de seus escritos e, singularmente, as suas autojustificações e *Confissões* líricas, onde a aspiração à sinceridade absoluta multiplica as falsificações, pois, nesse domínio, Jean-Jacques busca as gratificações infantis cau-

---

12. Jean Guéhenno.

13. "Enquanto vivi ignorado pelo público, fui amado por todos aqueles que me conheceram. Porém, logo que adquiri nome, não tive mais amigos. Foi a maior infelicidade..." etc. (*Confessions*, Livro VIII).

14. Cf. *Discours sur l'origine de l'inégalite*, nota IX (a grande "nota i").

sadas pela *confissão* (sou infinitamente mau, porém como eu confesso, e ainda que seja o único no mundo a fazê-lo[15], eis-me aqui infinitamente bom). A misantropia torna-se feroz outra vez no *Contrato Social*, no qual os mistérios cristãos abolidos renascem sob a espécie da misteriosa "vontade geral": uma vontade que é infalível, mesmo quando tende a reunir apenas uma minoria das "vontades particulares" ("o excedente de uma única voz deve bastar"). Pois, "todo aquele que se recusar a obedecer à vontade geral será coagido fisicamente"; o que não significa senão *forçar os homens a serem livres*; é desse modo que surgia o célebre sofisma. Por fim, no último capítulo – "Da Religião Civil" – de seu *Contrato*, Rousseau recomenda punir os ateus com o exílio, ou até com a morte.

No entanto, se a obra de Rousseau em seu conjunto cativou os melhores espíritos da segunda metade do Século da Luzes, é, de início, porque o racionalismo do tipo voltairiano deixava o público refletir sobre a sua fome, e porque o cidadão de Genebra lhe oferecia, extraída das "luzes interiores" pietistas e com uma imensa eloqüência, uma visão menos insípida, que refletia as profundezas ignoradas, mesmo se ele falasse de "consciência" – "Consciência! instinto divino, imortal e celestial voz!" E ele fazia ecoar o protesto e o sofrimento vindos daquelas camadas ínfimas de um modo que, ainda hoje, pode revelar-lhes os jovens espíritos. É, a seguir, porque na França o seu público era constituído sobretudo por uma burguesia em ascensão, que participará da Revolução por revolta contra os privilégios nobiliários, denominados direito divino; ou seja, por ódio à *desigualdade*. De resto, Rousseau foi, sem forçar demais os limites, divinizado pelos revolucionários, já que ele "se associou de algum modo à glória da criação do mundo, ao dar aos seus habitantes as leis universais e necessárias, como as da natureza" (Lakanal). É enfim, e mais especialmente na Alemanha, onde todos os grandes poetas e pensadores (exceto Nietzsche) lhe trançaram coroas, porque

---

15. Cf. o seu célebre ataque das *Confessions*: "Eis o único retrato de homem, pintado exatamente segundo a natureza e em toda a sua verdade. (...) Concebo um empreendimento, que jamais teve exemplo e cuja execução não terá imitador". Quanto à verdade, os admiradores mais fervorosos de Rousseau são os primeiros a não saber em que pensar a respeito dos cinco filhos naturais, que ele garantia ter posto nos "Enfants trouvés" e de que fala, tanto em *Les Confessions* e *Les Rêveries du promeneur solitaire* quanto em diversas cartas.

Rousseau teve a grande intuição da ascensão das paixões nacionalistas. Ele teve ainda a ambição de ser o promotor e o legislador:

> Um francês, um inglês, um espanhol, um italiano, um russo são já quase o mesmo homem; ele sai do colégio já todo modelado pela licença, ou seja, pela servidão. Com vinte anos, um polonês não deve ser um outro homem: ele deve ser um polonês (*Considerações sobre o Governo da Polônia*). Aquele que ousa tentar disciplinar um povo deve-se sentir em condição de mudar, por assim dizer, a natureza humana, de transformar cada indivíduo, que por si mesmo é um ser perfeito e solitário, em parte de um todo maior, de que esse indivíduo recebe de algum modo a sua alma e o seu ser (*O Contrato Social*).

Vê-se que, na questão da mística bionacionalista, os teóricos do III Reich não tinham muito para inventar.

Ainda quando Rousseau vivia, o filósofo genebrino Charles Bonnet denunciava esse "Satã disfarçado de anjo de luz", enquanto o ateu Diderot, que dele fora "o amigo de qualidade" e o parteiro intelectual, salientava num só fôlego a marca calvinista (mesmo que se tratasse de um calvinismo invertido): "Rousseau é cristão como Jesus Cristo foi judeu". Poucos filósofos não se ocuparam dele. No início do século XX, Bergson falava da "mais poderosa influência sobre o espírito humano desde Descartes. (...) A sua obra aparece, a cada geração nova, sob algum novo aspecto: ela ainda age em nós". Ao analisar essa ação, Ernst Cassirer via em Rousseau o filósofo, que, eximindo a Providência, veio atribuir a um assunto totalmente novo – a sociedade humana – a responsabilidade pelo Mal e pelo Bem; e não deixava de citar Kant, para quem Rousseau foi o *Newton da vida moral*, que "foi o primeiro a descobrir, sob a diversidade das formas tomadas, a natureza profundamente oculta do homem e a lei secreta segundo a qual as suas observações justificam a Providência"[16]. Quinze anos depois, Bertrand Russell, que, ao escrever sobre o cataclismo hitlerista, dispunha de elementos informativos, que faltavam a Bergson e a Cassirer, bem como ao velho Kant, se aplicava mais especialmente à filosofia política do autor do *Contrato Social*:

> Examinemos o que um tal sistema implicaria na prática. O Estado deveria interditar as Igrejas (exceto a Igreja do Estado), os partidos políticos, os sindicatos e todas as outras organizações de homens com interesses econômicos semelhantes. O resultado é evidentemente o Estado corporativo ou totalitário, no

---

16. Cf. E. Cassirer, *La philosophie des Lumières*, ed. Paris, 1966, pp. 169-172.

qual o cidadão individual é impotente (...) *O Contrato Social* tornou-se a bíblia da maior parte dos dirigentes da Revolução Francesa, mas talvez não tenha sido lido com atenção, como é o destino das bíblias, e ainda menos bem compreendido. Ele reintroduziu o uso das abstrações metafísicas entre os teóricos da democracia e, por sua doutrina da vontade geral, tornou possível a identificação mística de um líder com o seu povo, a qual não precisa ser confirmada por um aparelho tão profano quanto a urna eleitoral. Hegel arrogou-se uma grande parte dessa filosofia na sua apologia à autocracia prussiana. Na prática, os seus primeiros frutos foram o reinado de Robespierre; as ditaduras na Rússia e na Alemanha (em especial esta última) são, por um lado, o resultado do ensinamento de Rousseau. Não ouso prever os triunfos ulteriores que o futuro pode oferecer ao seu espectro[17].

Em sua *História da Filosofia Ocidental*, Bertrand Russell tratava longamente de Rousseau, sem mesmo mencionar os outros igualitaristas das Luzes francesas, tais como Morelly ou Mably, assim como me abstenho de fazê-lo; porquanto, será reservado ao estranho gênio de Jean-Jacques traçar o caminho monárquico da causalidade diabólica nos tempos modernos. Quanto à questão de aparência retórica do lógico inglês, a história já forneceu um começo de resposta: Fidel Castro não afirma que travou os seus combates "com *O Contrato Social* em seu bolso"[18]?

Data-se, de 1723, a fundação em Londres da ordem dos franco-maçons. Para a Igreja de Roma, no seu imperialismo intelectual e jurídico, ela só podia representar além disso uma detestável novidade, uma heresia ou uma libertinagem de inspiração protestante, uma nova ameaça para a pureza da fé; em resumo, uma conspiração. No entanto, segundo alguns autores, a Santa Sé, junto à qual se havia estabelecido o pretendente Stuart, Jaime III, esperava, de início, que, devidamente infiltrados, os franco-maçons pudessem servir, na Inglaterra, a causa da restauração católica. Talvez seja por esse motivo que a primeira condenação só interveio em 1738, sob a forma da bula *In Eminenti*:

Fomos informados pela opinião pública de que se propagam ao longe, cada dia com novos progressos, algumas sociedades denominadas franco-maçons (...)

17. B. Russell, *A History of Western Philosophy*, ed. New York, 1960, pp. 700-701.

18. Cf. L. Colletti, *De Rousseau à Lenine*, Paris, 1972, p. 210.

nas quais homens de toda religião e de toda seita, afetando uma aparência de honestidade natural, ligam-se entre si por um pacto tão estreito quanto impenetrável (...) se eles não fizessem tanto o mal, não odiariam tanto a luz.

Seguiu-se uma maciça campanha de propaganda antimaçônica: dois tratados, redigidos em latim e logo traduzidos nos principais países europeus, descreviam a conspiração mundial contra as monarquias e as Igrejas, de que Cromwell teria sido o iniciador[19]:

> Cromwell deu à sua ordem o título de ordem dos franco-maçons, porque o seu objetivo era o de construir para a liberdade de um novo edifício, ou seja, o de reformar o gênero humano, exterminando os reis e as potências, cujo flagelo era esse usurpador.

Essa reforma teria visado ao estabelecimento da igualdade e da liberdade universal; para aí chegar, Cromwell e os seus sucessores teriam agido com uma infernal astúcia. Nos graus superiores da maçonaria, inicia-se o dignitário para:

> (...) que ele abra os olhos sobre os grilhões, a que ele próprio se condenou e que aceite o socorro dessa mão que se oferece para rompê-los, e para acusar disso os tiranos.

Nos graus inferiores, porém:

> (...) não são senão deveres para cumprir, um Deus para reconhecer, virtudes para praticar, fidelidade em relação a todo superior; esses monstros, esses tiranos, esses flagelos do gênero humano, são imagens vivas, símbolos mortais da Divindade, reis venerados[20].

Paralelamente, outros autores atacavam os franco-maçons por sua própria conta, com a ajuda de outros argumentos. Pode-se citar o abade Gaultier, de Montpellier:

> Quem sabe se esta sociedade, que toma o nome de franco-maçons, não se tenha estabelecido para reunir, num mesmo corpo, todos os sectários da religião natural? (...) Por que este segredo? Não será porque aquele que faz o mal odeia a luz? Como quer que sejam os franco-maçons, sempre será certo que a impiedade ganha a olhos vistos. Forma-se uma conspiração geral contra a religião.

---

19. Cf. *Les Francs-Maçons écrasés, suite du livre intitulé L'Ordre des Francs-Maçons trahi, traduit du latin*, Amsterdã, 1747 (sem nome de autor). Essa obra conheceu várias reedições; a última tradução alemã apareceu em 1780, sob o título *Allerneueste Geheimnisse des Freimäurer*.

20. Cf. a edição Amsterdã, 1747, precitada, pp. 20, 25, 30.

Com certeza, o segredo maçônico era perturbador, e o era tanto mais que a fé abalada ou o novo espírito das Luzes facilitava o nascimento de "cultos de substituição" e as carreiras de um bando inumerável de impostores ou de visionários, ditos "iluministas", os Cagliostro, Martines de Pasqually, Saint-Martin, Saint-Germain, Mesmer, Swedenborg, dos quais alguns, aliás, fizeram parte de lojas maçônicas, e cujos tumultuosos empreendimentos e as fanfarronices de toda espécie davam uma melhor consistência à tese da admiração exagerada universal.

Entretanto, a maçonaria, com os seus ritos atraentes, as suas pretensões a uma antiguidade imemorial e o seu ingênuo ideal de uma fraternidade interconfessional mais censitária[21], suscitava uma paixão extraordinária entre a nobreza e a burguesia, entre os escritores e mesmo o clero (na França, as lojas foram, apesar das condenações romanas, um local de encontro entre prelados liberais, pensadores deístas e protestantes). Na Europa, teria existido, em 1787, mais de duas mil lojas; na França, havia, em 1776, mais de trezentas, com cerca de trinta mil irmãos. Entre eles, Mirabeau e o jovem Robespierre, Joseph de Maistre e o abade Agostinho Barruel, os irmãos de Napoleão Bonaparte, e talvez os de Luís XVI igualmente; e, entre outras celebridades, Voltaire, Cagliostro e a duquesa de Bourbon. O duque de Orléans era o grão-mestre da maçonaria francesa, com o duque de Luxemburgo como adjunto; "Todo mundo é", constatava Maria Antonieta, e nada podia estar mais distanciada dos objetivos de uma sociedade tão distinta e privilegiada do que a subversão religiosa ou política. Porém, o que devia acontecer aconteceu.

De certa forma, as conspirações contra todo poder estabelecido emanam dele, pois as suspeitas desse poder fortalecem e precipitam as resoluções de seus contestadores. Mal a Companhia de Jesus fora dissolvida, em 1773, pela Santa Sé, quando um de seus ex-alunos, Adam Weishaupt, professor de direito canônico em Ingolstadt, tentava retomar – mas sob pretexto da maçonaria, e, com certeza, invertendo os valores e o objetivo – a obra de subversão universal que, habitualmente, se atribuía aos jesuítas. De fato, ele lhes tomava de empréstimo a estrita disciplina, a obediência incondicional e a autovigilância ou vigilância recípro-

---

21. Censitária, em virtude do montante das cotizações e, em muitas lojas, em conseqüência de exclusões estatutárias. Cf. J.-A. Faucher, A. Ricker, *Histoire de la franc-maçonnerie en France*, Paris, 1967, p. 123.

ca, ao passo que a estrutura maçônica da Ordem dos Iluministas da Baviera, que ele fundou em 1776 implicava o mistério de um objetivo sublime, remontando à mais alta antiguidade, e cujo segredo só podia ser revelado por meio de iniciações graduais. Contudo, o objetivo que Weishaupt fixara para a sua ordem nada tinha de comum com o vago humanitarismo maçônico. Adepto fanático da filosofia das Luzes, tinha a intenção de instituir o reinado da Razão, sem se preocupar com a escolha, o ardil ou a violência: "O meu objetivo é fazer valer a razão", declarava no seu primeiro *Statut des perfectibilistes*[22] (*Estatuto dos Perfectibilistas*). Porém, é a antropodicéia rousseauniano, simplificada e levada aos limites, dir-se-ia, pelo temível "Cromwell" da Santa Sé, que se reconhecia nas suas instruções lapidares:

> A igualdade e a liberdade são os direitos essenciais que o homem, na sua perfeição originária e primitiva, recebeu da natureza; o primeiro ataque a essa igualdade foi dirigido pela propriedade; o primeiro ataque a esta liberdade foi dirigido pelas sociedades políticas e pelos governos; logo, para restabelecer o homem nos seus direitos primitivos de igualdade e de liberdade, é preciso começar por destruir toda religião, e terminar pela abolição de toda propriedade. (...) Sim, os príncipes e as nações desaparecerão de cima da terra; sim, chegará um tempo em que os homens não terão mais outras leis senão o livro da natureza (*Discurso sobre os Grandes Mistérios*).

Assim, portanto, um bom século antes de Karl Marx ou de Bakunin, Adam Weishaupt construía esse plano de uma destruição mundial absoluta, com o qual tantos intelectuais se satisfazem hoje, e foi historicamente o primeiro homem moderno a preparar o seu apocalipse com realismo e método; e também a se basear na ação das "massas populares", devidamente instruídas[23]. Por outro lado, vê-se que, sobre o capítulo do nacionalismo, ele pensava o contrário de Rousseau, e classificava ainda essa jovem aspiração entre os grandes males sociais de sua época: "O nacionalismo ou o amor nacional tomou o lugar do amor geral (...) foi permitido desprezar os estrangeiros, enganá-los, ofendê-los. Esta virtude foi denominada patriotismo. (...) Assim, viu-se nascer o localismo, o espírito de família e enfim o egoísmo, do patriotis-

---

22. Cf. a excelente síntese de Johannes R. von Bieberstein, *Die These von der Verschwörung 1776-1945*, Frankfurt, 1978, mais especialmente, pp. 70-79.

23. "É preciso também, acima de tudo, ganhar para a nossa ordem *o comum do povo. O grande meio para isso é a influência sobre as escolas*" (*Instructions du Prince ou Régent illuminé*).

mo". O que não impedia o nosso utopista, nessa questão igualmente fiel a um ponto de vista assaz corrente das Luzes, de Montesquieu a Herder, de colocar as suas esperanças nas "virtudes regeneradoras" dos germanos: "A verdadeira raça dos homens primitivos se apresenta e chega para socorrer a espécie" etc.

É evidente que Weishaupt, que adotara o nome maçônico de *Spartacus*, só revelava as suas verdadeiras ambições a um pequeno número de cúmplices ou iniciados de altíssimo grau, os "Regentes" ou os "Sacerdotes iluminados", entre os quais o barão Adolf von Knigge (*Philo*) se distinguia por seu fervor e por suas relações aristocráticas. Graças ao seu apostolado, príncipes esclarecidos, tais como os de Saxe-Weimar e de Schleswig-Holstein, aderiram à ordem, sem desconfiar, certamente, do programa; Goethe e Mirabeau (que permanecia então na Prússia) foram outros ilustres recrutas. Ao mesmo tempo, *Spartacus* e *Philo* empreendiam a infiltração da maçonaria germânica. Em 1782, na Convenção Geral de Wilhelmsbad, eles foram os animadores do campo "racionalista", que se opunha a um campo "teosófico"; mas, por isso, atraíram os propagandistas antimaçônicos da Igreja. A partir de 1784, foram publicados panfletos especificamente "antiiluministas"; em junho de 1785, Pio VI escrevia a um prelado bávaro que a seita maçônica instalara a sua sede em Munique, "para propagar o seu contágio em quase todo o universo". Pouco depois, as autoridades bávaras interditavam todas as sociedades secretas; obrigado a fugir, Weishaupt refugiava-se junto ao duque de Saxe-Gotha e tentava uma ação estratégica sutil, ao acusar a maçonaria germânica em seu conjunto de estar infiltrada de jesuítas ou de ex-jesuítas, que teriam perseguido sem tréguas a Ordem dos Iluministas, precisamente porque ela teria sido a única a salvaguardar a verdadeira tradição dos franco-maçons. Porém, uma investigação da polícia bávara foi seguida pela publicação de cartas e outros materiais comprometedores, que atraíram, sobre os iluministas, a atenção de toda a Alemanha letrada. Os ataques se multiplicaram, sociedades secretas ou pseudo-secretas antiiluministas se constituíram e os países estrangeiros, por sua vez, começavam a se comover. Na França, o marquês de Luchet, o autor de uma grande *Historia Literária* de Voltaire, publicava, na primavera de 1789, o seu *Ensaio sobre a Seita dos Iluministas*:

> Esta seita tem o objetivo de governar o mundo, de se arrogar a autoridade dos soberanos, de usurpar os seus postos, só lhes deixando a estéril honra de manter a coroa. Ela adota, do regime jesuítico, a obediência cega e os princípios

regicidas; da franco-maçonaria, as provas e as cerimônias exteriores; dos templários, as evocações subterrâneas e a incrível audácia.

Uma importância maior coube aos célebres escritos anti-revolucionários ou antifranceses de Edmund Burke, nos quais as referências ao papel nefasto dos iluministas figuravam em bom lugar. Sobretudo, a Santa Sé se juntou a esse coro; ao fazer pronunciar, em 1791, uma sentença de morte contra o impostor Balsamo Cagliostro, ela o aniquilava como o chefe supremo da ordem, identificado ao conjunto da maçonaria; um relato edificante do processo, destinado a "fazer conhecer o caráter da seita dos franco-maçons", foi publicado, em seguida, em cinco línguas diferentes[24]. Talvez essa promoção do célebre aventureiro à condição de inimigo público número um e de continuador de Cromwell tenha ajudado Weishaupt a escapar das perseguições; ele morreu, calmamente, em Gotha. Porém, a ordem concebida por ele voltou à fantasia obsessiva das monarquias e das Igrejas na era do grande abalo, formando o clássico núcleo de verdade constitutivo, parece, dos grandes delírios. Entre os autores germânicos cada vez mais numerosos, que se consagravam à denúncia dos Iluministas da Baviera, percebe-se mesmo, na ocasião, acentos de um orgulho patriótico. Assim, lê-se, num artigo anônimo, publicado em 1793 no *Wiener Zeitung*: "Não são os franceses os inventores do grande plano de uma destruição mundial: esta honra pertence aos alemães. Os franceses possuem a honra de terem começado a sua execução, e o que se passa está, como a história mostra, bem de acordo com o gênio desse povo: decapitações, intrigas, massacres, incêndios e – canibalismo."

Essas linhas datavam da véspera do 9 Termidor. No período seguinte, sob o Império, a ordem fantasmática havia crescido ainda em estatura. Num extenso relatório redigido, por volta de 1810, pelo chefe do serviço de informações francês na Alemanha, pode-se ler que ela fora fundada pelos jesuítas, que cobrira com a sua rede toda a Europa, e que dela faziam parte os ministros prussianos Stein, Humboldt e Hardenberg, protegidos pelo chanceler austríaco Metternich: "Tornar a Alemanha independente da França, tal é, pois, hoje, o único objetivo dessa associação". De resto, Napoleão apostrofara o estudante Staps, que quisera matá-

---

24. Sobre o caso Cagliostro, ver Bieberstein, pp. 89-95. A sua pena de morte foi comutada para prisão perpétua (morreu em 1795).

lo com um golpe de faca de cozinha, neste termos: "Você é louco, rapaz; você é iluminado?" Aparentemente, Alexandre I da Rússia, que não se demovia, exonerava, no início de 1812, o seu ministro reformador Speranski, suspeito, entre outras faltas, de iluminismo. A suspeita fora instilada no czar por Joseph de Maistre, que acabava de lhe submeter um memorando, no qual se tratava da aliança, sob a égide da ordem, de todas as "seitas malditas" jacobinas, jansenistas e judaicas: "É, pois, um monstro composto de todos os monstros, e, se não o matarmos, ele nos matará" (cf. os *Quatro Capítulos Inéditos sobre a Rússia*).

Sob a Santa Aliança, os jornalistas recomeçaram a se divertir à larga, multiplicando as hipóteses e os amálgamas: desde setembro de 1914, um certo Jacob Trunk, professor de economia agrícola e florestal em Colônia, redigia, por intenção do Congresso de Viena, um escrito no qual afirmava, em especial, que os Iluministas haviam fugido para a China, a fim de lá desencadearem uma guerra civil. Essa publicidade estimulava as novas vocações de revolucionários e de mártires, dos carbonários aos dezembrinos, cujas atividades muito reais acabaram por exorcizar o espectro da ordem maldita. No entanto, tratava-se ainda, na segunda metade do século, na *França Judia*, de Drumont, para quem Adam Weishaupt era um judeu, talvez sobre a fé do prenome.

Muito longe dessas interpretações delirantes do devir humano ou cristão, que só se tornarão a demonologia do homem comum no fim do século XIX, o povo francês na sua maioria preocupava-se principalmente com o seu sustento cotidiano. Hoje, sabe-se como e por que, no século XVIII, os alimentos encareciam progressivamente, sobretudo nas cidades, na proporção de seu desenvolvimento. Em geral, a produção agrícola se atrasava em relação ao crescimento demográfico, e, no caso particular da França, "enquanto os preços haviam aumentado em média 62 por cento, entre 1730 e 1789, os salários nominais só haviam subido 22 por cento"[25]. No final do século, os operários citadinos, sobretudo, deviam despender, em média, a metade de seu salário com alimentos; em caso de má colheita, a alta de seu preço tornava dramática a sua condição.

---

25. Cf. J. Godechot, *La prise de la Bastille*, Paris, 1965, p. 86 e *passim*.

Todavia, é no seu conjunto que os proletários dos campos e das cidades reagiam à maneira das pessoas pobres de todas as épocas, e, muitas vezes, os seus corpos, que não agüentavam mais, sucumbiam à "tendência histérica profunda, que caracterizava a sociedade do Antigo Regime, pelo menos no que concerne às camadas populares. Acometimento terrível da doença, preocupações pessoais, medo. (...) Que se pense simplesmente na noção de 'mal', raiz de toda moral, foco de toda doença"[26]. Ora, esse *mal*, que, em todas as épocas, os temperamentos de aparência rebelde localizavam agressivamente fora deles – entre os senhores e os reis, entre os sacerdotes e os judeus –, é agora anunciado, por um coro ascendente de privilegiados e de ricos, como parte de uma ordem de coisas desnaturada e absurda, destinada, aliás, a desaparecer: "Nós nos aproximamos do estado de crise e do século das revoluções" (Rousseau); "tudo o que vejo lança as sementes de uma revolução, que inevitavelmente chegará, e da qual não terei o prazer de ser a testemunha" (Voltaire). Aliás, esse pesar filosófico correspondia a uma atitude característica dos privilegiados, quaisquer que tenham sido as suas convicções, no sentido de que o "depois de nós, o dilúvio" dele exprimia, de outra maneira, a indiferença ou as ilusões coletivas. Porém, a tradução dessas tendências contraditórias pelas consciências populares, consciências aliás quase fisiologicamente transfiguradas ou angustiadas pelo sopro das Luzès, que informava e, por esse fato, aguçava os seus desesperos, foi aquela que devia ser – os nossos males devem-se a uma trama, a uma conspiração dos grandes deste mundo.

Essa interpretação já surge durante a penúria da primavera de 1775, quando o povo, excitado pelos Parlamentos em desgraça, acusava os ministros, e até o rei em pessoa, de especularem com os cereais, e quando se multiplicaram as rebeliões contra o "Pacto de Fome"; enquanto o campo filosófico atribuía a comoção popular às provocações maquinadas com os poderosos, ou a uma vingança dos jesuítas. Na primavera de 1789, uma confusão diversamente ampla desse gênero iria conduzir à queda do Antigo Regime e à gestação de um mundo novo, e de uma história nova, à qual as lutas conduzidas em nome dos direitos populares ou nacionais, até "raciais", vão servir de trama central. Será preciso

---

26. Cf. J.-P. Peter, *Malades et maladies à la fin du XVIIIe siècle*, in "Annales", IV/1967, pp. 741-744.

então lembrar que se foi a França que deu ao mundo moderno as suas revoluções e que lhes criou as idéias, os principais atores de 1789 não pensavam, de modo algum, em "destruir os ídolos e os deuses", e eram unânimes em desconfiar da soberania popular? Tendo sido o drama armado no verão de 1788, quando a Fronda nobiliária e parlamentar arrancava de Luís XVI a convocação dos Estados-Gerais, foi entre 4 de maio e 4 de agosto de 1789 que o povo irrompeu no cenário político de uma forma, que prefigurava e preordenava nesses três breves meses muitas outras perturbações capitais da nova história universal.

Tendo sido desastrosa a colheita de 1788, de novo esse povo faminto procurava designar e punir os que o matavam de fome, participava de motins desordenados, saqueava as padarias e os comerciantes de trigo, ou atacava os funcionários régios e municipais. Dessa vez, porém, a agitação prosseguia sobre o fundo de esperas messiânicas, reavivadas ou iluminadas do Céu, pois a febre eleitoral e as grandes esperanças da burguesia abriam o seu caminho, por meio dos "cadernos de pedidos" (*cahiers de doléances*) e de muitas outras formas, para as profundezas das massas populares; aliás, o campo liberal e filosófico não lhes prometia, por escrito e verbalmente, a felicidade, essa "idéia nova na Europa?" (Saint-Just.)

Ora, desde a abertura dos Estados-Gerais, em 4 de maio de 1789, as decepções dos eleitos plebeus e de seus amigos estiveram na proporção de suas esperanças. Os conflitos, os incidentes e as manifestações, que se encontram descritos nos manuais de história (como o juramento do Jeu de Paum, juramento prestado pelos deputados do Terceiro Estado, em 20 de junho de 1789), derivavam da decisão de Luís XVI de manter a ordem das coisas e das hierarquias estabelecidas; e, como também se sabe, o protocolo multiplicava, proporcionalmente, as humilhações simbólicas ou reais do Terceiro Estado (vestimentas distintivas, cabeças nuas, entrada separada por uma espécie de porta de serviço). Após as peripécias bem conhecidas, foi instituída, no fim de junho, uma divisão, que fazia tomar assento à *direita*, lado de honra, os partidários da tradição (o "partido da Rainha"), e, à *esquerda*, os da mudança (o "partido do Palais-Royal"). Dois séculos depois, os intelectuais e os políticos do mundo inteiro colocam, de preferência, a sua honra para ser "de esquerda"; é esse simbolismo, de início imperceptível, que, antropologicamente, exprime melhor o magnetismo universal da Revolução Francesa e a perturbação consecutiva da ordem do mundo, selada pela inversão do sinal de valor, por mais profundamente arraigado que esteja, na espécie humana.

Com efeito, o código imemorial assim transgredido era universal, a exemplo da proibição do incesto, e bem mais meticulosamente observado do que a oposição homóloga entre *alto* e *baixo*. Os antropólogos nos ensinam que todas as sociedades humanas privilegiam o lado direito e depreciam o seu oposto, até o reprimem: todas as linguagem e todos os modos de comunicação o confirmam. Os dois lados ou *mãos* contrastam como a vida e a morte (entre o australianos), como o eu e o não-eu (entre os índios da América), como a força e a fraqueza (entre os hebreus), como o Bem e o Mal (entre os indo-europeus: que se pense nos inúmeros derivados, de toda espécie, conservados pelo uso da língua). "A supremacia da mão direita é, ao mesmo tempo, um efeito e uma condição necessária da ordem, que mantém e governa o universo" (Robert Hertz). Eis por que o lado bom ou privilegiado era associado a todas as polaridades físicas e éticas positivas: o céu, o dia, a luz, o calor, a força, a virilidade ou o macho, a honra, a virtude e Deus[27]. Quando muito, tendeu-se, no seio de algumas sociedades evoluídas, a pôr em discussão a oposição valorizante (assim, no pensamento de Platão, ou na etiqueta chinesa); mas, sobretudo, não era impossível pactuar com o lado sinistro e mau – como se pactuava com o Diabo. "O poder da mão esquerda é algo de oculto e de ilegítimo; inspira o terror e a repulsa" (Hertz). O meu amigo Pierre Vidal-Naquet me informa que foi recorrendo a esse poder ilegítimo, isto é, agrupando as suas tropas no flanco esquerdo, desprezando os princípios, que Epaminondas conseguiu pôr fim, em Leuctres, à hegemonia de Esparta[28]. Prêmio impressionante para a inovação, para a transgressão; mas que não impedia Aristóteles, há uma geração o cadete do Tebano, de dissertar longamente sobre a superioridade e a honorabilidade essenciais do lado direito, dispondo de toda a consideração em sentido oposto (como se concebia que o coração, princípio da vida, estivesse à esquerda? – era para esquentar um lado mais frio e aquoso[29]).

27. Cf. R. Needham, *Right and Left*, Chicago, 1973. O problema da "preeminência da mão direita" foi levantado, desde 1913-1914, pelo antropólogo francês Robert Hertz.

28. Cf. Robert Lévêque e Pierre Vidal-Naquet, *in Historia, Zeitschrift für alte Geschichte*, 1960.

29. Cf. in Needham, Geoffrey Lloyd, *Right and Left in Greek Philosophy*, pp. 173-174.

É bastante conhecido que, no mundo cristão, a mão direita permanecia a do Bem e de Deus: pensemos, por exemplo, nas representações do Juízo Final, nas quais o Senhor indica, com a sua direita, o Céu aos seus eleitos, enquanto a sua esquerda aponta para baixo e para o Inferno, por intenção daqueles que condena. "A mão esquerda assina os contratos sinistros; a direita consagra o casamento, presta o juramento, toma posse, comanda, afirma" *Dictionnaire d'archéologie chrétienne et de liturgie* (*Dicionário de Arqueologia Cristã e de Liturgia*). A feitiçaria, negócio de mulheres, era duplamente "de esquerda" (ver Michelet); por meio da feminilidade, e por meio da aliança com Satã, "o grande servo revoltado"; e, talvez, triplamente, por meio das lendas do incesto. Pensemos, enfim, nos "concubinatos".

Por conseguinte, a modificação, na aparência insignificante, lograda no verão de 1789, simbolizava, melhor não pode ser, a era nova que ela abria, marcada pelos novos messianismos da igualdade e do progresso, também chamados de "ideologias". Ora, em nosso mundo contemporâneo, esses messianismos, sob a sua forma triunfante, resultaram numa discordância entre a fraseologia revolucionária e o imobilismo conservador, que, como Alexandre Zinoviev mostra, não suprimiram o papel da ideologia, mas atribuíram-lhe uma função totalmente diferente: "[Na Rússia], a ideologia é apenas um meio de comportamento dos homens. Um meio de fazer carreira, de dominar, de restringir, de embrutecer. Ela jamais se torna um estado interior do homem, aquele que determinaria os seus atos. É apenas um meio utilizado por alguns homens contra outros, sendo, portanto, os seus atos determinados por outros fatores, diferentes dela". E ainda: "Uma das leis, que regem a ideologia, é que é proibido esquadrinhar a sua fraseologia além dos limites, que ameaçam a sua integridade e a sua majestade". É verdade que "no campo da direita, fala-se de comezaina, de mulheres, de decorações e de uniformes; no campo da esquerda, discutem-se problemas da história mundial". E isso nos lembra que, no princípio, uma ideologia só podia ser de esquerda, pois o termo fora forjado, sob a Revolução, para designar uma nova "ciência das idéias", convocada para realizar a felicidade do gênero humano, e que esse messianismo cientificista logo começou a fazer a volta ao mundo nos furgões dos exércitos franceses, como veremos.

É-nos preciso, de início, voltar aos acontecimentos do verão de 1789, que, em julho, resultaram talvez na mais aguda angústia coletiva da história moderna.

A incompetente política de Luís XVI, que provocou a revoltada burguesia, possibilitava dar livre curso às suas fúrias, uma vez que, logo após a abertura dos Estados, o rei permitiu instituir a liberdade da imprensa. Logo, uma multidão de panfletos exaltados propagou-se pelo reino, em que se protestava contra a conspiração: *La Conjuration découverte* (*A Conjuração Descoberta*), *La Découverte de la conjuration* (*A Descoberta da Conjuração*), *L'Avis aux bons citoyens touchant la conjuration des aristcrates* (*A Advertência aos Bons Cidadãos sobre a Conjuração dos Aristocratas*), e assim por diante; o seu número se contava, literalmente, às centenas[30]. O seu tema dominante era a conspiração aristocrática com o objetivo de escravizar os franceses, por meio da fome: "Os séculos não oferecem nenhum exemplo de uma conspiração tão negra quanto a que esta aristocracia expirante acaba de tramar contra a humanidade" *Les vérités bonnes à dire* (*As Verdades Boas para se Dizer*). Um outro escrito precisa: "As suas intenções abomináveis são de impedir tabilidade dos Estados-Gerais implantando a penúria na França, para fazer perecer uma parte do povo pela fome e para fazer a outra revoltar-se contra o Rei..." (de um modo que se pode dizer clássico, a pessoa do próprio pai da nação não era acentuada). Esses argumentos eram tanto mais verossímeis quanto a penúria se agravava por todo o país e, com ela, as perturbações esporádicas que o Exército não reprimia sempre de bom grado e que já incitavam os burgueses a se armarem. No plano histórico mais profundo, eis, portanto, a aurora de um mundo novo, que se deseja onisciente e se degrada por isso, e no qual os males terrenos são atribuídos a homens maus e culpados, à exceção de toda referência religiosa[31].

A indignação do Terceiro Estado atingiu o seu auge quando, em 23 de junho, Luís XVI anunciou a sua decisão de manter, na íntegra, os privilégios das duas outras ordens. Com forte apoio popular, o Terceiro Estado decidiu resistir, e as fórmulas célebres, que resumiam a evolução do conflito, se seguiram: "Só sairemos pela força das baionetas!"; logo, o rei cedia ("Pois bem! ora!, que fiquem!"), fingia capitular – e ordenava concentrar, em torno da capital, as tropas, de preferência de origem estrangeira,

---

30. Cf. Jacques Godechot, *La prise de la Bastille*, Paris, 1965, pp. 213-222 ("La peur").

31. Cf. François Furet, *Penser la Révolution française*, Paris, 1978, p. 44.

enquanto o seu círculo, em primeiro lugar a rainha, jogava lenha na fogueira ("Se eles não têm pão, que comam brioche!" etc.).

É nessas condições que se preparava o acontecimento mais importante, se não da história mundial, pelo menos de sua era cristã e, talvez, a última. Ele foi desencadeado pela última inabilidade de Luís XVI: a destituição do popular ministro Necker. Até os corretores oficiais de títulos e outros financistas se comoveram então e foram encontrar, em parte ao menos, os parisienses em rebelião. O centro da agitação se achava no Palais-Royal, onde, sob a proteção do duque de Orléans, que exercia um papel liberal, os oradores se sucediam para anunciar "uma noite de São Bartolomeu dos patriotas" e para conclamar o povo às armas. Como se sabe, foi a vontade de conseguir isso, a qualquer preço, que incitou uma tropa de um milhar de insurretos, na maioria artesãos, a tomar de assalto a Bastilha.

Aliás, os seus temores não deixavam de ter fundamento. O Royal-Allemand, a Nassau-Infanterie e outras tropas, perto de trinta mil homens ao todo, já se postavam no subúrbio ou na própria capital. Porém, a usura e a desmoralização dessas tropas e as hesitações de seus comandantes contrastavam com a impetuosidade das multidões parisienses, de modo que, à noite, a sorte estava lançada – ainda que, seja como for, não tivesse passado pelo espírito de ninguém, num campo como no outro, que o reino pudesse dispensar o seu rei. Por exemplo, nem mesmo pelo espírito de Babeuf, do qual uma carta de 23 de julho formula, melhor não pode ser, a teoria da conspiração, tal como então se desenvolvia em Paris:

> À minha chegada, não se conversava senão de uma conspiração, da qual o conde d'Artois e outros príncipes eram os líderes. Para eles, tratava-se nada menos do que fazer exterminar uma grande parte da população parisiense e reduzir, depois, à condição de escravo todo aquele que, em toda a França, tivesse escapado ao massacre colocando-se humildemente à disposição dos nobres e estendendo, sem se queixar, as suas mãos aos grilhões preparados pelos tiranos. Se Paris não tivesse descoberto a tempo esta terrível conspiração, ela teria se realizado, jamais crime mais pavoroso teria sido consumado. Dessa forma, não se pôde pensar senão em tirar uma estrondosa desforra dessa perfídia, de que não há exemplo na história[32].

Luís XVI tampouco era questionado pelas massas camponesas, que, desde o início do ano, incendiavam os castelos, ou quei-

---

32. Carta de Babeuf à sua esposa; cf. Godechot, pp. 298-299.

mavam os processos do fisco, ou agrediam os funcionários; ao contrário, esses excessos eram, muitas vezes, cometidos em nome do rei. Assim ocorreu, desde março de 1789, na Provença, onde "os princípios passados ao povo são os de que o rei quer que tudo seja igual, que ele não quer mais senhores e bispos, mais classes. (...) Essas pessoas desorientadas acreditam usar o seu direito e seguir a vontade do rei". Do mesmo modo, no fim de junho em Lyon, onde o povo destruía e saqueava os órgãos da alfândega municipal, convencido de que "o rei, por causa da reunião das três Ordens, havia concedido três dias de franquia de todos os direitos em Paris, e que se devia, igualmente, gozá-los em Lyon". Ou ainda, logo depois da Tomada da Bastilha, em Poitou, onde circulava uma carta, que determinava ao povo "correr atrás de todos os fidalgos do campo e massacrar sem piedade todos aqueles que se recusassem a abdicar de seus privilégios (...) com o promessa de que, não só nada lhe aconteceria por esses crimes, como ainda seria recompensado por eles". Na Alsácia, os judeus estavam associados aos fidalgos; lá, os camponeses mostravam os editais assinados por Luís, referindo-se que "durante tal lapso de tempo é-lhes permitido fazer justiça por si mesmos", sobre uns e outros[33].

A segunda metade de julho de 1789 era já a época da explosão do grande medo camponês e burguês; antes de abordá-lo, digamos algumas palavras sobre o pânico, que se apossou do círculo de Luís XVI: entre os dias 16 e 18 de julho, ocorreu a debandada, a começar pelo conde d'Artois (o futuro Carlos X), os principais partidários da intransigência fugiram para o estrangeiro, enquanto o conde de Provença (o futuro Luís XVIII) é encarregado de negociar a convocação de Necker, o próprio Luís XVI, antes de se apresentar diante dos parisienses, entrega os plenos poderes para a "Provença", e reza, como se faz quando se está em perigo mortal. Nessa fase, o círculo real atribui a revolução, que acaba de estourar, às intrigas do duque de Orléans, o grãomestre da maçonaria e o inimigo figadal de Maria Antonieta: foi ele quem teria pago e instruído os "bandidos", que tomaram de assalto a Bastilha[34]. Essa tese, denominada Conspiração Orleanista, enriqueceu-se, a seguir, com os nomes de seus cúmplices Necker e Lafayette: "A Revolução apenas tinha por objetivo tirar o

---

33. Cf. H. Taine, *La Révolution*, t. I. Paris, 1881, pp. 22, 24, 95, 98-99.
34. Godechot, *op. cit.*, pp. 327-329.

cetro ao melhor dos reis, dá-lo ao seu vil assassino, fazer assentar nos degraus do trono os seus dois principais cúmplices, e entregar o reino a esse odioso triunvirato"[35]. Desde a primavera de 1790, as primeiras falsidades e provocações são postas em circulação, e o agente monarquista D'Antraigues atribui aos "constitucionais" o plano de fomentar revoluções em todos os países, "de derrubar todos os governos atualmente estabelecidos"[36]. Porém, a época em que serão questionados todos os "filósofos", secundados pelos protestantes, pelos judeus e pelos franco-maçons, ainda não chegou.

Diversamente fantásticas são as angústias populares conhecidas sob o nome de o Grande Medo de 1789. Na França inteira, "o anúncio dos acontecimentos parisienses assume características de apocalipse. (...) A imaginação camponesa vê em toda parte os mercenários de uma conspiração aristocrática e da invasão estrangeira. No Limousin, é o conde d'Artois, que ocorre, de Bordeaux, com um exército de dezesseis mil homens. No leste, tememos os alemães. Na Bretanha, e até na Normandia, corre o boato de um desembarque inglês em Brest. (...) Os camponeses acautelam-se e se armam". A distribuição de armas aos camponeses, quase sempre pelas preocupações da burguesia, foi uma seqüela capital do Grande Medo, ao qual Georges Lefèbvre dedicou uma célebre obra, com esquemas e mapas de apoio. Por outro lado, a comoção popular adotava as formas mais variadas e mais contraditórias. "Na região de Charentes, os camponeses dirigem-se em grupos ao pároco para lhe perdir uma absolvição geral de seus pecados; o que eles obtêm, todos ajoelhados na praça principal, diante da Igreja." "Em Oisans, queimam feixes de lenha para prevenir as comunas de Briançon, e esses mastros de palha, que ardem à noite nos cimos, são o primeiro reflexo da defesa nacional." "Assim, conclui Georges Lefèbvre, não é apenas o caráter estranho e pitoresco do Grande Medo que merece reter a atenção; ela contribuiu para preparar a noite do dia 4 de agosto, e, dessa forma, faz parte dos episódios mais importantes da história.[37]"

---

35. Cf. *Les conspirateurs démasqués*, Turim, 1790.

36. Cf. Joseph Feldmann, *Propaganda und Diplomatie*, Zurique, 1957, pp. 53-55.

37. G. Lefèbvre, *La Grande Peur*, Paris, 1932; cf. também Jean Palou, *La peur dans l'histoire*, Paris, 1958.

Um de seus traços singulares consistiu na emergência às claras de medos ancestrais, que remontavam às guerras de religião, até a Guerra de Cem Anos. "As populações tinham, então, tanto mais memória quanto menos se misturavam. Elas viajavam, por assim dizer, no passado, na falta de poder, como no presente, se deslocar facilmente no espaço." Eis, em todo caso, uma dimensão da memória coletiva e oral, que desapareceu no Ocidente, desde o século XIX, afastada por mitos novos, de tipo intelectual e erudito.

Contudo, a sociedade letrada, a começar pela sociedade parisiense, na verdade não foi poupada. É assim que se podia ler, em agosto de 1789, no *Le Journal de la Ville*:

> Só se fala do plano concebido contra Brest. Devia-se incendiar o porto, e os abomináveis autores dessa conspiração haviam confiado o plano ao gabinete de Saint-James, ao qual só pediam um asilo seguro contra a perseguição dos franceses. (...) A hidra pavorosa da aristocracia renascerá, pois, continuamente de suas ruínas. É ela, sim, é ela que paga esses bandidos incendiários, é ela que semeia as suspeitas angustiantes[38].

Essa atmosfera do pânico foi, com certeza, por alguma coisa na gloriosa noite de 4 de agosto, onde se viu a nobreza tomar a iniciativa, a fim de pedir a supressão dos privilégios nobiliários. Um outro aspecto característico do clima revolucionário é o vento de libertinagem, que inspira desde os primeiros meses até os títulos quase sacrílegos de alguns jornais – *Les Actes des Apôtres, Le Journal du Diable* –, ao prolongar, politizando-a, a propaganda anticristã da "sinagoga holbachiana". Todas essas manifestações não se deixam dissociar do Grande Medo, cujos retornos, ano após ano, se tornarão uma espécie de dado permanente:

> [No verão de 1791], correram boatos alarmantes no alto reno, e logo se produzira uma retirada de homens, a emoção se propagara até a Borgonha. Dijon organizara destacamentos de socorro. (...) Em Ain, revistaram-se os castelos suspeitos de esconderem armas, preparam-se listas de homens dispostos a servir. Em Valence, preparava-se contra uma invasão sarda. Em Perpignan e até em Bordeaux, estava-se em guarda contra os espanhóis. Em resumo, todas as regiões limítrofes permaneciam em estado de alerta, e, até no centro, em Clermont-Ferrand, desejava-se organizar um exército patriótico, tanto se acreditava no conluio entre os aristocratas e os soberanos estrangeiros[39].

---

38. Citado por F. Furet e D. Richet, *La Révoluti n*, Paris, 1965, t. I, p. 120.
39. Cf. Marcel Reinhard, *La Chute de la royauté*, Paris, 1969, p. 80.

Em junho de 1792, a evasão frustrada de Luís XVI suscitou uma angústia sem dúvida ainda mais profunda. É o que Marcel Reinhard sugere, quando escreve que "há séculos, o corpo francês não fora irradiado por um tal abalo nervoso". E não esquece de salientar as analogias com o Grande Medo de 1789, com a exceção de que "os quadros estabelecidos e a experiência adquirida havia três anos podiam permitir organizar e controlar, eficazmente, a ação".

Por conseguinte, a França não tardou a se encaminhar para o regicídio, para a guerra externa e para o Terror. Chegamos assim ao essencial, isto é, ao governo de homens convencidos de serem perseguidos pelas forças do Mal, encarnadas em estado absoluto na conspiração internacional dos reis e dos aristocratas. Desses perseguidores perseguidos, para os quais as causas primeiras de todas as coisas não tinham segredo, Jean-Paul Marat fornece o tipo ideal. Durante a sua vida, ele – que, desde 1772-1775, garantia ter posto a nu todas as engrenagens da alma humana[40], e que, depois, tentou refutar Newton – não lutou contra várias conspirações: a dos filósofos, a dos médicos, a dos livreiros? Dessas conspirações, a Academia Francesa, encolhida na sombra, manejava os cordéis: "Acreditariam que os charlatães deste corpo científico chegaram a depreciar as minhas descobertas em toda a Europa, a sublevar contra mim todas as sociedades científicas, a me fechar todos os jornais?"[41] Em 1791 ainda, ele acusava, em especial, os cientistas franceses: Laplace e Monge eram apenas máquinas de calcular, Lavoisier – "o pai suposto de todas as descobertas que fazem ruído e que não tem uma idéia particular"; de resto, esses escroques pilhavam os fundos públicos, que "foram dissipados no Ópera e com as prostitutas" (*Os Charlatães Modernos*).

Outrossim, Marat fazia sua entrada na vida política com um *Projeto de Declaração dos Direitos do Homem e do Cidadão*, no qual escrevia: "Quando um homem não tem quase nada, ele tem o direito de tirar de um outro o supérfluo, de que se farta. Que digo? Ele tem o direito de lhe tirar o necessário, e, de preferência

---

40. *De l'homme, ou des Principes et des lois de l'influence de l'âme sur le corps et du corps sur l'âme*, Amsterdã, 1775; ed. orig. *An Essay on the Human Soul*, Londres, 1772. E *Découvertes sur la lumière*, Paris, 1780. Cf. Gérard Walter, *Marat*, Paris, 1933, pp. 490-491.

41. Citado por Taine, *La Révolution*, ed. Paris, 1881, t. III, pp. 166-173.

a morrer de fome, tem o direito de matá-lo e de devorar as suas carnes palpitantes". Em *L'Ami du Peuple*, por ele fundado logo após, desenvolveu esse estilo; na Convenção, foi hábil ao se exceder e, em outubro de 1792, exigia duzentos e setenta mil cabeças para cortar, "sob a condição de estar eu mesmo encarregado dessa operação, e só dessa operação, como justiceiro sumário e temporário".

Os homens públicos responsáveis, os Brissot, os Danton, os Robespierre, eram personagens menos caricaturais, mas estavam profundamente comprometidos, desorientados pela mesma luz refratada, fascinados pela mesma causalidade diabólica. Como escrever François Furet:

(...) não se acabaria de recensear os usos e as acepções da idéia de conspiração na ideologia revolucionária: é, na verdade, uma idéia central e polimorfa, pela qual se organiza e se pensa a ação; é ela que dinamiza o conjunto de convicções e de crenças características dos homens dessa época e é ela também que permite a cada momento a interpretação. A idéia de conspiração, conclui, *opera essa perversão do esquema causal, pela qual todo fato histórico é redutível a uma intenção e a uma vontade subjetiva*[42].

Convém deter-se nessas análises de François Furet, que, entre outros méritos, vem corroborar como historiador, isto é, com os fragmentos nas mãos, "cientificamente" (na incerta medida em que a história é uma ciência) as geniais premonições de Freud sobre os regimes totalitários (cf. *Psicologia Coletiva e Análise do Ego*, 1921). Trata-se, pois, do modo de relação entre o líder e a massa revolucionários, frente à entidade odiada, "suscetível de operar a mesma união e de criar os mesmos laços afetivos como se se tratasse de uma dedicação positiva" (Freud). Furet demora-se longamente no grande duelo, do inverno de 1791-1792, entre Robespierre (Montanha, jacobino) e Brissot (Gironda, girondino), a respeito da declaração de guerra aos reis. Furet escreve: "Robespierre é um profeta. Acredita em tudo o que diz e exprime tudo o que diz na linguagem da Revolução; nenhum contemporâneo interiorizou como ele a codificação ideológica do fenômeno revolucionário". A superioridade de Robespierre sobre Brissot deriva, portanto, da perfeita coerência de uma visão paranóica, na qual a traição e a conspiração não podem ser uma eventualidade ligada a uma escolha ou à incerteza das coisas hu-

---

42. F. Furet, *Penser la Révolution française*, op. cit., p. 78 (o grifo é meu).

manas, pois o inimigo, no caso presente, a corte e os aristocratas são traidores por essência, pode-se dizer, antecipadamente, por "raça", como os judeus na visão hitlerista; e é evidente que, como eles, são conspiradores de uma infernal astúcia. Eis as cores, com que, no dia 25 de janeiro de 1792, no Clube dos Jacobinos, Robespierre pintava *a corte*, condenando-a deste modo à política do pior:

> Não, jamais a corte e os seus servidores irão traí-los, no sentido grosseiro e vulgar, ou seja, de modo assaz inábil para que possam perceber bastante cedo e tenham tempo para reparar os males, que eles lhes terão feito. Porém, eles os enganarão, eles os iludirão, eles os esgotarão: eles os levarão, gradualmente, ao último momento de sua agonia política; eles os trairão com arte, com moderação, com patriotismo; eles os trairão lentamente, constitucionalmente, como fizeram até aqui; eles vencerão até, se preciso, para traí-los com mais êxito.

E Furet comenta: "Desse modo, a traição não é em Robespierre, como em Brissot, uma *possibilidade* aberta pela guerra, uma espécie de escolha, que é deixada ao adversário externo. Ela é consubstancial a esse adversário, ela constitui a sua maneira de existir"[43]. O que podia, pois, Brissot, contra essa presciência, contra esse determinismo por antecipação, ele que pleiteava então "a imprevisibilidade dos acontecimentos, o divórcio entre as intenções dos atores e a história" (Furet), isto é, além dos planos ou cálculos desses atores, a abertura do futuro, e que disso concedia ainda mais, ao protestar pela pureza de sua fé revolucionária: "Confessarei, senhores, tenho apenas um temor: é o de que não sejamos traídos". Era possível, então, que a corte e os seus servidores não traíssem!

Convém prestar atenção na novidade dessa visão jacobina do mundo, nesse fenômeno mental que já o contemporâneo Edmund Burke denominava a "revolução completa", que implicava a crença de que o homem pode dominar completamente o seu destino, atingir "um momento absoluto"[44]; uma inovação, cuja importância, de fato, absoluta, é refletida pela irrupção de um termo, que se tornará a palavra-chave dos tempos novos, pois é então que nasce a palavra *ideologia*. A inversão progressiva esquerda-direita pode ser considerada uma confirmação em escala antropológica. Citemos, porém, ainda a esse respeito, François Furet:

---

43. Cf. Furet, p. 95.
44. Apóio-me aqui nas análises feitas por Leo Strauss, dos escritos de Burke, em especial de suas célebres *Reflexões sobre a Revolução Francesa*; cf. Leo Strauss, *Natural Right and History*, Chicago, 1950.

[Ideologia significa] que, à medida que tudo é cognoscível e tudo é transformável, a ação é transparente para o saber e para a moral (...) a revolução inaugura um mundo, onde toda mudança social é imputável a forças conhecidas, classificadas, vivas; como o pensamento mítico, ela investe o universo objetivo de vontades subjetivas[45].

Porém, ei-nos ainda uma vez reconduzidos, assim, aos "primitivos", comovidos por alguma infelicidade, de Lévy-Bruhl ou de Evans-Pritchard, do mesmo modo que ao aprendizado cognitivo das crianças, em nossa sociedade tecnicista: à "indiferenciação do psíquico e do físico", antes dos sete ou oito anos, ou seja, a essa etapa animista, onde "tudo o que está em movimento é vivo e consciente, o vento sabe que sopra, o sol, que avança etc."[46] Por outro lado, Furet insiste fortemente, no contexto precitado, na invenção capital da Revolução Francesa que foi "a política democrática como ideologia nacional", ou, como ele formula mais adiante, "um sistema de crenças (...) segundo o qual o 'povo', para instaurar a liberdade e a igualdade, que são as finalidades da ação coletiva, deve quebrar a resistência de seus inimigos". É preciso indicar com exatidão que esse sistema de crenças, que ainda está em vigor em muitos países ocidentais, nesse último quartel do século XX, remonta ao *Contrato Social* e a outros *Sistemas da Natureza* ou *Códigos da Natureza*[47]. Em resumo, a esse messianismo das Luzes e do progresso, que se afastou do tempo das origens, mas que, visando decapar a "natureza do homem" do antigo depósito de tradições e de superstições, só olhava para o paraíso do futuro – e que corresponde a uma inversão dos valores universalmente ligados ao quadro espaço-temporal, do mesmo modo que a inversão direita-esquerda; e, por conseguinte, a uma perturbação total da ordem das coisas, neste mundo. Doravante, como Georges Gusdorf resume, "o término dos tempos, ao invés de se situar na abolição do tempo, corresponde a uma plenitude, objeto de uma aproximação gradual. Os sinais dos tempos não serão mais os milagres, índices da cólera ou do perdão do Deus transcendente, mas os aspectos da civilização em marcha,

---

45. Furet, pp. 43-44.

46. Cf. Jean Piaget e B. Infelder, *La psychologie de l'enfant*, Paris, 1966, p. 87.

47. Títulos dos grandes tratados de Holbach e de Morelli: *Systèmes de la Nature* ou *Codes de la Nature*; cf. também Helvetius, *De l'homme* etc.

que traduzem o progresso"[48]. Todavia, por acaso, o monarca, o ungido de Deus e o seu representante na terra, torna-se o chefe supremo de uma conspiração diabólica, ainda que "natural", pois ela é a obra de homens maus. E, desse modo, anuncia-se uma degradação metafísica, sem dúvida que, contrariamente, ao caso da Revolução Inglesa, a referência fundamental dos espíritos revolucionários franceses é laicizada (o culto do ser supremo ou os elogios ao *"sans-culotte* Jesus" foram apenas um entreato, antes que os "ideólogos" do Diretório não inventassem uma religião do saber). Por conseguinte, esboça-se uma degradação do nível ético, em seu princípio mesmo, descrita por Lee Strauss nestes termos:

A "secularização" da idéia da Providência culmina na visão de que os meios de Deus são inteligíveis aos homens bastante esclarecidos. A tradição teológica reconhecia o caráter misterioso da Providência, ao admitir que Deus se serve do Mal ou o autoriza com a finalidade de seu Bem último. Afirmava, por esse motivo, que o homem não deve basear a sua conduta na Providência, mas unicamente na lei divina, que proíbe ao homem entregar-se ao Mal. À medida que a ordem providencial chegou a ser considerada inteligível e o Mal, pois, como manifestamente necessário ou útil, a proibição de a ele se entregar perdeu a sua evidência. Por esse fato, diversos modos de ação, que, antes, eram condenados como maus, doravante puderam ser considerados bons. Os objetivos das atividades humanas ficaram degradados[49].

Ilustremos agora, antes de finalizar essa exegese do mito da Conspiração Real (monárquica), de que modo a lógica revolucionária tirava, de toda conjuntura, a demonstração de uma premeditação sutil das forças o Mal. Por exemplo, a fuga do rei para Varennes? Para Robespierre, "ele escolheu, para desertar de seu posto, o momento em que (...) os sacerdotes traidores, por meio de mandamentos e de bulas, amadureceram o fanatismo e levantaram contra a Constituição tudo o que a filosofia deixou de idiotas nos oitenta e três departamentos. Ele esperou o momento em que o imperador e o rei da Suécia chegassem a Bruxelas para recebê-lo e em que a França estivesse coberta de colheitas, de modo que, com um bando muito pouco considerável de assaltantes, se pôde, com a tocha na mão, matar de fome a Nação"[50].

---

48. Cf. G. Gusdorf, *L'avènement des sciences humaines au siècle des Lumières*, Paris, 1973, p. 406.
49. *Natural Right and History, op. cit.*, p. 317.
50. Reinhard, *La Chute de la royauté, op. cit.*, pp. 59-60.

Em 1793, não existe mais o rei? São os generais que traem: cedamos a palavra a Saint-Just:

> O generalato é antipático à nação, porque não emana, nem de sua escolha, nem da de seus representantes. (...) Não há, talvez, comandante militar que não construa, em segredo, a sua fortuna com uma traição em favor dos reis (10 de outubro de 1793).

Os generais revolucionários multiplicam as vitórias, esmagam a Vendéia, conquistaram o Palatinado e a Bélgica? Saint-Just denuncia, então, a conspiração dos estrangeiros partidários da Revolução Francesa:

> A Pátria já está dividida entre os conjurados, todos lisonjeados pela esperança de uma grande fortuna. Dessa forma, o estrangeiro soube acariciar, tanto as loucuras, quanto os ridículos, e a corrupção de cada um. Esse plano de conjuração, o mais atroz que se possa conceber, pois sacrifica a virtude e a inocência pelo interesse do crime, esse plano executa-se assim:
> Em Paris, encontram-se italianos, banqueiros, napolitanos, ingleses, que se dizem perseguidos em sua pátria. (...) Eles se introduzem nas assembléias do povo; de início, protestam contra os governos de seus países; insinuam-se nas antecâmaras dos ministros; espionam tudo. (...) Os nobres, os estrangeiros, os ociosos, os oradores vendidos, eis os instrumentos do estrangeiro, eis os conjurados contra a Pátria[51] (13 de abril de 1794).

Um século depois, outros patriotas, esses, inimigos da Revolução, clamarão: "Abaixo os metecos!" Essa "conspiraçãozinha" patriótico-nacionalista, que fornece uma chave do 9 Termidor, nos legou, bem ao longe e bem antes do florescimento das ideologias e de suas polícias, uma divertida *Théorie des conspirations* (*Teoria das Conspirações*), que, em 1797 ainda, o seu autor tomava a precaução de deixar anônima:

> Somos todos conspiradores, pela vontade da natureza. É o comerciante que conspira contra a bolsa do comprador; as crianças conspiram contra os seus preceptores, as esposas contra os seus maridos. Vejam ao redor os pobres conspirarem contra os ricos, contra o governo. (...) La Révellière conspira contra Jesus Cristo, Treilhard contra Pluton, Jourdan contra a paz, e os recrutas contra a guerra[52].

---

51. Cf. Saint-Just, *Discours et rapports*, ed. A. Soboul, Paris, 1957, pp. 119, 158.

52. *Théorie des conspirations* (sem nome de autor, nem local, nem data). Esse escrito, ignorado pelos catálogos da Biblioteca Nacional de Paris, figura no Museu Britânico, com a indicação: Paris, 1797. Agradeço a J. Rogalla von Bie-

Eis aqui, porém, que vem corroborar, sobre o modo burlesco, o que eu dizia, se partir das etimologias, desde as primeiras linhas deste livro: o uso da língua, que amiúde representa a função de um "inconsciente coletivo", nos ensina que todo grupo humano, que toma forma, é uma sociedade conspiradora em potência. É desse modo que o círculo se acha fechado.

Recapitulemos. Vimos que a obsessão pela conspiração aristocrática era bem anterior às medidas delineadas pelo governo monarquista, no verão de 1789, a fim de reprimir a agitação popular; anterior, portanto, a toda "conspiração", se apenas os desígnios de Luís XVI merecem essa qualificação. E, feita a reflexão, eles não a merecem, pois conspiração ou trama designam um empreendimento secreto contra uma instituição ou um poder estabelecidos: o povo de Paris ou o Terceiro Estado não eram nenhuma das duas coisas. Ao admitir que a constituinte ou a legislativa tenham-se tornado uma das duas, é verdade que desde a Tomada da Bastilha, o rei dos franceses reinava sob coerção, como ele expunha em carta ao seu primo da Espanha, em que protestava solenemente contra "todos os atos contrários à autoridade monárquica que me arrancaram à força desde o dia 15 de julho" (carta a Carlos IV, 15 de outubro de 1789). Esse protesto nos lembra que ele continuava a se sentir investido de uma autoridade e de uma legitimidade de direito divino.

Tampouco pode-se falar de uma conspiração revolucionária, pois, qualquer que tenha sido a complexidade das intrigas e dos objetivos, antes de 9 Termidor, nenhuma facção burguesa havia considerado a reviravolta pela força dos poderes estabelecidos. Sabe-se como o encadeamento da Revolução, de etapa em etapa, confundia as intenções de seus atores: em primeiro lugar, por causa da inexistência (se não fosse entre os iluministas da Baviera) de uma "doutrina revolucionária". Donde as inevitáveis improvisações, notadamente em função das conspirações atribuídas ao adversário. Porém, também o campo monarquista ou aristocrata não tardou a atribuir os seus infortúnios à conspiração e eu evoquei, mais atrás, alguns temas precursores dessa ordem. No

---

berstein, que o havia consultado em Londres, de me ter comunicado as notas tomadas por ele.

entanto, a "conspiraçãozinha" reacionária diferia daquela dos homens de 1789, no sentido de que se apoiava numa tradição já estabelecida, constituída, de algum modo, sem entusiasmo, enquanto o seu complemento revolucionário, que se ancorava numa difusa angústia das massas, só se tornou o nervo de uma doutrina política à mercê dos acontecimentos. Uma diferença, que estava na natureza dos fatos, pois um poder legítimo preexiste forçosamente à conspiração, até a provoca, segregando para tanto órgãos especiais, enquanto os seus adversários são reduzidos a fantasiar um poder conspirativo (uma "conspiração monarquista") – aquele de que os delírios alemães, na época de Ludendorff e de Hitler, fornecem um excelente exemplo.

De resto, inúmeros fios ligam entre eles todos esses delírios. A tese germânica dos anos de 1920 da "conspiração judaico-jesuítica" associava-se, veremos como, à tese da conspiração maçônica dos anos de 1750, da qual descrevi a gênese e as fontes católicas. E é aos *franco-maçons esmagados* do "abade Larudan" que se referia, em 1791-1792, o abade Lefranc, um dos primeiros autores (talvez o primeiro) a desenvolver a tese de uma conspiração revolucionária *anticristã*. É certo que ele punha a nu os seus predecessores, utilizando os escritos antiiluministas alemães e acrescentando ataques contra os filósofos: "É nesses subterrâneos obscuros que os filhos da fraqueza e da impiedade forjavam os atos, que eles queriam lançar contra o Céu e os seus ministros" *Conjuration contre la religion catholique et les souverains*, (*Conjuração contra a Religião Católica e os Soberanos*, 1792). É afirmar que os protestantes, "unidos aos franco-maçons para perseguir a religião", tampouco eram poupados; pior, "a Assembléia Nacional só protegeu, sob a sua égide, os protestantes, os judeus, os deístas, os franco-maçons; todos os outros foram perseguidos". As obras do abade Lefranc ressentiam-se, pois, da agitação da época, a ponto de conter eloqüências à maneira de Jean-Paul Marat: "Foi a franco-maçonaria que ensinou os franceses a manejar o punhal com intrepidez, a comer a carne dos mortos, a beber nos crânios, e a ultrapassar os povos selvagens em barbárie" (*Le secret de la révolution en France révélé à l'aide de la franc-maçonnerie*, 1791).

Considerada a preexistência de uma teoria da conspiração já fortemente estruturada, da qual a Santa Sé permanecia o principal centro de origem (mas, como vimos, confiando a Cagliostro o papel outrora dado a Cromwell), perdemo-nos nos inúmeros trâmites ou genealogias literários. Na aparência, é de forma espontânea que surgem doravante, sob as mais diversas penas, as descrições de um apocalipse revolucionário, de um acontecimento transcendental. Será suficiente citar dois nomes ilustres: em 1795, o conde de Saint-Martin fala de uma "grande expiação" decretada por Deus, de uma "miniatura do Juízo Final"; em 1796, Joseph de Maistre atribui à Revolução "um caráter satânico, que a distingue de tudo o que se viu e talvez de tudo o que se verá". Pouco depois, o abade Agostinho Barruel, um jesuíta, estabeleceu a versão da conspiração, que, no futuro, provará, e é muito característico que essa vulgata deixasse de lado a Providência Divina, só questionando a malícia ou a depravação humana.

Barruel escrevia as suas *Mémoires pour servir à l'histoire du jacobinisme* (*Memórias para Servir à História do Jacobismo*), em Londres, onde Burke foi o seu grande protetor, indo até ao ponto de elogiar a precisão quase jurídica de suas provas[53]. Era uma razão suficiente para excluir os protestantes do círculo dos fautores da Revolução, mas pode-se crer que o autor obedecia a uma consideração mais profunda, numa época em que uma aliança interconfessional cristã se esboçava diante de uma França expansionista e anticlerical. Portanto, apenas três seitas conspiradoras se achavam denunciadas por ele: os filósofos, os franco-maçons e os iluministas.

No que concernia à primeira seita, Barruel precisava: "Parece, pois, constante que essa academia secreta foi estabelecida em Paris, entre o ano de 1763 e o ano de 1766 (...) Voltaire foi o seu chefe; D'Alembert, o agente mais astuto; Frederico II, o protetor e, sobretudo, o conselheiro". Seguiam-se os nomes dos outros conjurados filosóficos, Diderot, Holbach, Helvetius, Turgot, o duque de Orléans e, sobretudo, Condorcet: "Mais de que o próprio Voltaire, um demônio chamado Condorcet odiava Jesus Cristo; só ao ouvir o nome da Divindade, esse monstro fremia". Sobre o capítulo da maçonaria, Barruel seguia a tradição estabelecida, enriquecida pelos escritos dos anos revolucionários, em especial os do abade Lefranc, com quem mantivera contato em Paris, em 1791. É tratando dos iluministas da Baviera, aos quais misturava, de passagem, os martinistas, os swedenborguistas e até os rosa-cruzes, que ele realizava uma obra original; reproduzindo documentos provenientes dos arquivos bávaros, assim como os

---

53. "Toda a narrativa maravilhosa é baseada em documentos e provas com uma exatidão e regularidade quase jurídicas"; cf. J. Rogalla von Bieberstein, *Die These von der Verschwörung, op. cit.*, p. 111.

escritos de Weishaupt, ele assegurava aos iluministas um aumento de publicidade.

Traduzidas nos anos de 1800 em uma dezena de línguas, as *Memórias* de Barruel conheceram, durante o século XIX, numerosas reedições: Bierberstein assinala, entre outras, uma edição romana de 1886, bem como uma edição francesa recente (Chiré-en-Montreuil, Vienne, 1973). Convém também mencionar as *Provas da Conspiração* do inglês John Robison, logo traduzidas em alemão, em francês e em neerlandês[54]. Porém, é ainda a Barruel que coube, dez anos mais tarde, elaborar uma tese suplementar, adequada para tornar-se, no fim das contas, a tese principal: a de uma conspiração mundial dos judeus.

Partidário de Napoleão, ele era cônego de Notre-Dame na época em que o Ogro ou o Anticristo era acusado pela propaganda russa, às vésperas da convocação, em Paris, de "grande sinédrio", de se constituir no Messias de Israel. Aliás, em circunstâncias imperfeitamente conhecidas, talvez por sugestão da Santa Sé, Barruel apressou-se então em colocar os judeus na origem de todas as conspirações. Fez circular uma carta, que teria recebido da Toscana de um certo "capitão Simonini", o qual lhe garantia

que os franco-maçons e os iluministas haviam sido fundados por dois judeus (...) que, em resumo, dele extraíam a sua origem todas as seitas anticristãs (...) que, por meio da usura, conseguiriam bem rápido despojar os cristãos de seus bens (...) que, por conseguinte, decidiam, em menos de um século, ser os senhores do mundo, abolir as outras seitas para fazer reinar a sua[55].

O objetivo de Barruel era o de pôr Napoleão em guarda contra os judeus e parece ter contribuído deste modo para a dissolução antecipada do "sinédrio" em março de 1807. Pouco depois, Joseph de Maistre entregava-se a uma operação do mesmo tipo, baseando-se na mesma fonte italiana; mas era para pôr em guarda Alexandre I contra a ímpia aliança judaico-napoleônica:

---

54. Provas de uma conspiração contra todas as religiões e governos da Europa urdida em reuniões secretas de franco-maçons, de iluministas e de grupos de conferencistas, Edimburgo, 1797.

55. A carta de Simonini (uma personagem provavelmente imaginária) foi publicada por *Le Contemporain*, Paris, julho de 1878, pp. 58-61. Quanto ao plano político do "grande sinédrio" e às condições assaz obscuras nas quais Napoleão o fez subitamente dissolver, cf. História do Anti-Semitismo, t. III, pp. 197-200; para o papel desempenhado por Barruel e por Fouché, cf. *ibid.*, pp. 239-241.

Os judeus, escrevia ao czar, merecem uma atenção particular por parte de todos os governos, mas sobretudo do da Rússia, que possui muitos deles em seu seio; não é preciso espantar-se se o grande inimigo da Europa os favorece de um modo tão visível; eles já dispõem de propriedades imensas na Toscana e na Alsácia; eles já possuem uma sede administrativa em Paris e uma outra em Roma, de onde o chefe da Igreja foi expulso. (...) O maior e o mais funesto talento dessa seita maldita, que se serve de tudo para atingir os seus fins, foi, desde a sua origem, o de se servir dos próprios príncipes para corrompê-los. Aqueles que leram os livros necessários para tanto sabem com que arte ela sabia colocar, junto aos príncipes, os homens que convinham para esses pontos de vista[56].

Na verdade, com toda probabilidade, Joseph de Maistre acabava de ler o "documento Simonini". Ele parecia nele acreditar, mas o czar permaneceu cético.

Aliás, importa saber que, na época, apenas uma minoria entre os autores anti-revolucionários e, por conseguinte, será preciso crer, entre o público, atribuíam a Revolução a uma conspiração, sendo a explicação mais difundida a influência do espírito das Luzes, independentemente de todo acordo em ação pactuada[57]. Pode-se, a esse respeito, levar em consideração a predominância de temperamentos individuais que, entre os defensores da ordem estabelecida, continuavam a perceber corretamente, mesmo no meio da tormenta, a complexidade das coisas humanas e que não se deixavam, pois, fascinar por uma "causa primeira", enquanto fonte necessária e suficiente de todos os males. No entanto, desde a exaltação patriótica das guerras antinapoleônicas, cremos ver esboçar-se, na Alemanha, o início de uma seleção negativa, entre os intelectuais e, sobretudo, entre os estudantes. Esse processo se ampliará sob o II Reich, para resultar na paranóia doutrinal do III Reich; em outras palavras, para resultar na "explicação pelos judeus", que, aliás, só era integralmente aceita por uma pequena minoria de alemães, uma minoria, porém, bastante atuante! Sobre esse assunto, remete à página 27 do presente livro e à observação *in fine*:

> Toda reflexão sobre a história alemã, entre 1871 e 1945, dá, por assim dizer, provas incontestáveis da importância e do modo de funcionamento desses mecanismos sociológicos, que, de um lado, exerciam uma espécie de impulso e, de outro, operavam uma seleção. Para ser satisfatório, todo esquema explicativo deve

---

56. Maistre, *Quatre chapitres inédits sur la Russie*, Paris, 1859, pp. 111-112.
57. Cf. Bieberstein, p. 40, cita as pesquisas de Paul Beik (1956) e de Harald Heising (1971).

levar em consideração esses mecanismos sociais, que, ao mesmo tempo que aqueles que são comandados pelas determinações econômicas e demográficas, vêm preencher o abismo intelectual entre a interpretação psiquiátrica e a tragédia política européia.

Estando bem compreendido que o universalismo das Luzes francesas contrasta com o racismo germânico assim como o dia com a noite, pode-se, contudo, perguntar se o clima obsessivo do III Reich não se deixa comparar, de uma forma qualquer, com a obsessão jacobina pela conspiração. Em todo caso, pode-se salientar que a barbárie racista se valia de um cientificismo primário, que, o que quer que se deseje, remonta às Luzes e que, nos dias posteriores ao 9 Termidor, constituiu-se numa certa "religião do saber". Eis-nos levados a nos deter, de algum modo, nesses "autores malditos" que os *ideólogos* foram. Como escreve Georges Gusdorf, eles permanecem "rejeitados nas latas de lixo da história"; e atribui a sua injusta condenação ao fato de que as suas vozes foram abafadas pelos estampidos das armas napoleônicas, ou submergidas pelo maremoto romântico[58]. Porém, também não seria por que os ideólogos possuem muito para nos dizer, no sentido de que, nunca na história, os intelectuais participaram de tão perto do exercício do poder, e que os resultados dessa experiência não foram de natureza a encorajar os sonhos de poder desse tipo, isto é, os dos filósofos instruindo os tiranos? Desse modo, a sua posteridade direta não teria tido do que se glorificar.

Eis uma suposição, que nos obriga a um novo mergulho no âmago da era da ciência.

BALANÇO. AS GRANDES ESPERANÇAS DOS IDEÓLOGOS

Não há, sem dúvida, receita ou fórmula mágicas, que, desde a Antiguidade, tenha conhecido tanto êxito quanto aquela que, baseada em cálculos de um tipo ou de outro, leva hoje o nome de *formalização*. Nesse sentido, foi Descartes, que se constituiu no prestigioso continuador dos pitagóricos e dos cabalistas, prometendo aos modernos o poder "de nos tornar como os senhores e

---

58. Cf. G. Gusdorf, *La conscience révolutionnaire, Les Idéologues*, Paris, 1978, pp. 21-38.

os possuidores da natureza"⁵⁹, e, fazendo manter esta promessa, mesmo se a sua realização necessitasse de séculos e não de anos, como ele acreditava. Para um profeta dos tempos novos, ele possuía as grandes virtudes requeridas: uma audácia intelectual que lhe dava a segurança de ter chegado "às causas primeiras de tudo o que é ou pode ser no mundo", um racionalismo dogmático, que o levava a "acrescentar mais fé em nossa razão do que em nossos sentidos" – e a que convém acrescentar uma hábil conduta, uma prática do segredo, que o fez qualificar por D'Alembert, no entanto o seu crítico epistemológico, de "chefe de conjurados, o primeiro que teve a coragem de se erguer contra uma potência despótica e arbitrária; se ele acabou por acreditar em explicar tudo, pelo menos, começou a duvidar de tudo" (prefácio à *Enciclopédia*). E a suprema ambição totalitária de Descartes, a de explicar o fenômeno humano com o auxílio da matemática, de reduzi-lo à geometria, após ter encontrado o seu reflexo imediato na *Ethica more geometrico demonstrata*, de Spinoza, ou na *Characteristica universalis*, de Leibniz, permaneceu aquela do mundo erudito das Luzes: paradoxalmente, a condenação de toda metafísica por Newton, a dessacralização da causalidade por David Hume e, ainda mais, o cálculo das probabilidades de Pascal e de Bernouilli, apenas forneceram novos fundamentos para a pretensão cartesiana de "uma ciência univerversal", que pudesse elevar a nossa natureza ao seu mais alto grau de perfeição. Com efeito, as novas posições científicas, ao introduzir uma primeira margem de aproximação no acesso às "leis da natureza", colocavam, epistemologicamente, em igualdade as ciências do homem e as da matéria, ambas imperfeitamente conhecidas. Depois de Pascal, que antecipa intuitivamente o axioma de Gödel – "como seria possível que uma parte conhecesse o todo"⁶⁰ –, é Jacques Bernouilli (ele também um melhor cristão do que Descartes, o qual parecia subordinar o próprio Deus às leis naturais⁶¹), que

---

59. *Discours de la Méthode*, VI parte (cf. éd. Pléiade, p. 168).

60. Axioma relativo à impossibilidade do conhecimento de um sistema por si mesmo. Cf. Pascal: "Se, primeiro, o homem se observasse bem, veria quanto é incapaz de passar por cima. Como seria possível que uma parte conhecesse o todo (...) todas as partes do mundo possuem entre si um tal encadeamento e uma tal relação que eu creio impossível conhecer uma sem a outra e sem o todo" (*Pensées*, Brunschvicg, n. 72, Lafuma, n. 199).

61. Pois Deus não poderia criar outras; cf. *Discours...*, V parte.

nos faz compreender melhor como a crença na onipotência divina justificava, psicologicamente, a esperança na onipotência humana:

> É significativo que Bernouilli tenha partido, não de uma definição da probabilidade, mas de uma definição da certeza. A certeza de um acontecimento, explicava, pode ser considerada objetiva ou subjetiva: relativa ao próprio acontecimento, ou simplesmente ao conhecimento que dele podemos ter. Em tal perspectiva, todos os acontecimentos devem ser considerados certos objetivamente, pois a presciência divina e a predeterminação divina excluem toda possibilidade da contingência[62].

A astúcia da razão militante das Luzes soube transformar para seu benefício essa excelente teologia: a onisciência divina tornou-se um modelo que a ciência humana se propôs aproximar assintoticamente. Uma forma primeira dessa idéia acha-se numa carta que Condorcet dirigia, em 1768, a D'Alembert:

> Uma Inteligência, que conhece o estado de todos os fenômenos num dado momento, as leis que regem a matéria e o efeito dessas leis após um dado período de tempo, teria um conhecimento perfeito do sistema do universo. Um tal conhecimento ultrapassa o nosso poder; mas é o objetivo para o qual devem ser dirigidos todos os esforços dos matemáticos filósofos, e de que eles se aproximarão cada vez mais.

Uma Inteligência concebida deste modo tornou-se o tipo ideal do cientista, e talvez ainda o seja. Pouco depois, em março de 1773, Laplace dele fazia, para a Academia das Ciências, a descrição clássica, aquela que o dispensava da "hipótese de Deus"[63]. Só restava esperar por esse "Newton da vida moral" que, desde 1758, Helvetius saudava nos seguintes termos:

> Se quase todas as nossas verdades são redutíveis a probabilidades, que reconhecimento não seria devido ao homem de gênio, que poderia montar quadros físicos, metafísicos, morais e políticos, nos quais seriam indicados com precisão todos os graus variáveis de probabilidade e, por conseguinte, de fé, que devem ser atribuídos a cada opinião (*De l'Esprit*, ed. 1758, p. 6).

O próprio Condorcet multiplicava os estudos e as disser-

---

62. Conclusão de *Ars conjectandi* (1713) de J. Bernouilli, resumida por Keith M. Baker, *Condorcet, From Natural Philosophy to Social Mathematics*, Chicago, 1975, pp. 156-157.

63. Réplica, talvez apócrifa, de Laplace a Napoleão: "Senhor, não preciso dessa hipótese".

tações sobre a aplicação da matemática na vida social e política, aguardando a solução, num dia longínquo, da questão de saber "por quais laços a natureza uniu, indissoluvelmente, os progressos das Luzes e os da liberdade, da virtude, do respeito pelos direitos naturais do homem"[64]. É com certeza o cálculo que era tido como o que forneceria um dia a resposta; Condorcet, que forjou os termos "matemáticas sociais" e "ciências sociais" foi o inspirador direto de Saint-Simon, de Comte e de Fourier. Esse patético aristocrata das Luzes estimulava, pois, ao extremo, o otimismo cósmico de seu século, cujas figuras de proa nos surpreendem tão amiúde pelo simplismo de sua visão. A sua tendência para matematizar até a vida afetiva pode ser ilustrada por *Aritmética Moral*, de Buffon, na qual esse cientista universal se pergunta, entre outras questões, por que se é mais sensível às perdas do que aos ganhos. A sua resposta nos mostra que mesmo um jogador é um ser de pura razão para ele:

> Tomemos dois homens de fortuna igual, que, por exemplo, tenham, cada um, cem mil libras de bens e suponhamos que esses dois homens joguem, em um ou vários lances de dados, cinqüenta mil libras; é certo que aquele que ganha apenas aumenta o seu bem em um terço, e, aquele que perde, diminui o seu pela metade. (...) Amiúde nos perguntamos por que se é mais sensível à perda do que ao ganho; não se podia dar a essa questão uma resposta plenamente satisfatória, enquanto não se desconfiasse da verdade que acabo de apresentar[65].

Condorcet, ao fazer o elogio póstumo de Buffon, louvava-o de ter feito sentir a utilidade da matemática, "talvez até de ter ensinado a sua existência para uma classe numerosa, que não teria ido procurar os princípios nas obras dos geômetras". Tendo aderido, em 1791, aos girondinos, morreu sob o Terror; mas muitos de seus correligionários ou amigos políticos desempenharam, após o 9 Termidor, um papel de primeiro plano na organização da França nova. Sob o Diretório, "Voltaire, Condillac, Condorcet estão no poder" (Furet); o que é mais do que uma simples imagem, pois os seus continuadores fazem parte dos governos e podem então acreditar que os tempos de sonho messiânico das Luzes chegaram. Quando da instalação do Instituto de França, no início de 1796, Cabanis (1757-1808), o mais ilustre dos ideólogos, exclama:

---

64. Condorcet, *Esquisse d'un tableau historique des progrès de l'esprit humain*, ed. Paris, 1822, p. 12.

65. Buffon, *Oeuvres philosophiques*, ed. Paris, 1954, p. 463.

O instinto dos déspotas, encorajando as ciências matemáticas e físicas, a literatura e as artes, sempre receara as ciências morais e políticas. (...) Este governo não teme que se examine, que se esclareça; ele não teme ver os princípios, que devem constituí-lo, e os poderes que exerce, submetidos à mais severa discussão. (...) É aqui (no Instituto) que está colocado, por assim dizer, o telégrafo da Ciência e Razão, cujos sinais devem, a cada instante, ser repetidos em todos os pontos da República. Aliás, eles são percebidos no mundo inteiro: "Sim, cidadãos, a pausa está mantida: a Europa será livre (...) o seu destino nos garante o do gênero humano."

Essa escatologia era, portanto, ao mesmo tempo científica, filantrópica e revolucionária. Doravante, caberá a Cabanis e a seus correligionários não só constituir a nova rede de escolas públicas, de um lado, e, de outro, a pesquisa científica, de que o Instituto é a sede, como devem, além disso, ocupar-se da elaboração de um novo culto francês e republicano, bem como dos ritos e cerimônias, que devem substituir os da religião católica. De resto, o serviço de festas faz parte do Ministério da Instrução Pública. Não é uma ocupação sem importância: serão festejados não apenas os grandes aniversários revolucionários, aí incluída a execução de Luís XVI, como também a juventude e a velhice, a posteridade e o gênero humano, o heroísmo e o pudor[66]. La Révellière, membro de primeiro Diretório e promotor do "culto teofilantrópico", justificava essa profusão de festas, como se segue:

Todos os legisladores dos povos livres souberam tratar com prudência e empregar habilmente essas espécies de comoções elétricas, que imprimem, ao mesmo tempo, um mesmo pensamento a todo um povo, o de uma virtude que identifica todos os cidadãos pelo espírito de fraternidade inspirado por essas alegrias comuns, momentos de felicidade para as almas sensíveis. (...) Moisés empregou apenas dez artigos para as suas leis, e um livro inteiro para as instituições, as cerimônias e as festas públicas; também o seu povo, por seus costumes, sobreviveu durante vinte séculos à sua existência política.

Os ideólogos, cuja segunda classe do Instituto ("ciências morais e políticas") é o ponto de partida, povoam então as assembléias públicas e os ministérios; eles são cortejados tanto pelo poder civil quanto pelos generais, por Bonaparte I, que se vale "da religião do Instituto", onde ele próprio se instala na primeira classe, na seção de mecânica. Jamais os intelectuais se beneficiaram de tal prestígio e de tais perspectivas. Não prometem eles

---

66. Cf. Gusdorf, *op. cit.*, pp. 148-171, *La fête révolutionnaire*.

firmar, definitivamente, o reinado da razão e da virtude, exorcizar a *superstição* e o *fanatismo* (esses vestígios despersonalizados dos sacerdotes e reis conspiradores), por meio, precisamente, do aperfeiçoamento das ciências morais ou políticas, ou ciências do homem?

Contudo, o que são, pois, ao certo, os ideólogos e o que é a ideologia? Esse grupo, de contornos indefinidos, é essencialmente caracterizado por sua fé dogmática numa perfectibilidade garantida pela ciência: "cientistas" por antecipação, os ideólogos podem desafiar toda crítica, pois nenhum dado, de qualquer ordem, veio ainda abalar a sua crença nos amanhãs, que celebram e que a pesquisa científica bem conduzida deve assegurar. O Terror? Nossos militantes, dos quais alguns haviam feito parte da coalizão antijacobina, têm condições de advogar que se tratava apenas de um incidente de percurso, de uma explosão, aliás, parcialmente justificada pela junção, em 1793, dos perigos externos e internos. Na França de 1795-1800, são raros os espíritos cultivados, que questionam os princípios ideológicos. Convém, no entanto, citar uma reflexão de Claude de Saint-Martin, o "filósofo desconhecido", que acompanhara, em 1796, o curso de geometria de Monge:

> Lá aprendi quanto a matemática faz avançar pouco o espírito do homem e que ela apenas fazia preservá-lo assim como os gorros da criança. Infelizmente, ao estreitar o espírito do homem, faz jorrar no alto alguns lampejos, que ela toma como a verdadeira luz, vangloria-se disso e pára, eis de que o homem comum não suspeita.

O "homem comum", de fato, sofria diretamente a grande mutação mental dos tempos modernos. O próprio termo *ideologia* foi forjado por Antoine Destutt de Tracy (1754-1836), considerado o cérebro filosófico do grupo. Esse brilhante coronel do regimento de Penthièvre manifestou simpatias "esquerdistas", desde a convocação dos Estados-Gerais; depois de 10 de agosto de 1792, ele se demitiu do Exército e empreendeu estudos filosóficos, que prosseguiu mesmo após ter sido encarcerado. Em 5 Termidor, aguardando o julgamento, ele montava o plano de seus trabalhos:

> O produto da faculdade de pensar ou de perceber = conhecimento = verdade. (...) Numa segunda obra em que trabalho, faço ver que se deve acrescentar a essa equação esses três outros membros = virtude = felicidade = sentimentos de amar; e, num terceiro, provarei que se deve acrescentar estes = liberdade =

igualdade = filantropia. (...) Acrescentava que, no futuro, partiria sempre desses pontos, se o Céu lhe reservasse ainda algum tempo para viver e para estudar[67].

Percebe-se que Destutt de Tracy pretendia pôr em equações a moral. Nomeado, ao lado de seu amigo Cabanis, membro da segunda classe do Instituto, pôs em execução os seus planos. Não sem analogia com Descartes, no seu ideal filosófico, chegou a concluir que, estando a "sensação" do pensamento na origem de todos os conhecimentos, importava, para completá-los, aprofundar a ciência das idéias – ou ideologia; uma ciência que ele acentuava nestes termos: "Não se tem senão um conhecimento imperfeito de um animal, caso não se conheçam as suas faculdades intelectuais. A ideologia é uma parte da zoologia e é, sobretudo, no homem que essa parte é importante e merece ser aprofundada"; ou ainda: "O que se denomina ideologia não é, não deve ser e não pode ser senão uma parte e uma dependência da fisiologia"[68]. O termo logo se impôs[69]; é, pois, que ele chegava na sua hora e é claro que, se no espaço de alguns breves anos, chegou a designar uma convicção política e não uma disciplina científica, é que uma convicção dessa ordem constituía o principal *a priori* dos ideólogos. No entanto, Destutt pretendia excluir de sua pesquisa toda "metafísica"; eis por que compreendia sobretudo a estéril busca das causas primeiras e mesmo "a ideologia fisiológica", que ele deixava ao seu amigo Cabanis, dedicando-se, por seu lado, à "ideologia racional". É desse modo que construía a sua ciência universal, "tratado completo da origem de todos os nossos conhecimentos", que também se pretendia filha da nova "era francesa"[70]. A ciência da moral devia tornar-se o seu florão, como anunciava ao Instituto em 1797:

> Sendo a moral apenas um conhecimento dos efeitos de nossas inclinações e de nossos sentimentos sobre a felicidade, ela não é senão uma ciência da geração

---

67. Cf. Fr. Picavet, *Les Idéologues, Essais sur l'histoire des idées*, Paris, 1891, p. 303.

68. *Éléments d'idéologie*, ed. Bruxelas, 1826, t. I, p. XIII, prefácio de 1801 e p. 171.

69. Cf. Fr. Picavet, *Les Idéologues, op. cit.*, p. 347, nota 2.

70. *Éléments*, t. II (1801), introdução: "Esta era é verdadeiramente a era francesa; e ela deve nos fazer prever um desenvolvimento da razão e um aumento da felicidade, de que se buscaria, em vão, julgar pelo conjunto dos séculos passados, pois nenhum se assemelha a este, que começa..."

desses sentimentos e das idéias de que eles derivam. Os seus progressos não poderiam, portanto, antecipar-se aos da metafísica; e esta, como a razão e a experiência provam, está sempre subordinada ao estado da física, da qual é apenas uma parte.

Em 1805, no terceiro tomo de seus *Eléments d'idéologie* (*Elementos de Ideologia*), Destutt felicitava-se de ter cumprido o seu programa:

> Estudei com a pena na mão; não conhecia a ciência, quando comecei a escrevê-la, pois ela não existia em nenhuma parte; não tinha nenhuma prevenção; ignorava aonde chegaria. (...) Sem suposição, sem inconseqüência, sem lacuna, cheguei a um resultado que não havia previsto, nem desejado. Ele é plausível, dá os motivos de todos os fenômenos, é impossível não ter nele uma plena e inteira confiança.

É verdade que ele não conseguira terminar com êxito o seu plano primitivo, aquele de colocar em equações a moral e, de modo geral, as ciências sociais. Ao menos acreditava, no fim de sua vida, ter demonstrado a sua possibilidade: "Se é impossível, de fato, exprimir em números as diversas nuanças de nossas idéias morais e as coisas relativas à ciência social, essas coisas dependem de outras, que amiúde as tornam redutíveis em quantidades calculáveis: assim, os graus das coisas úteis ou agradáveis, que podem ser representadas por quantidades de pesos ou de extensão de uma mesma coisa, são calculáveis e comparáveis. Do mesmo modo, podemos calcular, por seus efeitos, a energia e a *durabilidade* dos motivos secretos, que causam e mantêm a ação dos órgãos vitais. E há uma infinidade de coisas nas ciências morais, que oferecem motivos semelhantes e aos quais o cálculo é aplicável" ("Suplemento" aos *Elementos de Ideologia*, 1817).

Eis que, na primavera de 1979 em que escrevo, *Le Courrier du C.N.R.S.* nos anuncia, sob a assinatura do professor Mario Borillo, que para uma parte o sonho se tornaria uma realidade: "A informática não fornece apenas um instrumento de um poder sem precedente para as ciências humanas; ela permite também uma representação mais formalizada e por isso mais aprofundada dos fenômenos estudados pelas ciências do homem e da sociedade"[71]. A colocação em fórmulas significaria, pois, automaticamen-

---

71. Cf. M. Borillo, *Formalisation et communication dans les sciences de l'homme et de la société* (texto apresentado no colóquio "La communication dans l'action humaine"; *Le Courrier du C.N.R.S.*, abril de 1979, pp. 24-29).

te, um "aprofundamento"! Com certeza, Borillo não ignora que "o grau de formalização da linguagem científica (...) é muito reduzido para as ciências humanas", e que, no seu caso, a operação, em virtude do problema particular do "sujeito cognoscente", é agitada por dificuldades específicas. Porém, se ele insiste fortemente nas ambigüidades de todo discurso científico não formalizado, isto é, enunciado em linguagem humana comum, na aparência, ignora que elas só refletem as insolúveis contradições do coração humano – donde a esterilidade, diante dessa ambivalência fundamental, do método formalizador. Todavia, por seu lado, Borillo chega a admitir que "a conjugação das pesquisas empíricas e da experimentação teórica permitirá, talvez, explorar seriamente as perspectivas científicas que o pensamento formal propõe para as ciências humananas". Outrora, Destutt de Tracy e o seu mestre Condillac sonhavam com uma "gramática bem feita"; essas fantasias permanecem, pois, consubstanciais à ciência.

Eis por que não se poderia espantar-se com as pretensões muito mais primitivas, ainda que mais realistas, pois amiúde tomadas a sério nas alamedas do poder, dos quantificadores contemporâneos, que, na pegada do Prêmio Nobel Milton Friedmann, nos propõem, sob pretexto da ciência econômica, a sua nova versão do cálculo dos prazeres e das dores de Buffon e de Bentham: "E isso a partir de uma hipótese simples e empiricamente verificável de comportamento individual, a do *Homo economicus* (professor Henri Lepage[72]). Reconhece-se bem a linguagem da *Aritmética Moral*, de Buffon. Para esses neo-utilitaristas, toda atividade e toda escolha, da prática religiosa ou política às questões sentimentais, se deixam reduzir ao seu "custo de oportunidade". E vão bem mais longe do que Buffon, em sua fantasia do *Homo economicus*, o homem totalmente calculador.

Não posso impedir-me de dar disso um belo exemplo. Dizem-nos que, desde que existe o cinto de segurança, diminuindo os riscos, os motoristas tornaram-se menos prudentes. Eis como:

> O risco escolhido por cada indivíduo não é um dado fixo e constante. É algo que varia também em função do "preço" potencial a que se expõe esse motorista, ao escolher os riscos associados ao seu modo de conduta. Esse preço individual é constituído por todos os inconvenientes de que o motorista sofrerá, caso haja um acidente, que o leve para um hospital, lhe imponha despesas de cuidados impre-

---

72. Cf. Maurice Duverger, "L'illusion de la science", *Le Monde*, 25 de julho de 1979.

vistos, uma interrupção, mais ou menos longa, do trabalho. Quanto mais esse "custo potencial individual" é elevado, mais o motorista será incitado a reduzir o nível de seus riscos e, logo, a ser mais prudente (quando um preço aumenta, a quantidade pedida diminui). Ao contrário, se o preço potencial individual diminui, há todas as oportunidades para que ele se mostre menos prudente (quando um preço abaixa, a quantidade pedida aumenta).

E o professor Lepage conclui que o cinto "resulta num efeito social antes regressivo", ao aumentar o "custo global dos acidentes rodoviários"[73].

Aguardando "o Newton da vida moral", os homens das Luzes não iam tão longe, e Cabanis, o espírito mais sutil do grupo ideológico, salientava, desde a sua época, as ilusões dessa matematização universal. Esse médico falava disso com uma terna ironia, lembrando das especulações de Descartes e de seus espectadores, Borelli, Wainwright ou Fracassini, no seu trabalho de 1794-1795 sobre a reforma da medicina:

> Acreditou-se ver nas fórmulas rigorosas a pedra de toque de todas as verdades. Como os médicos permaneceriam tranqüilos espectadores do entusiasmo geral? Eles viam submeter ao cálculo a maior parte dos maiores fenômenos da natureza. (...) A geometria e a álgebra lhes foram, pois, aplicadas com confiança. Os médicos pensaram que a segurança do instrumento seria transmitida aos resultados. A Europa erudita acreditou; a esses resultados, publicados no tom da certeza, passaram muito tempo por oráculos[74].

De Cabanis, a posteridade reteve, sobretudo, uma passagem de seu *opus magnum*, *Tratado de Física e Moral*, condensado, de hábito, como segue: "O cérebro produz o pensamento como o estômago opera a digestão". Porém, enunciado assim, a idéia é de Destutt ("mil fatos nos mostram o cérebro como o digestor especial ou o órgão produtor do pensamento"). Em Cabanis, tratava-se antes de uma metáfora: "Nós concluímos (...) que o cérebro digere de algum modo as impressões; que faz, organicamente, a secreção do pensamento".

Não é que o próprio Cabanis não se adiantasse muito longe, ao elogiar, no Conselho dos Quinhentos, as possibilidades de previsão, "a ideologia" (25 Frimário, ano VIII):

---

73. H. Lepage (citando o economista norte-americano Peltzman), *Demain le capitalisme*, Paris, 1978, p. 310.

74. Cf. Cabanis, *Oeuvres*, ed. Paris, 1954, t. II, pp. 172-173.

Ao combinar as experiências feitas até hoje sobre as grandes massas do gênero humano (...) e ao combiná-las com noções mais exatas que nos fornece sobre a natureza do homem, a filosofia racional e moral, é possível obter resultados bastante seguros, ou seja, resultados que se comparam cada vez mais ao último grau de previsibilidade, único gênero de certeza que as ciências práticas comportam, sobretudo aquelas de que o homem moral é o objeto.

Por outro lado, à diferença de seu amigo Destutt, Pierre Cabanis não receou meditar sobre a causa primeira de todas as coisas, em outras palavras, "o Ordenador supremo", graças ao qual "tudo está previsto, tudo está calculado, tudo está adequado, com o último grau de exatidão e de precisão, nas leis eternas e gerais, cuja execução é igualmente rigorosa em cada ponto". Era, pois, a inteligência ideal de Laplace e de Condorcet, que, de resto, terminaria por garantir neste mundo a sua justiça imanente[75]; a exemplo de seu mestre e amigo Condorcet, Cabanis não duvidava da perfectibilidade infinita do gênero humano. Ao tratar, diante dos Quinhentos, das futuras escolas de medicina, celebrava o futuro com esta eloqüência:

Acrescentemos que se a nossa espécie, como não se pode mais, penso, dela duvidar agora, é suscetível de um grande aperfeiçoamente físico, é ainda à medicina que pertence investigar os meus meios diretos, monopolizar de antemão as raças futuras, traçar o regime do gênero humano: donde se segue que dos progressos dessa ciência dependem, talvez, os destinos admiráveis de uma época por vir, que não ousamos ainda imaginar (29 Brumário, ano VII).

Um ano depois, logo após o 18 Brumário, ele falará como efêmero homem político, para glorificar a nova Constituição de Bonaparte: "É impossível não reconhecer no seu pensamento matriz a marca da criação e do gênio". Porém, quando entregava à medicina a missão de "monopolizar de antemão as raças futuras, traçar o regime do gênero humano", o seu propósito tornava-se, de certa forma, profética, pois, ao desenvolver essas idéias em seu *Tratado*, chegava a se antecipar, tanto sobre as abruptas hierarquias raciais dos antropólogos do século XIX, quanto sobre os angustiantes programas dos geneticistas do século XX. Se fosse isso, o inferno está cheio de boas intenções, pois ele não duvida

---

75. "Quando não houver vida por vir, a virtude não teria menos os seus motivos sólidos e a sua recompensa assegurada; o seu destino e o do mal não estariam menos conformes às leis da justiça..." etc. (*Cartas a Fauriel sobre as Causas Primeiras*, in *Oeuvres*, ed. cit., t. II, p. 293).

que, graças aos ideólogos, "chegará um dia em que as vantagens atribuídas pelo homem aos hábitos da virtude serão tão bem demonstradas, que se zombará do mau como de um tolo, todas as vezes que não se julgar útil acorrentá-lo como um furioso". É no mesmo espírito que delineava, em seu *opus magnum*, o plano das medidas a tomar, para se alcançar um "aperfeiçoamento" geral.

Cabanis partia das concepções de Buffon sobre a lamentável "degeneração" das raças de cor, bem como das disparidades que a observação cotidiana fazia constatar entre os homens da mesma raça. Sendo dada essa fundamental "desigualdade de meios", como instituir a igualdade de direitos proclamada pela Revolução e o que devia tornar-se a marca de uma humanidade devidamente aperfeiçoada?

Pois bem!, respondia, só havia que se tomar o exemplo dos criadores.

> Quanto não é vergonhoso negligenciar totalmente a raça do homem! Como se ela nos dissesse menos respeito! Como se fosse mais essencial ter bois grandes e fortes do que homens vigorosos e sadios! (...) É tempo de ousar realizar conosco o que realizamos de modo tão feliz com vários de nossos companheiros de existência; de ousar rever e corrigir a obra da natureza.

Convenientemente remodelado, o gênero humano "seria então uma criação das Luzes e da razão aperfeiçoada. (...) É tempo de, a esse respeito como a muitos outros, seguir um sistema de pontos de vista digno de uma época de regeneração". Cabanis estaria inspirado pelos tempos sonhados pelo apóstolo, em que não haveria nem judeu nem grego, nem homem nem mulher? Ele não deixava de fazer uma ressalva:

> A igualdade só seria real em geral: nos casos particulares, seria unicamente aproximativa. Vejam esses haras, onde se cria com cuidados iguais e segundo regras uniformes uma raça de cavalos escolhidos. (...) No entanto, cada um tem a sua fisionomia particular; cada um tem as suas qualidades predominantes[76].

Quanto aos estudos prévios, necessários para "corrigir a obra da natureza", Cabanis assinalava o programa de experiências elaborado por Jean-Philippe Draparnaud, professor da Escola Central de Montpellier, "para determinar o grau respectivo de inteligência ou de sensibilidade próprio às diferentes raças, e formar,

---

76. *Rapports du physique et du moral*, "Septième mémoire"; cf. *Oeuvres*, t. I, pp. 356-358.

por assim dizer, a sua escala ideológica". Destutt de Tracy também depositava grandes esperanças nesse naturalista, cujo desaparecimento prematuro[77] talvez nos tenha privado de uma curiosa introdução aos "Quocientes de Inteligência", caros aos psicólogos experimentais do século XX, de Alfred Binet a Hans Eysenck ou Arthur Jensen.

É verdade que o revolucionário plano de Cabanis se desejava universalista e anti-racista, à diferença das opções políticas da legião de seus continuadores e outros. De resto, esse tipo de utopia cientificista não era inédito: meio século antes, o matemático Maupertuis já se salientara, nessa ordem de idéias, pela audácia de sua imaginação, inspirando-se notadamente nos métodos de recrutamento, "selecionistas" por antecipação, do rei-sargento Frederico Guilherme I[78]. Porém, basta que se pense na *República* de Platão, ou na efervescência de idéias do Renascimento: desse ponto de vista, todas as utopias desse gênero apresentam características comuns. No tempo dos ideólogos, a verdadeira novidade era um clima que, por assim dizer, impunha uma fermentação mental desse tipo, pois o estabelecimento de uma sociedade nova e melhor era a própria razão de ser dos poderes revolucionários sucessivos.

Foi assim que a interpretação da política e da ciência conduziu diversos ideólogos a participarem do golpe de Estado de 18 Brumário, aplaudido pelos membros do Instituto no seu conjunto (depois de tudo, o general Bonaparte era um colega). Quando o ideólogo P.-F. Lancelin, cujas pesquisas Cabanis mencionava favoravelmente, publicava em 1800 a sua *Introduction à l'analyse des sciences ou de la génération*, (*Introdução à Análise das Ciências ou da Geração*) ele a dedicava ao primeiro-cônsul: "É, portanto, a vós, general cônsul, que cabe realizar as concepções da filosofia e as esperanças dos filósofos". Também ele se apoiava em equações – a da força ou faculdade pensante e do espírito humano se escrevia: $FP = SP = CS + CR + CB + AS = NT + N'T' + N''N'' + N'''T'''$ (é certo que este código era menos correto do que os de Henri Lepage ou de Mario Borillo[79]). Contudo, o estado de espírito de Napoleão não era nem um pouco cientificista.

---

77. Draparnaud morreu em 1804. Sobre os seus trabalhos e as suas relações com Cabanis e com Destutt, ver *Picavet*, pp. 445-450.

78. Cf. *O Mito Ariano*, pp. 139-140.

79. Cf. Picaurt, pp. 424-433.

De resto, a necessidade de se conciliar os católicos e os monarquistas tornava oportuna a denúncia ou a diabolização dos jacobinos, aos quais foram amalgamados os ideólogos, contra os quais ele multiplicava, desde 1801, as imprecações.

> Existem ali doze ou quinze metafísicos bons para se atirar na água. (...) É um inseto que tenho sobre as vestes. Ele agiu depressa para se livrar deles; tornado cônsul por toda a vida, começou por abolir, em 1803, a segunda classe do Instituto para restabelecer em troca a Academia Francesa, suprimida pela Convenção[80].
>
> Ao longo do tempo, os ideólogos continuam a lhe servir de bodes expiatórios – quando, em dezembro de 1812, voltou precipitadamente da Rússia para Paris, foi a eles, e apenas a eles, que atribuiu o desastre francês: É à ideologia, a essa tenebrosa metafísica, que, ao pesquisar com sutileza as causas primeiras, quer fundar a legislação dos povos nessas bases, ao invés de adaptar as leis ao conhecimento do coração humano e às leis da história, que é preciso atribuir todas as desgraças experimentadas pela nossa bela França[81].

No entanto, ele perseguia os seus correligionários de 1796-1800 apenas em palavras e, por alguns, continuava discretamente a manifestar simpatia: assim, pelo intransigente Daunou, que se tornou, sob o Império, diretor dos arquivos, onde a ele se associoudepois, J.-M. Chénier ("eis uma vez que Daunou me representou", teria comentado Napoleão). Para Volney, um outro oponente intratável, por quem teria conservado a sua estima, ele dizia: "Ajo apenas sobre as imaginações da Nação; quando este meio me faltar, nada mais serei". É, portanto, o Napoleão que, nisso mais próximo de Cromwell que de Hitler ou de Stalin, guardava as suas distâncias de si mesmo e não pretendia, de modo algum, extrair a sua força de qualquer decreto escatológico. Contudo, por isso mesmo, ele, provavelmente, experimentava, em relação aos ideólogos, homens do *saber*, sentimentos complexos, talvez um sentimento de inferioridade. Em todo caso, mesmo em 1812-1813, a temível lei de março de 1810, que permitia o aprisionamento ilimitado, por meio administrativo, dos oponentes políticos, não lhes foi aplicada.

Todavia, Napoleão fez pior. Uma censura sufocante, uma polícia do pensamento habilmente dirigida por Fauché, isto é, os rudimentos totalitários, de que o meu volume seguinte tratará,

---

80. Cf. E. Lavisse, *Histoire de la France contemporaine*, Paris, 1921, p. 79.

81. Discurso ao Conselho de Estado, 20 de dezembro de 1812; cf. Gusdorf, *op. cit.*, p. 322.

lhe permitiram *anular*, para as gerações francesas futuras, os ideólogos; ao ponto de que, para o historiador, a sua expulsão da memória coletiva francesa só se deixa, na verdade, comparar à expulsão de Trotski e dos outros velhos bolcheviques, na União Soviética. Pois é fácil mostrar que o pensamento francês do século XIX, de Saint-Simon e Auguste Comte a Littré e a Taine, e de modo geral a grande tradição republicana, liberal e anticlerical, se associa diretamente aos ideólogos, espécie de elo ausente ou oculto entre essa corrente e o pensamento das Luzes[82]. Importa acrescentar que, do ponto de vista político e social, o seu legado, sob a sua forma endógena, se revelará inofensivo, uma vez que ele se investiu num "radicalismo" francês, que serviu a III República, cujos dirigentes não pretendiam deter o saber absoluto.

Ocorreu de outro modo com os rebentos estrangeiros, alemães e depois russos, da ideologia. Confluindo com as tradições autóctones e, para começar, devidamente teologizados na Alemanha, eles vieram fornecer os grandes temas da causalidade diabólica de nosso tempo. Neste volume, limitar-me-ei a retraçar os fundamentos teóricos ou metafísicos dessa transmutação. Porém, como não citar previamente o grande visionário, que a percebeu um século *antes* dos acontecimentos, numa época em que Marx e Engels, como Richard Wagner, eram jovens estudantes. "Eu os aconselho, dizia Henri Heine aos franceses, a permanecerem alerta"; e resumia, por sua vontade, em 1834, toda "a história da religião e da filosofia na Alemanha", não omitindo nem os místicos medievais, nem Martinho Lutero, nem "uma literatura que tem início nos cânticos espirituais". E concluía deste modo:

> Não zombem dessas advertências, embora elas venham de um sonhador, que os convida a desconfiar de kantianos, de fichtianos, de filósofos da natureza; não zombem do poeta fantasioso que espera, no mundo dos fatos, a mesma revolução, que se operou no domínio do espírito. O pensamento precede a ação assim como o relâmpago a tempestade. (...) Executar-se-á na Alemanha um drama, ao lado do qual a Revolução Francesa será apenas um inocente idílio. É verdade que, hoje, tudo está calmo, e se vêem, aqui e acolá, alguns alemães gesticular um pouco vivamente, não acreditem que sejam os atores que um dia serão encarregados da representação. São apenas cachorrinhos, que correm na arena vazia, latindo e trocando algumas dentadas, antes do momento em que o grupo de gladiadores deve entrar para combater até a morte[83].

---

82. *Ibid.*, "Conclusão", pp. 541-551; e ainda mais *Picavet*, pp. 567-583.

83. *Histoire de la religion et de la philosophie en Allemagne*, "Conclusão"; cf. Heine, *De l'Allemagne*, ed. Paris, 1856, t. I, p. 183.

6. Filosofia Alemã: A Diabolética

É natural que o problema das *causas* da Revolução Francesa tenha preocupado o mundo ocidental. Se, para o campo de seus adversários, se tratava essencialmente de uma guerra ímpia, declarada às Igrejas e às monarquias, essa visão deixava lugar a variações de uma amplitude considerável, indo da acusação de "hipertrofia da razão pensante", feita pelos escritores Edmund Burke e Friedrich Gentz, à da perfídia dos gauleses em rebelião contra os francos, por Catarina II da Rússia, que também tinha intenção de ser uma escritora[1]. Porém, na sua maioria, os intelectuais ocidentais, respeitosos dos mandamentos ou dos decretos da razão, eram favoráveis à Revolução, e isso era mais particularmente verdadeiro nos Estados protestantes da Alemanha. Além da oposição confessional, ou ainda do desprezo pelo obscurantismo romano, uma visão já arraigada do progresso e da "perfectibilidade" humana predispunha os protestantes alemães a "concelebrar essa época" (como Hegel, ao envelhecer, formulava): "Foi uma esplêndida aurora. Um enternecimento sublime reinou

---

1. De fato, Catarina II interpretava, "racialmente" a Revolução Francesa. Escrevia ao seu correspondente Frederico Grimm: "Sabei o que vedes na França? São os gauleses, que tentaram expulsar os francos; mas vós vereis retornar os francos, e os animais ferozes, ávidos de sangue humano, serão ou exterminados ou obrigados a se esconder" (13 de abril de 1793; *Lettres de l'impératrice Cathérine II à Grimm*", São Petersburgo, 1878, p. 536.)

nessa época; o entusiasmo pelo espírito passou como um frêmito sobre o mundo, como se fosse apenas então que se alcançasse a conciliação real entre o divino e o mundo"². Esses acentos quase religiosos fazem pensar nos movimentos heréticos oriundos da Reforma, quando os anabatistas de Münster, crendo chegados os tempos da grande liberdade cristã ou da "Reconciliação", conseguiram, por alguns meses, "revirar o mundo", ao se valerem de Cristo como o pedagogo da violência. A sua excomunhão pelo próprio Reformador e a sua esmagadora derrota não impediram os ressurgimentos das visões sectárias desse gênero, sob formas mais pacíficas, mas às vezes muito excêntricas, com a introdução de especulações e cálculos cabalísticos. Todos esses movimentos ou seitas tinham, em comum, a tendência a *hierarquizar* as épocas históricas, com vistas à ascensão, de peripécia em peripécia, às felicidades eternas. O modelo inicial, bem anterior à Reforma, fora elaborado pelo monge italiano Joachim de Flore, sob a forma de uma tríade: reinado do Pai (o tempo dos judeus), reinado do Filho (o tempo dos cristãos), reinado do Espírito Santo (o tempo dos cristãos, devidamente esclarecidos por Joachim); essa visão já comportava a sua parcela de heresia, pois esse terceiro reinado ou império devia ser uma era de felicidade neste mundo (e não no Céu). Tais cronologias místicas, "periodizadas" à luz das Escrituras, como vimos ao tratar da Revolução Inglesa, eram divulgadas de país em país, sobretudo nas épocas de crise; na Alemanha, elas adquiriram um desenvolvimento muito particular na parte suábia de Württemberg, esse bastião do luteranismo, encerrado de todos os lados por Estados católicos. No século XVIII, essas especulações se enriqueceram com duas correntes novas provenientes de fontes aparentemente incompatíveis: de um lado, a ciência triunfante das Luzes e, de outro, o sectarismo pietista ou teosófico.

O teólogo-chave foi "o mago" Friedrich-Christoph Oetinger (1702-1782), cujo "coração estava cheio de amor pelas ciências naturais"³. Ele exclamava: "É preciso estudar a química de acordo com o Velho Testamento. (...) Consagramo-nos à química, é

2. Cf. "Filosofia da História", *Vorlesungen über die Philosophie der Geschichte*, Suhrkamp, 1970, p. 529.
3. Sobre a teologia de Oetinger, ver a sua autobiografia *Selbstbiographie*, Stuttgart, 1845, bem como o fundamental estudo de Robert Minder, "Herrlichkeit chez Hegel ou le monde des Pères souabos", *Etudes Germaniques*, jul.-dez. 1951, pp. 275-290.

ela que nos introduzirá no verdadeiro sentido da Bíblia". Porém, mais ainda do que de química, Oetinger alimentava-se de Cabala; durante a sua vida, freqüentou doutores judeus, que o esclareciam sobre o verdadeiro teor do dogma da Trindade, ou sobre os desígnios do Messias, e de que seria inútil se perguntar se eles foram apóstatas ou mistificadores. Será preciso espantar-se se, como conseqüência, e como muitos místicos alemães antes dele (a começar por mestre Eckart), Oetinger se afastava da lógica clássica e professava, à sua maneira, essa "identidade dos contrários", que era tida como a que justificava, racionalmente, a união mística do homem e de Deus. O gnosticismo não estava longe, que ensinava que Deus "se aliena" ele próprio no mundo e se opõe a si mesmo num trágico confronto entre o Bem e o Mal, de que a humanidade sofredora suporta as conseqüências, até o dia da Reconciliação ou da Parusia – o dia em que até os judeus inveterados terão sido convertidos. Quanto à cronologia desse fim dos tempos ou da história, Oetinger aderia ao ensinamento de seu mestre Johann Bengel, que fixava, no ano de 1836, o começo do Milênio, o das beatitudes do Reich milenar, no qual a propriedade privada e o dinheiro seriam abolidos, de modo que os cristãos chegariam à igualdade e à liberdade absolutas. Reconhecem-se os sonhos dos milenaristas ingleses do século XVII, mas, ao contrário desses marginais, Bengel, Oetinger e os seus adeptos, por ousados que se mostrassem nas suas especulações, jamais representaram o alvo de medidas disciplinares por parte da Igreja de Württemberg e morreram cobertos de prestígio e de honras. Nesse sentido, o clima mental suábico exprimia a quintessência de uma tradição luterana na qual, de acordo com a mensagem do Reformador, o pensamento se permitia tanto mais liberdades quanto a obediência às autoridades políticas, sob o controle patriarcal dos pastores, permanecia exemplar.

Uma tolerância tão vasta estava reservada pela Igreja luterana aos teólogos racionalistas e "esclarecidos", que, nesses tempos, elaboravam na Alemanha os princípios da crítica bíblica. Ao fazer isso, introduziam uma distinção entre a autoridade do Novo Testamento e a do Velho, num espírito às vezes violentamente polêmico. É desse modo que um Johann Semler (1725-1791) se erguia, à maneira de um Voltaire, contra as pretensões à eleição de um povo grosseiro entre todos: "Serão, pois, eternamente necessários esses fundamentos que os judeus incapazes e incultos que conhecemos, e que não podem mesmo ser comparados a muitos gregos e romanos honestos, adotaram, sob o nome de Escritura Sagrada, como velhas crônicas de seu povo?"[4]

A mesma tendência é claramente perceptível em Emmanuel Kant, que, por outro lado, viveu o suficiente para saudar, não só o 14 de julho de 1789, como também o 18 Brumário. O filósofo, que soube fixar os seus limites para a razão e para a ciência, não os conhecia mais, ao tratar dos acontecimentos da França; nem o Terror, nem as conquistas e anexações temperavam o seu entusiasmo. "Um tal fenômeno na história do mundo jamais será esquecido, pois ele descobriu no fundo da natureza humana uma possibilidade de progresso moral, que nenhum homem até o presente havia suspeitado" (*O Conflito das Faculdades*, 1798). No mesmo escrito, Kant descrevia os termos finais desse progresso moral, que implicava a extinção da religião de Moisés e a instituição de uma nova religião universal:

A eutanásia do judaísmo é a pura religião moral com o abandono de todos os antigos dogmas, dos quais alguns devem ainda ser conservados sem o cristianismo (como fé messiânica); diferença sectária, que deve, no entanto, desaparecer enfim, acarretando, ao menos em espírito, o que se designa o fim do grande drama da evolução religiosa na Terra (o retorno de todas as coisas), quando haverá apenas um único pastor e um único rebanho[5].

Assim, portanto, e para me exprimir em termos modernos: a "esquerda" julgava prescrita e mesmo absurda a mensagem do povo da Bíblia, contrariamente à "direita".

Johann Gottlieb Fichte, o grande discípulo de Kant, ia ultrapassar em todas essas questões o seu mestre, desembocando, no fim das contas, numa espécie de compromisso entre o plano dos ideólogos e o kantismo. A sua escatologia era nitidamente trinitária: Kant, depois de Jesus e de Lutero, era o terceiro libertador, "aquele que quebrou as últimas e as mais fortes correntes da humanidade"; enquanto seu discípulo, tinha intenção de concluir, pessoalmente, essa obra. As ambições filosóficas de Fichte visavam a nada menos do que a um sistema que abarcasse todos os ramos do saber, que intitulou "A doutrina da ciência" e que devia ser "uma filosofia, que o disputa em evidência com a geometria [e que] esgota todo o saber humano"; as suas pretensões ultrapassa-

---

4. Cf. *De Voltaire a Wagner*, pp. 154-155 e 162-163.

5. Cf. *ibid.*, p. 157, nota 44, e Jacques Droz, *L'Allemagne et la Révolution française*, Paris, 1949, p. 159.

vam, pois, de forma muito nítida as dos ideólogos, sem falar de Kant. Do ponto de vista político, publicou, em 1793, uma apologia da Convenção[6], que lhe valeu muitos aborrecimentos, a acusação de ateísmo e, em último lugar, a perda de sua cadeira. É que, não contente em atribuir a culpa aos judeus, "Estado separado e fortemente unido, fundado no ódio ao gênero humano", atacava, no seu último capítulo, a Igreja, à qual negava toda força e todo direito "no mundo visível". De resto, é a custo que dissimulava as suas simpatias pelos iluministas da Baviera. Quis então emigrar para a França, a fim de "consagrar a sua vida ao serviço da grande república, para a formação de seus futuros cidadãos"; ele pensava, em especial, em estender para a Alemanha a rede das escolas centrais francesas[7]. No fim das contas, instalou-se em Berlim, para oferecer à Prússia o seu próprio plano de um Estado de razão (*Vernunftsstaat*, 1800), que seria uma Esparta rigorosamente policiada e devidamente conquistadora, levando em conta o desenvolvimento moral e espiritual de seus cidadãos.

Contudo, não foi preciso senão alguns breves anos e as humilhações infligidas à Prússia por Napoleão, para que esse ideólogo de adoção se tornasse o apóstolo metafísico do nacionalismo alemão e até do racismo germânico: não opunha ele, nos seus *Discursos à Nação Alemã*, de 1808, germanos heróicos e autênticos aos franceses e aos outros povos "neolatinos", desenraizados e degenerados? Essa foi, historicamente falando, a primeira reviravolta retumbante da extrema esquerda para a extrema direita, em condições que já atestavam o parentesco psicológico entre os dois extremismos.

Típicas, para o milenarismo fichtiano de nova maneira, são as perspectivas apocalípticas que ele evocava nos *Discursos*, ao considerar uma derrota da Alemanha: "Não há pois saída; se sucumbirem, a humanidade imteira sucumbirá com vocês, sem a menor esperança de um restabelecimento". Tais ameaças são correntemente brandidas pelos profetas e pelos salvadores e, em *Minha Luta*, Hitler se expressará nestes termos: "Se se fizesse desaparecer o ariano, uma profunda obscuridade cairia sobre a Terra; em

---

6. *Considérations destinées à rectifier le jugement du public sur la Révolution française*, ed. fr. de Jules Barni e Marc Richir, Paris, 1974. É nesse escrito que Fichte expunha a sua escatologia (pp. 89, 126-127); para os judeus, ver pp. 160-162; para a Igreja, pp. 229-260; para os iluministas da Baviera (elogio do barão de Knigge), p. 90, nota A.

7. Jacques Droz, *op. cit.*, pp. 260-289.

alguns séculos, a civilização humana se esvaeceria e o mundo se transformaria num deserto". Porém, no início do século XIX, a Europa ainda não entrara na idade das massas e os vaticínios de Fichte só eram tomados a sério por uma parte da juventude, nos meios estudantis e militares. Talvez ele tenha vivido demasiado breve. A sua obra é rica em antecipações, tais como a idéia de munir com retratos os passaportes dos cidadãos pouco seguros, ou a suposição de que Jesus não era da *raça judaica*[8]. Em todo caso, o sistema filosófico de Hegel convinha melhor a esses tempos, para codificar secretamente a demonologia revolucionária.

Talvez conviesse tanto melhor do que se prestasse, com a ajuda dos artifícios da famosa dialética hegeliana, a todas as interpretações e que o seu autor também se quisesse rebelde ou revolucionário, antes de se tornar o turiferário absconso dos poderes estabelecidos. Essa inspiração primeira é-nos dado a conhecer através dos relatos de seus amigos e condiscípulos de Tübingen, como Hölderlin e Schelling e, sobretudo, por seus volumosos "escritos de juventude" que, redigidos entre 1792 e 1799, só foram publicados no século XX. O Hegel que neles se descobre é o jovem teólogo suábio que unia, à sua maneira, os acontecimentos da França à espera da instauração do reino de Deus: a Revolução o fascinará durante a sua vida, mas o entusiasmo dos anos de juventude acabou por se transformar em angústias, em "trinta anos constantemente inquietos de temores e de esperança"[9]. Nos escri-

---

8. A proposta de munir os passageiros com os retratos de seus titulares valeu a Fichte uma reprovação de Hegel, numa passagem em que ele censurava os filósofos de se ocuparem muito amiúde de coisas que não diziam respeito à filosofia: "Platão teria podido dispensar de recomendar às amas-de-leite de jamais permanecerem tranqüilas com as crianças, de niná-las, sem parar, em seus braços, do mesmo modo que Fichte, de querer aperfeiçoar a polícia dos passaportes, a ponto de desejar que se colocasse no passaporte dos suspeitos não só o seu sinal de identificação, como ainda o seu retrato" (*Princípios da Filosofia do Direito* 1818 / Prefácio).

Quanto à raça à qual Jesus pertencia, Fichte se indagava, a esse respeito, em seus *Grundzüge des gegenwärtigen Zeitalters* (1804), confrontando o Evangelho segundo São João com as Epístolas de São Paulo: *"Es bleibt auch bei diesem Evangelisten immer zweifelhalft, ob Jesus aus jüdischen Stamme kam, oder falls er es doch nicht wäre, wie es mit seiner Abstammung sich eigentlich verhalte (...) Paulus, ein Christ geworden, wollte dennoch nicht unrecht haben, ein Jude gewesen zu sein; beide Systeme mussten daher vereinigt werden und sich in einander fügen"*.

9. Carta de 30 de outubro de 1819 a Creuzer, cf. Joachim Ritter, *Hegel und die französische Revolution*, Frankfurt, 1965, pp. 18-19 e *passim*.

tos anteriores a 1800, o sopro revolucionário se exprime pela aspiração a uma liberdade espiritual ilimitada, pela reivindicação do direito do cristão "a ser o seu próprio legislador" (*A Necessidade da Fundação de Seitas*[10]). Aí se encontra também uma rebelião contra uma lei estranha e, o que é pior, judaica.

> O cristianismo despovoou o Valhala, abateu os bosques sagrados, e exterminou como uma vergonhosa superstição ou um veneno diabólico a fantasia popular; no lugar, ele nos impôs a fantasia de um povo, de que o clima, as leis, a cultura e os interesses nos são estranhos, cuja história não tem nenhuma relação com a nossa (...) fomos estabelecidos num mundo estranho, onde nada podíamos edificar, quando muito nos instalar como mendigos, ou magicamente, e onde o homem era um não-Eu e, a sua divindade, um outro não-Eu[11].

Sempre a respeito dos judeus e de sua lei, Hegel escrevia que a menor centelha de vida, a menor parcela de pureza, lhe teria feito compreender a mensagem de Jesus, de modo que o reino de Deus logo teria sido instaurado; porém, eles eram muito degradados, muito estúpidos:

> O espírito não reconhece senão o espírito: viam em Jesus apenas o homem, o Nazareno, o filho do carpinteiro, cujos irmãos e parentes viviam entre eles; ele era apenas isso, não podia ser mais, era apenas o seu semelhante e eles próprios sentiam que eram o nada. A tentativa de Jesus de dar ao grupo de judeus a consciência do divino só podia malograr, pois a fé no divino não pode residir na lama. O leão não tem lugar numa noz; o espírito infinito não tem lugar na prisão de uma alma judia[12].

Os judeus constituem um tema capital dos primeiros escritos de Hegel: são os servos (opostos aos senhores), ou ainda os animais (opostos aos homens); são também os asiáticos (opostos aos germanos), mas asiáticos piores do que os "orientais", pois estes, por uma espécie de temor, encerram as suas mulheres, enquanto os judeus

> não conhecem este medo. Eles falam das relações sexuais livremente e sem complicações, mas tudo o que se relaciona a isso permanece para eles como tudo o que é apenas realidade, impenetrável ao espírito do amor. Eles não se ocupam,

---

10. Fragmento "Notwendigkeit der Entstehung der Sekten"; cf. Hegel, Suhrkamp, 1971, t. I (Frühe Schriften), pp. 186-190.
11. Ed. cit., fragmento "Zusätze", pp. 197 e 212.
12. *Ibid.*, "Der Geist des Judentums und sein Schicksal", p. 381 e a seqüência.

pois, disso ao tratar desses assuntos; eis por que a sua forma de tratá-los, em suas leis e nos livros, que contêm a sua instrução, é tão escandalosa, tão abjeta e tão vergonhosa[13].

Contudo, é tempo de chegar ao Hegel da maturidade, cujas duas obras fundamentais, *A Fenomenologia do Espírito* e *A Ciência da Lógica*, datam de 1806 e de 1816, e que foi chamado, em 1817, a Berlim, para se tornar o filósofo oficial do Estado prussiano. Em sua aula inaugural, anunciava o advento de uma nova era, aquela onde o Espírito universal (*Weltgeist*), que, antes, "absorvido pela realidade e lançado para o exterior, era impedido de se voltar para o interior e para si mesmo", poderia, enfim, se consagrar na sua prática germânica, liberada da tirania estrangeira, graças ao grande combate travado pelo povo alemão e seus príncipes. E ele proclamava que era chegada a época em que a filosofia poderia fornecer as respostas para as questões últimas. Após ter criticado a filosofia das Luzes e, mais especialmente, Kant, que pretendera que o Eterno e o Divino não podiam ser filosoficamente conhecidos, exortava os alemães a confiarem em si mesmos e na razão. "O homem não poderia se formar uma opinião muito alta da grandeza e do poder do Espírito; não existe nada de oculto no Universo que possa resistir ao zelo do conhecimento; o Universo deve abrir-se ao homem para lhe revelar a sua riqueza e a sua profundeza[14]."

Do modo que se sabe, Hegel acreditava ou pretendia ser esse homem, pois se constituiu no "pensador do Absoluto", tendo realizado "o saber do Absoluto" e, por isso, "realizado a filosofia". O seu bizarro sistema recordava o dos gnósticos: o Espírito universal estaria "alienado" no mundo, para se encarnar nos povos ou nos grandes homens, em último lugar, em Napoleão[15]; reconciliação ou o "retorno" do Espírito universal pode-se efetuar com a tomada de consciência desse processo ou dessa migração; no momento em que Hegel compreendeu e revelou esse mistério, a reconciliação é iminente e a filosofia terminou, de uma vez por

---

13. *Ibid.*, fragmento "Geist der Orientalen", p. 431.

14. Cf. Franz Wiedmann, *Hegel in Selbstzeugnissen*, Hamburgo, 1965.

15. Como não lembrar a célebre carta de Hegel, em 1806, às vésperas da Batalha de Iena: "Vi o imperador – esta alma do mundo – sair da cidade para ir em reconhecimento: é, com efeito, uma sensação ver um tal indivíduo que, concentrado aqui num ponto, sentado sobre um cavalo, se estende sobre o mundo e o domina" – Cf. François Châtelet, *Hegel*, Paris, 1968, pp. 20-21.

todas, a sua tarefa. Com que concordam alguns admiradores desse último quartel do século XX: "Temos o desejo de escrever, em algum dicionário abreviado: *Filosofia* – subst. fem. Gênero cultural, nascido em Atenas, em 387, nos jardins de Akademos e morto em Berlim, em 1816, com a publicação de *A Ciência da Lógica*" (François Châtelet). Outros admiram "a riqueza desse homem, que trabalhou para a história do mundo e que também escreveu a mais magnífica obra de lógica especulativa que se possa escrever" (Jean Hyppolite).

Desse modo, portanto, ainda hoje a filosofia de Hegel continua a seduzir excelentes espíritos e é certo que nenhum outro filósofo moderno exerceu semelhante ditadura intelectual. No entanto, é inconteste que, desde há meio século, a dialética hegeliana, que parece proceder da "identidade dos contrários" dos místicos alemães e que, ao postular que é próprio da razão contradizer-se, permite provar não importa o quê – pois, "se duas afirmações contrárias são admitidas, não importa qual afirmação deve ser admitida" (Karl Popper[16]) –, peca pela confusão entre a realidade psíquica interna e a realidade psíquica externa, e, cientificamente falando, repousa, pois, sobre o nada. A demonstração disso fora feita, de início, por Bertrand Russell ("pior a lógica e mais interessantes as conseqüências", ironizava). Porém, desde 1854, Rudolf Haym, a cabeça pensante da reação anti-hegeliana, escrevia que, em Hegel, "a história transcendental-psicológica da consciência é, no essencial, idêntica à história da formação do universo". O que era uma outra forma de assinalar a confusão acima.

"Se uma teoria contém uma contradição, pode-se dela deduzir não importa o quê, e, por conseguinte, absolutamente nada", continuava Karl Popper. De fato, nessas condições, a refutação de uma teoria científica errônea, até de uma ideologia, torna-se impossível, pois a crítica, que atua precisamente assinalando as contradições, torna-se inoperante com um dogmatismo generalizado

---

16. Cf. o estudo clássico de Karl Popper, "What is Dialectic?" (1937), *Conjectures and Refutations, op. cit.*, pp. 312-335; bem como *La société ouverte et ses ennemies*, Paris, 1979, t. II, pp. 18-55. Quanto a B. Russell, ver o seu capítulo sobre Hegel em *A History of Western Philosophy*, New York, 1945. Sendo praticamente infinita a bibliografia sobre o assunto, eu me contentarei em mencionar as páginas recém-dedicadas a Hegel por Jon Elster, um lógico menos combativo do que Russell ou Popper (*Logic and Society*, Londres, 1978, e *Ulysses and the Sirens*, Cambridge e Paris, 1978).

como resultado: o conhecimento não pode mais progredir. De resto, Popper ia até o ponto de tratar Hegel de charlatão e de impostor: "Terá sido ele surpreendido na armadilha de sua própria fraseologia, ou zombará deliberadamente de seus leitores?"

Uma chave possível do enigma Hegel parece-me fornecida por sua obra mestra, *A Fenomenologia do Espírito*, em cujo início trata da formação da consciência individual (em termos de psicologia contemporânea: o processo de individuação, que encerra a fase original do "narcisismo primitivo"). O seu gênio – alguns garantem, a sua loucura – o fazia, ao que me parece, reconstituir e descrever, em sua linguagem quase hermética, esses tempos arcaicos em que o filho do homem começa a tomar consciência, frente ao outro, de seu eu; tempos em que ainda persiste o inefável sentimento de formar apenas um com o Universo, de ser panteisticamente Deus. Tempos da infinidade, ou da onipotência, ou do caos fusional, que os loucos, ou os agonizantes, ou os toxicômanos, parece, aspiram readquirir. Nas passagens, que se seguem, cremos perceber um equilíbrio entre essa nostalgia de Hegel e os seus conceitos metafísicos:

> Se considerarmos essa nova figura do saber, o saber de si-mesmo, na sua relação com as figuras precedentes, isto é, com o saber de um outro, veremos então que esse último saber desapareceu; entretanto, os seus momentos foram, ao mesmo tempo, conservadores e a perda consiste no fato de que eles estão aqui presentes como estão em si (...) a consciência de si é a reflexão, que sai do ser do mundo sensível e do mundo percebido; a consciência de si é essencialmente esse retorno em si-mesma a partir do *ser-outro*.
>
> Assim, a consciência de si está certa de si-mesma, apenas pela supressão desse outro, que se apresenta a ela como vida independente; ela é *desejo*. Certa da nulidade desse outro, coloca *para si* essa nulidade como verdade própria, anula o objeto independente e se atribui por aí a certeza de si-mesma, como *verdadeira* certeza, certeza, que então se chega ao ser, para ela, sob uma *forma objetiva*.
>
> Na consciência de si como conceito do espírito, a consciência atinge o momento de sua modificação; daí, caminha, fora da aparência colorida do aquém sensível e fora da noite vazia do além supra-sensível, para entrar no dia espiritual da presença[17].

É nessas regiões obscuras da existência que a famosa *Ciência da Lógica* parece enraizar-se, descrita por Hegel como os pensamentos de Deus antes da Criação, como "o reino da verdade",

---

17. *Phénoménologie de l'esprit*, trad. J. Hyppolite, Paris, 1939, t. I, pp. 146, 152, 154.

cujo "conteúdo é a apresentação de Deus tal qual ele é antes da criação da natureza e de um espírito finito". Porém, esse reino, no qual "a diferença em geral já é uma contradição em si", era o da vida pré-consciente e essa verdade psíquica ou "dialética" desmente os processos impostos pela construção do mundo exterior, processos que culminam no espírito crítico, sem o qual nenhuma ciência poderia ser fundada. Essa *Ciência da Lógica* abundava notadamente em paralogismos que ultrapassavam todos os sofismas dos gregos; assim, no que concerne ao movimento:

> Alguma coisa se move, não se encontrando neste agora-aqui e num agora-ali, mas se encontrando no mesmo agora-aqui e não-aqui, se encontrando ao mesmo tempo ali e não-ali neste aqui. É preciso conceder aos antigos dialéticos as contradições, que eles salientavam no movimento, mas não se segue que o movimento não existe, segue-se que o movimento é, em seu princípio mesmo, uma contradição.

Entenda o que entender. Quanto ao profano, que se entrega à leitura de Hegel, o livro cairá rápido de suas mãos, se ele não estiver permeado de fórmulas fulgurantes; mas, também elas, para a reflexão, amiúde vazias de sentido, e de que algumas estão gravadas em todas as memórias, ou pouco falta. Desse modo, no que concerne a essa "astúcia da razão", graças à qual os pobres mortais, crendo perseguir os seus próprios interesses, trabalham, na realidade, para o Espírito universal. O cínico "o que é racional é real e o que é real é racional" é igualmente bem conhecido. Como "a coruja de Minerva", que apenas alça vôo no crepúsculo: modo de dizer que, tudo tendo sido revelado, a história terminou. No mesmo prefácio aos *Princípios da Filosofia do Direito*, Hegel proclamava a sua veneração pelo Estado monárquico e o seu ódio pelos pensadores revolucionários, ou simplesmente críticos, aos quais censurava "dissolver no mingau do coração, da amizade e do entusiasmo, esta rica articulação íntima do mundo moral que é o Estado". Sem sentimentos, por conseguinte: "Se a religião se baseia no sentimento, é o cão que é o melhor cristão". O filósofo deve demonstrar, em toda circunstância, uma impassibilidade total, tanto mais que "a história universal não é o lugar da felicidade, os períodos de felicidade aí são páginas brancas". Nenhum pessimista desenvolveu visões tão lúgubres quanto o Hegel dos tempos do êxito: a história, "vale de ossadas", é "o altar onde foram sacrificadas a felicidade dos povos, a sabedoria dos Estados e a virtude dos indivíduos" (cf. *A Razão na História*).

Num ponto crucial, o mestre pensador de Berlim permanecia fiel ao seminarista de Tübingen, discípulo dos padres suábios: os seus últimos escritos e cursos eram, em grande parte, dedicados, numa perspectiva escatológica, às *periodizações* da história universal. Desde 1821, ele esboçara, talvez sobre o modelo das quatro Bestas ou império do profeta Daniel, uma divisão em quatro períodos: "Há quatro impérios históricos: 1º) o oriental, 2º) o grego, 3º) o romano, 4º) o germânico"[18]. No que concernia a este último império, o da "reconciliação" ou da "realização", a miséria judaica ou o esplendor germânico encontravam-se encerrados num filão de palavras obscuras:

Para sair dessa perda de si-mesmo e de seu universo e do sofrimento infinito que disso resulta, sofrimento para servir de suporte à qual o povo israelita era mantido completamente preparado, o Espírito, reprimido nele mesmo no extremo de sua negatividade absoluta, apreende numa reviravolta, que é em-si e por-si, a positividade infinita de sua vida interior, o princípio da unidade das naturezas divina e humana, a reconciliação, como verdade objetiva e liberdade, que aparece na consciência de si e na subjetividade. É o princípio dos povos germânicos, que tem por missão realizá-los[19].

Ao longo do tempo, nos seus cursos sobre a filosofia da história, Hegel multiplicava as periodizações e as perspectivas. Nelas se tratava, de passagem, de uma obscura luta final entre a América do Norte e a América do Sul[20] e, muito mais extensamente, da periodização quaternária precitada; numa seção final, dedicada ao mundo germânico, o nosso escatólogo voltava à periodização ternária de Joachim de Flore:

Podemos distinguir esses períodos como reinados do Pai, do Filho e do Espírito. O reinado do Pai é a massa substancial indistinta, transformando-se simplesmente como o reinado de Saturno que devora os seus filhos. O reinado do Filho é a manifestação de Deus com relação apenas à existência do mundo, que ele esclarece, como algo de estranho. O reinado do Espírito é a reconciliação[21].

18. *Principes de la philosophie du droit*, trad. A. Kaan (Col. Idées), p. 372, § 354.

19. *Ibid.*, pp. 375-376, § 358.

20. "A América é, pois, o país do futuro, onde se revelará mais tarde, no antagonismo da América do Norte, pode-se supor, com a América do Sul, o elemento importante da história universal" – *Leçons sur la philosophie de l'histoire*, trad. J. Gibelin, Paris, 1963, p. 71.

21. Cf. *ibid.*, p. 267.

Hegel explicava, a seguir, que o primeiro período tratava da Antiguidade até Carlos Magno; o segundo, de Carlos Magno até a Reforma, ou seja, até Lutero, e, o terceiro, como acabamos de aprender, de Lutero até a reconciliação, isto é, até ele mesmo, até o Onisciente, quase o homem-Deus.

Porém, basta de falar das fantasias escatológicas de Hegel, que convém abandonar aos heresiólogos, ou aos psiquiatras. No entanto, nessa segunda perspectiva, a de um filósofo esquizóide, como não mencionar as análises de Arnold Künzli, para o qual a sua filosofia refletia a luta trágica de um homem dotado de um poder intelectual prodigioso contra a psicose, que o espreitou durante a sua vida e, por esse fato, compulsivamente refratário a toda dúvida e a toda autocrítica. Hegel afirma, escreve Künzli, citando *A Razão na História*, "que o Absoluto lhe foi revelado" e deduz, dessa primeira premissa, toda a sua filosofia, sem jamais pôr em dúvida a premissa.

> Que a idéia [segundo a qual a razão rege o mundo] seja verdade, eternidade e, simplesmente, poder, que ela se revele ao mundo e que nada dela não se revele senão isso, que é o seu esplendor e a sua honra, é o que (...) demonstra a filosofia e o que é considerado aqui demonstrado. Que a razão na história universal não é a razão de um sujeito particular, mas a razão divina, absoluta, é uma verdade que presumimos. O que disse previamente e o que vou ainda dizer é (...) um resultado, que me é conhecido, pois o Todo me é conhecido. O problema da "possibilidade de conhecer Deus" cessou (...) de ser um problema[22].

E, mais adiante:

> Hegel preservou a sua identidade e a sua integridade psíquicas graças a um salto arriscado na metafísica: a negatividade é, na realidade, uma positividade e não se trata, pois, de eliminá-la, mas, ao contrário, de se reconciliar com ela: O Mal em geral, aí compreendida a maldade, devia ser compreendido e o Espírito pensante, reconciliado com a negatividade, pois, a filosofia (...) reconcilia, clarifica o real, que parece injusto, para torná-lo racional[23].

Voltamos, deste modo, às fontes profundas das contradições de Hegel.

Contudo, qualquer que seja o seu caso pessoal, o que importa é a singular confusão – uma confusão na verdade diabólica! –

---

22. Cf. A. Künzli, "Prolegomena zu einer Psychographie Hegels", *Hegel und die Folgen*, ed. Gerd Klaus Kaltenbrunner, Freiburg, 1970, p. 60. Todas as citações de Hegel feitas por Künzli são extraídas de *La Raison dans l'histoire*.

23. *Ibid.*, p. 65.

que "o Aristóteles dos tempos modernos" semeou nos espíritos e que, hoje, não esgotou os seus efeitos. A ideologia oficial de todos os países ditos socialistas não continua a se valer da *diabolética*?[24] Consideremos porém, de início, o clima mental do segundo quartel do século XIX, que permitiria ser esquematizado assim:

> De um lado, a crença das Luzes nas promessas ilimitadas da razão humana, que encontrou a sua última expressão nos escritos dos ideólogos e que, em última análise, repousava num implícito ato de fé, fora duramente abalada pelo violento intervalo de 1789-1815; na área germânica, ela fora especialmente maltratada em conseqüência da ocupação francesa. De outro lado, porém, essa crença, ou esse desejo, podia apoiar-se doravante numa demonstração pretensamente científica e, além disso, admiravelmente patriótica.

Passemos, aqui, a palavra a Isaiah Berlin (o autor mais ponderado possível):

> Os novos métodos de pesquisa e de interpretação, que foram subitamente revelados, tiveram um efeito surpreendente, e mesmo intoxicante, sobre a sociedade esclarecida alemã (...) O hegelianismo tornou-se a crença oficial de quase todas as pessoas com pretensões intelectuais: os novos conceitos foram aplicados em todas as esferas do pensamento e da ação com um entusiasmo desenfreado do que uma época mais cética em relação às idéias pode ter do esforço para conceber. Os estudos universitários foram transformados: a lógica hegeliana, o direito hegeliano, a ética e a estética hegelianas, a teologia hegeliana, a filologia hegeliana, a historiografia hegeliana, cercavam de todos os lados o estudante de ciências humanas. Berlim, onde Hegel passara os seus últimos anos, era o quartel-general do movimento. O patriotismo e a reação política e social reergueram as suas cabeças[25]

A SEMENTE HEGELIANA EM ESCALA MUNDIAL

O fenômeno, porém, não se limitava à Alemanha. Quanto à França, podem-se citar as cartas obsequiosas do filósofo Victor Cousin, o organizador da instrução pública sob a monarquia de julho: "Desejo me formar, Hegel, tenho necessidade, tanto para a minha conduta, quanto para as minhas publicações, de opiniões austeras e as aguardo de você. (...) Desça de suas alturas e esten-

---

24. O termo foi forjado por Alexandre Zinoviev: "O ápice, o fundamento e a essência mais profunda das ciências sociais ivanianas é, sem contestação, o ivanismo diabolético" (*Les hauteurs béantes*, Lausanne, 1977, p. 405, "Les sciences").

25. Cf. I. Berlin, *Karl Marx*, ed. Oxford, 1978, p. 42.

da-me a mão (...) Hegel, diga-me a verdade, depois eu a transmitirei em meu país o que se puder compreender dela". Taine e Renan também invocavam Hegel: "De todos os filósofos, não há nenhum, que tenha alcançado semelhantes alturas, ou cujo gênio se aproxime dessa prodigiosa imensidade"[26] (Taine).

Quanto à Rússia, um hegeliano mais perspicaz do que Cousin ou Taine, Alexandre Herzen, evocava o entusiasmo da primeira geração da *intelligentsia* russa, nos anos de 1840: "Em desacordo sobre a interpretação de Hegel, as pessoas não se dirigiam a palavra durante semanas. A menor brochura publicada em Berlim ou em alguma cidadezinha alemã, só de Hegel nela ser mencionado, era lida e relida até que caísse em fragmentos"[27]. Por seu lado, Herzen percebia na doutrina hegeliana a secreta "álgebra da revolução". Pode-se também mencionar o sorriso malicioso de Tchekhov, ao evocar um grande comerciante russo, um *kupetz*, que queria fazer erigir na sua cidade natal uma estátua de Hegel[28].

O hegelianismo conquistou igualmente, na segunda metade do século XIX, as universidades anglo-saxãs e italianas. Voltemos, porém, à Alemanha: como se sabe, e como a diabolética ou identidade dos contrários o tornava talvez inevitável, pouco após a morte do fundador, em 1832, a seita triunfante cindiu-se em duas, a *esquerda* hegeliana (deve-se notar que o termo desconfiado ou contestatório de "esquerda" já adquirira então um universal direito de cidadania) optava pelo Hegel revolucionário, do qual ela ignorava, no entanto, os subversivos escritos de juventude. As perturbações políticas induzidas por suas penas pareciam inevitáveis e iminentes a esses "jovens hegelianos". No verão de 1841, Arnold Ruge (o futuro associado de Karl Marx em Paris) escrevia:

Os pensamentos são as armas mais seguras para vencer as baterias inexpugnáveis. O que apenas permanece é a verdade, que se auto-reforma e que se desenvolve. Não há outra história que a do movimento, que vai rumo ao futuro e que o espírito pensante determina. (...) Os sistemas opostos de regeneração e de

---

26. Citado por René Serreau, *Hegel et l'hégélianisme*, Col. "Que sais-je?", Paris, 1962, pp. 90-94.

27. Herzen, "Byloe i dumy" (Passado e pensamentos); cf. *Oeuvres*, ed. Moscou, 1975, t. V. pp. 100, 105.

28. Parece-me que essa anedota figurava numa carta de Tchekhov ao seu amigo Suvorin.

reação tomam um ao outro, reciprocamente, uma atitude receosa, hesitante, hipócrita, que os inclina aos compromissos, os filisteus dominam, ninguém quer recorrer aos meios extremos. Todavia, será preciso aí chegar. (...) O espírito deve-se manifestar e a vontade se realizar[29].

Um hegeliano filosoficamente mais bem armado, Bruno Bauer, escrevia, na primavera de 1841, ao seu jovem amigo Marx:

A nossa época torna-se cada vez mais terrível e bela. (...) A catástrofe será terrível, grandiosa, mais grandiosa ainda do que a que marcou o nascimento do cristianismo. (...) O futuro surge tão certo que não se poderia estar um só instante na dúvida. E ao seu irmão: Se a catástrofe, que é iminente, sobreviesse há três anos, a filosofia teria se encontrado, por causa da imprecisão e da falta de clareza, que ainda reinavam, numa má situação. Porém, desde então se refletiu, orientou-se melhor e compreendeu-se o objetivo do combate[30].

Em 1843, numa brochura intitulada *Le christianisme démasqué* (*O Cristianismo Desmascarado*), Bauer era ainda mais afirmativo: a "luta final", no fim da qual a razão triunfante aniquilaria Deus, esse "grande preboste do inferno do ódio", lhe parecia já ter sido iniciado[31]. Percebe-se, portanto, que, para esse hegeliano exaltado, os destinos do mundo dependiam de uma luta filosófico-teológica (mas, em nossa perspectiva de causalidade diabólica, não será um pouco o que aconteceu?).

Entre os hegelianos, que deixaram um traço na história, apenas Ludwig Feuerbach, o campeão do ateísmo filosófico, para o qual as religiões eram a causa primeira de todas as alienações, não se interessava pela revolução por vir e, de modo geral, pela ação. De resto, ele inspirou a Marx, nas suas *Teses sobre Feuerbach*, a célebre tese onze, a última: "Os filósofos não fazem senão *interpretar* o mundo de diferentes maneiras; o que importa é *transformá-lo*".

Quanto a Friedrich Engels, a espera escatológica o incitava, em 1843, a escrever, talvez para apressar os acontecimentos, que o Partido Comunista já contava, na França, com meio milhão de membros (não incluídos os adeptos de Fourier e outros "socialis-

---

29. Textos citados por Auguste Cornu, *Karl Marx et Friedrich Engels*, t. I, Paris, 1955, p. 234, nota 2, e pp. 233-234.

30. Cf. *Ibid.*, pp. 169, 170, nota 1.

31. Cf. História do Anti-Semitismo, t. III, pp. 353-355. Publicado em Zurique, *Le christianisme démasqué*, de Bauer, foi logo confiscado e destruído pelas autoridades cantonais.

tas moderados"!) e que, na Alemanha, país da metafísica, os universitários e até muitos comerciantes a ele aderiam maciçamente[32]. Numa carta de janeiro de 1840, com dezenove anos, descrevera a sua conversão para Hegel: "Já adotei a idéia que Hegel se faz de Deus. (...) Por outro lado, estudo a enorme obra que a filosofia da história de Hegel constitui, obrigo-me a ler dela, cada noite, uma parte e estou literalmente empolgado pela imensidão do pensamento". O papel, único na história das idéias e da ação, que Engels exerceu, tanto sobre o próprio Marx, quanto sobre o marxismo, é universalmente conhecido. Porém, o que, hoje, se esquece ou se ignora é a involuntária demonstração, pelo absurdo do confusionismo hegeliano, à qual esse espírito claro, mas em suma limitado, acabou por se entregar, ao empreender uma "exposição sistemática" do método dialético:

Mesmo a doutrina da igualdade de Rousseau (...) não se realiza sem que a negação da negação segundo Hegel – e, além disso, mais de vinte anos antes do nascimento de Hegel – não deva funcionar de parteira. (...) Não temos, pois, apenas em Rousseau um movimento do pensamento, que se assemelha, ao ponto de enganar-se, ao que é seguido no *Capital* de Marx, mas, até no pormenor, toda uma série das fórmulas dialéticas de que Marx se serve: processos que, por natureza, são antagônicos e contêm uma contradição; transformação de um extremo em seu contrário; enfim, como núcleo do conjunto, a negação da negação. (...) O que é, então, a negação da negação? Uma lei do desenvolvimento da natureza, da história e do pensamento extremamente geral e, justo por isso, revestida de um alcance e de uma significação extremas; lei que, vimos, é válida para o reino animal e vegetal, para a geologia, a matemática, a história, a filosofia.

E Engels multiplica os exemplos:

Tomemos uma grandeza algébrica qualquer, por exemplo "a". Neguemo-la e temos "-a". Neguemos esta negação, multiplicando "-a" por "-a" e temos "+a^2", ou seja, a grandeza positiva primitiva, mas num grau superior[33].

Essa era a bíblia popular do marxismo no fim do século XIX, no apogeu da idade científica.

Antes de chegar a Karl Marx, convém ainda dizer algumas palavras sobre o flexível "rabino comunista" Moise Hess, o fun-

---

32. Cf. os artigos de Engels em *The New Moral World*, de Manchester, em novembro de 1843.

33. Cf. Engels, *Anti-Dühring, M. Duhring bouleverse la science* (1877), trad. fr., Paris, 1963, pp. 169-171.

dador do Partido Comunista, ao qual converteu, desde 1841, Engels. Contudo, Hess não profetizava uma revolução violenta e grandiosa. Contentava-se em escrever que, tendo a sociedade burguesa atingido o seu completo desenvolvimento, "não podemos mais senão nos explorar e nos devorar reciprocamente, se não nos unimos no amor. (...) A última hora do mundo social bestial soará logo" (*A Essência do Dinheiro*, 1845). "Na história da zoologia social, os judeus tiveram por missão desenvolver, no homem, o animal de presa", hegelizava, à sua moda, mais acima[34].

Vinte anos depois, Hess, desiludido, se constituirá no profeta do sionismo; em 1841, profetizava, desde o seu primeiro encontro, o gênio de Marx. Eis como falava dele a um amigo:

> É um homem que causou em mim uma impressão extraordinário, embora tivéssemos o mesmo campo de estudos; em resumo, você pode esperar fazer o conhecimento do maior, até mesmo do único verdadeiro filósofo atualmente vivo, que, logo, quando ele se manifestar publicamente por suas obras e por seus cursos, atrairá para si os olhares de toda a Alemanha. (...) O Dr. Marx, é assim que se chama o meu ídolo, é um homem bem jovem, quando muito de vinte e quatro anos, que dará o golpe de misericórdia na religião e na política medievais. Ele une, ao espírito filosófico mais profundo e mais sério, a ironia mais mordaz; representem-se Rousseau, Voltaire, Holbach, Lessing e Hegel, não digo reunidos, mas confundidos numa só pessoa, e você terá o Dr. Marx[35].

O "rabino comunista" não foi, com certeza, o único contemporâneo a ser fascinado por Karl Marx. Desde a adolescência, esse jovem rebelde, que aterrorizava a sua família, soube captar a afeição do barão Ludwig von Westphalen, um alto funcionário liberal, cinqüenta anos mais velho do que ele, que o iniciou nos escritos de Saint-Simon e se tornou o seu verdadeiro educador[36]; soube também seduzir-lhe a filha, Jenny von Westphalen, "a mais bela filha de Trier", que desposou em 1843. Arnold Künzli, que, na sua monumental *Psicografia*, valorizou devidamente essas homenagens aristocráticas, também cita a impressão produzida,

---

34. Cf. a tradução dada por E. de Fontenay em *Les figures juives de Marx*, Paris, 1973, p. 148 e p. 143. Sobre o "Kommunistenrabbi Moses", cf. História do Anti-Semitismo, t. III, pp. 345-346.

35. Numa carta a Berthold Auerbach; cf. Cornu, *op. cit.*, p. 267.

36. Cf. A Künzli, *Karl Marx, eine Psychographie*, Viena, 1966, pp. 108-114 ("Der Freund des Barons").

sobre o trabalhista inglês Henry Hyndman, pelo Marx dos últimos anos:

> Seguramente, Marx era judeu e ele me parecia reunir, em sua personalidade e em sua figura – com a sua frente dominadora, as suas sobrancelhas espessas, os seus olhos flamejantes, o seu nariz sensual e a sua boca móvel, o todo emoldurado por seus cabelos e a sua barba malcuidados –, a cólera justificada de um grande profeta de sua raça com o frio espírito analítico de um Spinoza e dos doutores judeus[37].

O carisma de Marx também se manifestava de um modo todo diferente, quando, ao se revelar homem de ação, lutador e manipulador de primeira ordem (é de fato excepcional encontrar num grande homem a presença de talentos tão diversos), soube dominar o movimento socialista internacional e fazer reconhecer a sua autoridade até por seus rivais ou por suas vítimas, de Lassalle, o seu "negro judeu"[38], a Bakunin, que tratou de criminoso de direito comum.

Considerado enquanto profeta, com certeza faltava a Marx a humildade de um Isaías – ou de um Cromwell – sem falar dessas parcelas de humor, que já se pode salientar em Jeremias e que inauguram uma grande tradição. Porém, não vou me demorar no retrato psicológico: Deus sabe se eles foram e permanecerão inumeráveis. No entanto, apenas esse gênero pode esclarecer, convenientemente, um problema, que também ele fez derramar grandes quantidades de tinta e contribuiu para fazer verter grandes quantidades de sangue: o de Marx, o judeu.

Um judeu anti-semita? Há sobre esse tema uma autêntica suma, essa *Psicografia* künzliana, que une a cultura exigida, teológica e psicanalítica, a uma inesgotável erudição, mas que está manchada de uma falta de construção aliás freqüente, a de não anunciar da maneira ostensiva, que se impõe o seu verdadeiro assunto, que é de acrescentar uma pedra de cantaria, mas uma só, ao edifício da marxologia, ao analisar as predisposições psíquicas de Karl Marx para sustentar o seu grandioso papel histórico[39].

---

37. Citado *ibid.*, p. 197.

38. "A forma de sua cabeça e de seus cabelos mostra que ele descende dos negros, que se uniram ao grupo de Moisés, na época do Êxodo do Egito" etc. (Carta a Engels).

39. Encontra-se notadamente essa falha de construção nas bem conhecidas "Réflexions sur la question juive", de Jean-Paul Sartre. Censurara-se muito Sar-

Ademais, tratando-se de psicanálise, essa lacuna torna fáceis as caricaturas com que os seus detratores se comprazem. Nelas conseguiu-se reduzir o admirável trabalho de Künzli à pretensão "de explicar" o marxismo pelos conflitos infantis de seu criador.

Autores mais sérios pleitearam que o antijudaísmo de *A Questão Judaica*, de 1844, era apenas um erro de juventude (como Robert Misrahi); ou lembraram, e com razão, que, ao se empenhar contra o judaísmo, "repetindo o contra-senso constitutivo da tradição cristã", é a burguesia de sua época que procurava denunciar Marx (deste modo, Élisabeth de Fontenay[40]). O debate, no qual eu adotara em seu tempo uma posição próxima da de Arnold Künzli, seria difícil de resolver, caso não existissem os artigos não assinados, e puramente "alimentares", de Marx no *New York Daily Tribune*, por ele qualificado de "primeiro jornal anglo-americano"[41], nos quais estava incumbido de tratar da vida política européia. Ora, no momento da Guerra da Criméia, por exemplo, ele denunciava, como os principais fautores dos males, que oprimiam o Velho Continente, os judeus e os jesuítas, de início nivelados de um modo que parecia pressagiar os delírios do general Ludendorff:

> Constatamos que, atrás de cada tirano, se mantém um judeu, bem como atrás de cada papa, um jesuíta. Na verdade, os objetivos dos opressores teriam sido sem esperanças e a possibilidade das guerras, inimaginável, se não tivesse havido um exército de jesuítas para sufocar o pensamento e um punhado de judeus para encher-lhes os bolsos.

tre por ter reduzido os judeus a serem apenas o produto do anti-semitismo e de constituírem, portanto, enquanto judeus, apenas uma "pura negatividade". Ora, ele precisava que tratava só dos judeus que conhecia pessoalmente, isto é, de filósofos e outros intelectuais franceses; mas o dizia apenas numa curta frase, que os seus críticos não percebiam, ou não queriam perceber. É preciso recordar que, correntemente, a importância de um enunciado é avaliada em função de sua extensão. Do mesmo modo, Künzli só dedica algumas linhas para precisar as suas intenções. Primeiro, ele o faz em seu prefácio (p. 15), onde afirma que a sua ambição se limita a enriquecer num único ponto "o edifício da marxologia" e, depois, no fim (p. 856) de seu livro: "Não é a significação histórica da obra de Marx que nos interessa, mas apenas a verdade interior do homem".

40. Cf. Robert Misrahi, *Marx et la question juive*, Paris, 1972, e Élisabeth de Fontenay, *Les figures juives de Marx*, Paris, 1973.

41. Ver *Critique de l'économie politique* (1859), prefácio (*Oeuvres*, ed. Pléiade, I, 275). No contexto, Marx citava essa colaboração, imposta pela "imperiosa necessidade de ganhar a minha vida", para explicar o atraso atribuído aos seus trabalhos científicos.

Todavia, o exército dos jesuítas logo era esquecido; é o punhado dos judeus que retinha toda a atenção de Marx; ao aumentar rapidamente, terminavam por fechar o horizonte. Os judeus fossem adultos ou crianças, portugueses ou alemães, seriam os únicos a conhecer os mistérios do comércio do dinheiro. Eram designados pelo nome, todos esses Bischoffsheim, esses Lehren, esse Raphaels, esses Montefiore, cujos palavreados, nas suas oficinas, exalam "todos os aromas da Babilônia". São eles que estabelecem os empréstimos dos Estados europeus, sangrando os povos e arruinando os credores, "mas trazendo a bênção à causa de Judá". Em conclusão, o seu denunciador desmascarava a milenar Conspiração Mundial Judaica:

> Que, há mil oitocentos e cinqüenta e cinco anos, Cristo tenha expulso os mercadores de dinheiro do Templo, e que esses mercadores, que hoje se mantêm junto dos tiranos, sejam, de novo, na maioria, judeus, poderia ser mais de que um simples acidente da história. Os mercadores de dinheiro judeus apenas cometem, em maior escala e de um modo mais abjeto, o que muitos outros praticam, em menor escala e menos significativa. Porém, já que os judeus são tão poderosos, é tempo e importa desmascarar e denunciar a sua organização[42].

Vê-se que, ao contrário de uma suposição assaz difundida[43], Marx não conseguira, em 1843-1844, se livrar, em definitivo, ao publicar a sua *Questão Judaica*, de um conflito inconfessado, que continuará a obsedá-lo até o fim de sua vida, conflito que – num domínio tenebroso onde a identidade dos contrários, *aliás*, dialética hegeliana, esse reflexo dos dissentimentos inconscientes e das ambivalências, reencontra toda a sua significação – se exteriorizará num anti-semitismo passional que, num judeu, só poderia ser um *judeu-centrismo invertido*.

Porém, as análises de Arnold Künzli tocam em muitas outras questões, indicam muitas outras pistas. Desse modo, quanto à influência, amplamente ignorada, de J. G. Fichte sobre o pensamento marxista, em especial a respeito do problema das origens

---

42. Cf. *Psychographie*, pp. 207-209. O artigo em questão, publicado em 4 de janeiro de 1856, seguia-se a dois outros artigos (9 e 22 de novembro de 1855) igualmente consagrados ao papel dos judeus no financiamento das guerras e na manutenção do despotismo; cf. Edmund Silberner, *Sozialisten zur Judenfrage*, ed. Berlim, 1962, pp. 127-132.

43. Assim, I. Berlin, *Karl Marx*, ed. cit., p. 73: "Em 1844 (...) ele decidiu liquidar o problema judaico de uma vez por todas, declarando que era um tema irreal, inventado para desviar a atenção de problemas mais críticos".

do gênero humano. Ao desembocar, após ter reposto Hegel "em pé" e nesse rastro, na mesma visão do mundo monista e absolutista, Karl Marx, que pensava que toda a história passada e presente dos homens era apenas a sua pré-história, não se estendeu sobre a questão de suas origens. Entretanto, havia-se colocado a questão, em seu *Esboço de uma Crítica da Economia Política*, de 1844: quem, pois, gerou o primeiro homem e a natureza em geral? A sua primeira resposta consistia em desqualificar a questão, enquanto pura abstração; porém, logo voltava a ela para escrever que, do ponto de vista de "homem socialista", a humanidade fora criada por seu trabalho e que ela se havia, pois, *gerado por si mesma* (*Geburt durch sich selbst*[44]). Eis um subjetivismo que, convenientemente fichtiano, remonta, em última análise, à Idade Média germânica, quando os primeiros místicos renanos, imaginando que a língua alemã, surgida da noite dos tempos, "nada devia a ninguém" (ao contrário do francês ou do inglês), constituíram-na na língua original, aquela que Adão e Eva falavam; uma pretensão que teve singulares conseqüências de ordem histórica e, por fim, política: Alfred Rosenberg, o ideólogo oficial do III Reich, não invocava, a esse respeito, o mestre Eckart?[45]

Um quarto de século mais tarde, Marx, entusiasmado com a revolução darwinista e induzido em erro pelo biólogo Ernst Haeckel, conversava com Engels sobre a célula biológica original que o homem estaria a ponto de saber produzir[46]. Künzli resume muito bem a moral dessa história, quando escreve que "assim como Deus se escondia no espírito do mundo hegeliano, é esse espírito que se escondia no motor das forças produtivas marxistas"[47].

Voltemos ao essencial, isto é, à marca hegeliana.

Digamos sem demora: quaisquer que tenham sido as particularidades do temperamento de Marx, ou de sua inserção na sociedade culta de seu país e de seu tempo (e a enumeração se deixaria prosseguir longamente, para se encerrar, se se quiser, sobre o Stalin dialético à sua maneira), essa marca é única em seu gênero. É, com efeito, aquela, para citar o próprio Marx, do "fun-

---

44. *Manuscrits parisiens*; cf. ed. Pléiade, t. II, p. 89.

45. Cf. mais atrás, p. 15; quanto à tradição alemã de uma "geração por si mesma", ver *O Mito Ariano*, pp.71-80.

46. *Carta a Engels de 18 de outubro de 1868*; cf. Künzli, *op. cit.*, p. 534.

47. *Ibid.*, p. 665.

dador de um império metafísico universal", do qual, como economista e principal teórico do socialismo, ele se reconhecia agora o discípulo[48]. Para melhor ilustrar a dependência, citemos o mais sóbrio dos comentadores, Raymond Aron, a respeito "do que os próprios Marx e Engels disseram das origens de seu pensamento":

> Segundo eles, estavam na seqüência da filosofia clássica alemã, porque retinham uma das idéias mestra do pensamento de Hegel, a saber, que a sucessão das sociedades e dos regimes representa simultaneamente as etapas da filosofia e as etapas da humanidade.

E, mais adiante:

> Para o autor do *Capital*, a filosofia clássica, que desembocou no sistema de Hegel, está no seu fim. Não é possível ir mais longe, porque Hegel pensou o todo da história e o todo da humanidade. A filosofia cumpriu a sua tarefa. (...) Porém, o homem, após a tomada de consciência de sua vocação, não a realizou.

Eis por que Marx "esperava da sociedade pós-capitalista a realização da filosofia"[49]. Um comentador mais combativo, Karl Popper, une Hegel e Marx, ao escrever que eles "substituíram a deusa Natureza pela deusa História. Donde as leis da história; os poderes, as forças, as tendências, os desígnios e os planos da história, e a onipotência e a onisciência do determinismo histórico (...) é essa deificação da história que combato"[50].

Esse culto, porém, teve Hegel como o único fundador. Talvez o liame psicológico entre o discípulo e o mestre se deixaria resumir, ao afirmar que, por causa de seu próprio temperamento messiânico, o homem Marx devia servir a um Deus – ou lutar contra ele. Onipotência, onisciência (cf. a frase sibilina sobre o poder do gênero humano de saber colocar-se as questões, que pode resolver); tudo isso, Hegel acabava de fornecer-lhe.

Permanecem as reviravoltas infligidas pela crítica de um ao pensamento do outro. Sabe-se em geral que Marx afirmava ter "reposto em pé" Hegel; uma outra inversão, também radical, não

---

48. Cf. *La Sainte famille*, ed. Paris, 1972, p. 151, posfácio à 2. ed. do *Capital*, ed. Pléiade, 1873, t. I, p. 559 e nota 2.

49. Cf. R. Aron, "Karl Marx", *Les étapes de la pensée sociologique*, Paris, 1967, pp. 172, 177.

50. Cf. Karl Popper, "Prediction and Prophecy in the Social Sciences", *Conjectures and Refutations, op. cit.*, p. 346.

se beneficia, talvez na falta de uma fórmula célebre desse tipo, da mesma notoriedade. Essa inversão tem relação no tempo: ao "término da história" opõe-se uma história, que ainda não começou, o presente também fazendo parte, em Marx, da "pré-história humana". Convém acrescentar que os inversores do mundo, os revolucionários mundiais, se perdem facilmente na dimensão temporal e basta pensar na etimologia da palavra *revolução*; fez-se observar que Marx, às vezes, se embaraça nas formas gramaticais, quando descreve o mundo do comunismo: "Ele fala desse mundo ou do homem desse mundo, não no futuro, mas no presente; diz o que esse mundo *é*, e não o que ele será (...) pois o presente e o futuro não representam senão um na perspectiva divina"[51]. Como escreve Künzli, com citações do *Capital* como apoio, história natural e história humana assemelham-se, estranhamente, em Karl Marx a uma história da salvação; estática em Hegel, a história tornava-se dinâmica; por isso, o problema que ele se colocava consistia em transformar a matéria filosófica em energia[52].

A influência hegeliana deixa-se igualmente perceber no domínio estilístico. De início, no que concerne às fórmulas, das quais as primeiras remontam a 1844[53]: "A dominação da religião não é senão a religião da dominação", "Que a filosofia se torne, pois, do mundo, e o mundo, filosófico". Depois, houve o apelo à crítica das armas, que devia coroar as armas da crítica; ou, triunfo polêmico, *A Miséria da Filosofia* oposta a *A Filosofia da Miséria*, de Joseph Proudhon. Também houve o autor do *18 Brumário de Luís Bonaparte*: "Liberdade, Igualdade, Fraternidade, mas a verdadeira figura dessa República é Infantaria, Cavalaria, Artilharia". É verdade que, quanto às fórmulas, Marx estava longe de alcançar a poderosa originalidade de seu mestre. Sendo, amiúde, de um acesso difícil, ele não alcançava tampouco as suas obscuridades (a *Questão Judaica*, em matéria de nebulosidades semânticas, é a proeza mais extraordinária). Por outro lado, pode-se interrogar sobre algumas inspirações célebres, cujo sentido, submetido à reflexão, permite sonhar, tais como "o lado mau da história", ou

---

51. L. Kolakowski, "L'anti-utopie utopique de Marx", *L'esprit révolutionnaire*, 1973, pp. 124, 130.

52. Cf. *Psychographie*, notadamente pp. 530 e 651.

53. Anotam-se essas fórmulas na *Rheinische Zeitung* (da qual o jovem Marx era o redator-chefe) de 14 de julho de 1842.

a famosa "a humanidade jamais se propõe as tarefas que não pode cumprir".

Além disso, e é o que importa, mesmo o Marx da maturidade, o economista e o sociólogo, se exprimia, para concluir as suas demonstrações fundamentais, nas formas hegelianas. É assim na conclusão do tomo I do *Capital*: "A produção capitalista gera, ela mesma, a sua própria negação com a fatalidade, que preside às metamorfoses da natureza. É a negação da negação"[54]. Detestável sociologia, mas excelente diabolética.

O que teria sido o marxismo sem a autorização de Hegel, isto é, em última análise, sem os padres milenaristas suábios? Desde o *Manifesto Comunista*, de 1848, Marx afirmava que a burguesia gerava "os seus próprios coveiros", de que restava fornecer a prova; é infinitamente característico, que só a apresentou um quarto de século depois e que essa demonstração, que se pretende científica, apenas se mantém, ao examiná-la de mais perto, admitindo-se a intervenção de um motor primeiro, Deus, ou o Diabo, ou o espírito hegeliano, cuja astúcia é a arma absoluta.

"Deus", escrevia Hegel em sua *Enciclopédia*, "deixa criar os homens com as suas paixões e interesses particulares e, o que se produz por esse meio, é a realização de *seus* interesses, que são algo diferente do que aquele para que se empregavam, antes de mais nada, aqueles de que se serve na circunstância." Os planos divinos, escrevia ainda, resultam, para eles, em danos e sofrimentos; e a Providência divina "se comporta como a astúcia absoluta"[55]. Percebe-se de qual lado extraíam esses projetos e essa Providência.

Quanto a Marx, é no tomo II do *Capital*, a sua enciclopédia, que ele expunha "a mais importante de todas as leis da economia política", a da baixa tendencial da taxa do lucro, em virtude da qual os capitalistas, acreditando trabalhar, cada um, para o seu próprio bem, cavam a sua sepultura coletiva. "Essencial para a inteligência dos problemas mais difíceis [continuava], ela é também

---

54. Cf. ed. Pléiade, t. I, pp. 1239-1240.

55. Cf. *L'encyclopédie des sciences philosophiques*, t. I (La science de la logique), trad. fr., Paris, 1970, p. 614. Em sua *História da Filosofia*, Hegel descreve, como se segue, os malefícios de "a astúcia da razão": *"Das ist die List der Vernunft zu nennem, dass sie die Leidenschaften für sich wirken lässt, wobei dass, was durch sie sich in Existenz setzt, einbüsst und Schaden leidet"*. A razão é, em Hegel, "a essência" do espírito do mundo, e o uso, que ele faz dos termos idéia, Providência, e mesmo Deus, não torna fácil a distinção entre esses diversos conceitos.

a lei mais importante do ponto de vista histórico." Eis como resumia o mecanismo dessa ilusória "lei", que merece o seu lugar junto às especulações apocalípticas que passamos em revista, aquelas de Isaac Newton, de Johann Bengel ou das testemunhas de Jeová:

> Eles próprios negação das formas anteriores da produção social escravizada, o trabalho assalariado e o capital são, por sua vez, negados pelas condições materiais e espirituais saídas de seu próprio processo de produção. (...) O aniquilamento violento do capital por forças vindas, não do exterior, mas jorradas de dentro, de sua própria vontade de autoconservação, eis de que maneira lhe será dada a surpreendente advertência para sair a toda, a fim de desocupar o lugar numa fase superior[56].

Advertência dada por quê? Quem fazia a lei, quem comandava no Golem, encarregado de destruir o capitalismo, senão "a astúcia absoluta" da Providência ou da razão hegelianas? Deste modo, Marx se constituía, por sua vez, em Golem de seu mestre. Remeto, a esse propósito, ao luminoso comentário de Raymond Aron (1967) e à hipótese de uma lógica curto-circuitada em Karl Marx pela psicologia de Jon Elster (1978[57]).

É possível perguntar também por que as grandes periodizações marxistas dos "modos de produção" são em número de quatro, para se reduzir, no fim das contas, praticamente a três (no quadro da "pré-história"[58]); ou lembrar essas esperanças de uma revolução mundial que Marx e Engels acreditavam, de início,

---

56. Cf. ed. Pléiade, t. II, pp. 272-273. Esse tomo, redigido entre 1869 e 1879, foi publicado por Engels.

57. "Marx", escreve R. Aron, "acreditava ter reconhecido mais de uma vez o que o seu mestre Hegel teria denominado a astúcia da razão, isto é, a autodestruição do capitalismo por um mecanismo inexorável, que passava simultaneamente pela ação dos homens e por cima de suas cabeças, *Les étapes, op. cit.*, p. 167. No que concerne à hipótese do sutil lógico norueguês Jon Elster, cf. *Logics and Society*, Chichester, 1978, p. 118.

O meu amigo Alexis Philonenko emitiu a interessante suposição de que a sua falaciosa lei teria podido estar inspirada em Marx pela lei da entropia, publicada por Clausius em 1867 (o ano em que surgia o tomo I do *Capital*). Caso a que conviria falar de uma típica "sobredeterminação".

58. Os modos de produção eram designados por Marx de *asiático* ("despotismo oriental"), *antigo, feudal* e *burguês*; mas, apenas a tríade: antiguidade/feudalismo/burguesia convinha à visão marxista da "pré-história". Em seguida, alguns marxistas procuraram interpretar o regime stalinista à luz do "despotismo oriental" (cf. ed. Pléiade, t. II, pp. 312 e ss., 1654).

iminente, em 1849 ou em 1857, para se resignar depois a uma longa espera do "salto no reinado da liberdade", cujas beatitudes deviam ser necessariamente precedidas por sofrimentos cada vez mais atrozes do gênero humano, sofrimentos ditos *dores do parto* (era, pois, projetado, no futuro, "o vale das ossadas" hegeliano). A justaposição maniqueísta arrancava de L. Kolakowski, por mais marxista que seja ou tenha sido, esse desabafo:

> A idéia de que o mundo existente é tão totalmente corrompido, que é impensável melhorá-lo, e de que, *precisamente por isso*, o mundo que lhe sucederá trará a plenitude da perfeição e a libertação última, essa idéia é uma das aberrações mais monstruosas do espírito humano[59].

Retornamos, assim, a uma questão sobre a qual, no quadro da "inversão temporal", Marx se opõe a Hegel; e, por esse viés, chegamos ao tema central de nossa pesquisa. Esquematicamente, para Hegel, o místico, tudo estava claro; para Marx, tudo permanecia por esclarecer, por desmistificar; desde os seus primeiros escritos, tornou-se o *homem da suspeita*. É, desse modo, que, em *A Sagrada Família* (1844), revelava, de passagem, "a causa" da queda de Napoleão: artimanhas burguesas, intrigas dos agiotas parisienses[60]. Em *A Ideologia Alemã* (1845-1846), colocava o princípio geral, ao denunciar no seio da burguesia os "seus ideólogos ativos, que refletem e extraem a sua substância principal da elaboração da ilusão que essa classe se faz sobre si mesma"[61].

Dessa forma, elaborava-se um método científico ou sociológico, segundo o qual, de maneira geral, as causas não são aquelas invocadas de hábito – o que é o princípio cardeal de toda epistemologia –, mas que é preciso buscá-las no interesse de classe, causa primeira *de facto*, agindo à moda de uma mão na sombra – e que é o princípio cardeal de toda demonologia.

É assim que Marx, construindo a sua doutrina sócio-econômica, denunciando as ideologias – é a existência que determina a consciência, os homens não compreendem o que fazem, a moral

---

59. Kolakowski, "L'esprit révolutionnaire" (1970); cf. *op. cit.*, p. 22.

60. "São os negociantes franceses que prepararam o acontecimento, que dirigiu o primeiro golpe ao poder de Napoleão. São os agiotas parisienses que, ao provocar uma penúria artificial, obrigaram o imperador a retardar por quase dois meses o desencadeamento da Campanha da Rússia" (*La sainte famille*, ed. cit., p. 150).

61. Cf. *L'idéologie allemande*, ed. Paris, 1968, p. 76.

burguesa é uma impostura, os comunistas ignoram a moral –, desembocava numa causalidade nova, que levava forçosamente às concepções de uma responsabilidade e, depois, de uma culpabilidade "objetivas"; e, apesar de – ou graças a – suas pretensões científicas e seus esboços de uma "formalização", induzia, nos seus leitores ou nos seus interlocutores, a fantasia de um monstro cego, de uma entidade má por essência, tal como a raça (ou o que esta iria se tornar sob a pena de seus antagonistas): em resumo, ele *diabolizava* a burguesia. Aliás, as penosas circunstâncias de sua vida de emigrado político no solo frio da Inglaterra, exposto a preocupações, aborrecimentos e intrigas de toda ordem, engrandecidos por ele, como isso é corrente em semelhante caso, em "conspirações" e "traições"[62], não deviam ser estranhas, mesmo que fosse contra a vontade, para alguns acentos. A coabitação do profeta, do cientista e do emigrado, sob a mesma pele, é difícil.

Vejamos agora como Marx agia para dotar "o modo de produção burguês" de atributos de ordem moral. De início, vejamos no texto do maior de todos os panfletos revolucionários, o *Manifesto Comunista*, no qual se salienta "uma mistura de virtual e de real, que lhe confere a sua dimensão do mais verdadeiro do que o verdadeiro"[63], dimensão indispensável aos apocalipses de nosso tempo.

A burguesia desempenhou, na história, um papel eminentemente revolucionário. Por toda parte onde chegou a dominar, destruiu todas as condições feudais, patriarcais, idílicas. Impiedosa, ela rompeu os laços multicores, que uniam o homem a seus superiores naturais, para não deixar subsistir outro laço entre o homem e o homem senão o interesse nu e cru, o frio "pagamento à vista". Calafrios sagrados e piedosos fervores, entusiasmo cavalheiresco, melancolia beócia, tudo isso ela afogou na água glacial do cálculo egoísta. (...) Arrancou das relações familiais o seu véu de comovente sentimentalidade; reduziu-as a uma simples relação de dinheiro. (...) A grande indústria destrói todo laço de família para o proletário e transforma as crianças em simples artigos de comércio, em simples instrumentos de trabalho.

E o *Manifesto* terminava com o célebre desafio:

Os comunistas declaram abertamente que os seus fins não poderão ser atingidos sem a reviravolta violenta de toda a ordem social, tal como existiu até o

---

62. Sobre essa questão, basta remeter a não importa qual biografia não hagiográfica de Karl Marx.

63. Tomo de empréstimo esse notável resumo do livro de Nicolas Baudy, *Le marxisme, Le centennaire du "Capital"*, Paris, 1967, p. 109.

presente. Não é sem razão que as classes dominantes tremem diante da ameaça de uma revolução comunista. Nela, os proletários apenas se arriscam a perder os seus grilhões. Eles têm um mundo a ganhar. Proletários de todos os países, univos!

Todos esses temas se reencontram em *O Capital*; na conclusão do tomo I, o único publicado em vida, Marx reproduzia ainda uma passagem do *Manifesto*, na qual precisava que, qualquer que seja a multiplicidade das classes sociais, todas as que são intermediárias, aí compreendido o campesinato, eram "objetivamente reacionárias". Porém, é natural que a luta final entre o Bem e o Mal só podia ser uma luta a dois[64].

O Mal, burguesia ou capitalismo, tornava-se, sob a pena de Karl Marx, uma espécie de fator causal supra-individual, dotado da homogeneidade de querer e de lucidez de decisão[65]. O capitalismo era apenas "o capital personificado", ou "o capital representa o homem"; e Marx continuava:

A sua alma é a do capital. Porém, o capital tem apenas um único motivo, o de tirar lucro de si mesmo de criar a mais-valia, de sugar a maior quantidade de excedente de trabalho, graças aos meios de produção, que constituem uma parte integrante, constante de seu ser. O capital é do trabalho morto, que só vive a exemplo do vampiro, sugando do trabalho vivo. Ele vive tanto mais quanto dele suga mais[66].

Eis, portanto, um capital dotado de uma alma e que suga o trabalho a exemplo de um vampiro; Marx se servia de diversas formas e em diversos lugares dos usos da língua de todos os dias, segundo os quais um temporal nos ameaça, ou as ondas se desencadeiam, ou um incêndio se alastra, e esse animismo assegurava o seu tratado de austera economia política "de algum fascínio particular", como salientava à época a *Saturday Review*[67]. Alhures, o capital é glutão e os seus empreendimentos são estimulados pelas "causas mais infames, pelas paixões mais sórdidas e mais odiosas

64. Cf. *Le Capital*, t. I, ed. Pléiade, p. 1240 (Conclusão).

65. Cf. Joseph Gabel, "Le concept de l'idéologie", *Idéologies*, I, Paris, 1974, p. 74.

66. Cf. *Le Capital*, ed. cit., p. 788; mas, aqui, sigo a trad. de Nicolas Baudy, *op. cit.*, p. 163.

67. Como aí escrevia o único organizador em língua inglesa da 1ª edição de *Das Kapital*: "A apresentação do tema envolve as questões econômicas mais áridas com um certo charme". Cf. I. Berlin, *op. cit.*, p. 182.

na sua pequenez"; alhures ainda, o capital vem ao mundo coberto de sangue e de lama; alhures, enfim, o capital, lúcido como é, não ignora que o dinheiro não é senão um judeu interiormente circuncidado[68]. Essas metonímias (como Élisabeth de Fontenay pleiteia) iam muito longe: na questão judaica, o judaísmo não será "um politeísmo, que faz, mesmo dos banheiros, um objeto da lei divina"?

As forças do Bem não se beneficiavam de imagens ou metonímias desse gênero, o trabalho não era de nenhum modo personificado, nem os assalariados, idealizados de uma forma qualquer. Com certeza, fundamentando-se sobretudo nos implacáveis relatórios dos inspetores de fábrica ingleses, imortalizados assim, Marx não esquecia de descrever a miséria dos operários, as suas jornadas de trabalho de doze ou mesmo de dezesseis horas, a falta de repouso e de sono, o desperdício das forças vitais e a degradação moral: "O capital atinge o seu objetivo, ao abreviar a vida do trabalhador, do mesmo modo que um agricultor ávido obtém de seu solo um rendimento mais forte, ao esgotar a sua fertilidade". E, ao fustigar a sociedade burguesa, esse Mal supremo, que deve, necessariamente, preceder o Bem supremo, chegava, em sua fúria profética, a tratar de "mercadores de escravos" e de "intermediários" até os trabalhadores:

> A legislação da fábrica não é a aprovação oficial de que a grande indústria fez da exploração das mulheres e das crianças pelo capital, desse dissolvente radical da família operária de outrora, uma necessidade econômica, que ela converteu a autoridade paterna numa contribuição do mesmo mecanismo social, destinado a fornecer, direta ou indiretamente, ao capitalista as crianças do proletário, o qual, sob pena de morte, deve desempenhar o seu papel de intermediário e de mercador de escravos?

Assim redigido o auto de ocorrência, Marx não deixava de lembrar que, ao agir deste modo, o proletariado, por desnaturado que fosse, arrumava, por meio de sua ditadura, "a nova base econômica sobre a qual se erguerá uma forma superior da família e das relações entre os sexos". É que, "na história como na natureza, a podridão é o laboratório da vida"[69].

---

68. Cf. ed. Pléiade, p. 800, p. 1238, p. 703 (em alemão *"innerlich beschnittene Juden"*; na ed. Pléiade, essa qualificação do dinheiro é remetida a uma nota, p. 1646).

69. Cf. ed. Pléiade, t. I, p. 800 e pp. 994-995.

Eis aqui excelentes alimentos intelectuais para os outros levados a pensar em "termos de catástrofe", ou sequiosos de causas primeiras, e refletimos nas flechas de Max Weber dirigidas aos milenaristas, que "apelam para a última violência, que inaugurará a ausência de toda violência". Apelos que, sendo retomados, mesmo em período de crise, apenas por uma franja minoritária, historicamente fizeram fórmula na Europa do século XX do modo que se sabe. Pode-se meditar, a esse respeito, sobre um sarcástico ditado da Alemanha pré-hitlerista: "Na história mundial, é mais louco quem sempre tem razão"[70].

Porém ao se interrogar sobre a prodigiosa influência de Karl Marx sobre o movimento socialista internacional, influência que se exerceu enquanto ele viveu, convém, de início, levar em conta as suas capacidades de organizador e de manipulador. I. Berlin, o seu biógrafo mais ponderado, julga ainda que esses talentos fizeram mais para incitar a maioria dos socialistas continentais para adotar o seu sistema[71], do que o conjunto de seus trabalhos de erudição e escritos políticos[72]. O fato de que um Mao Tsé-tung não tenha lido de Marx e Engels a não ser o *Manifesto*, e que esse gênero de dirigentes socialistas ou marxistas se torne cada vez mais numeroso, se inscreve, no fim das contas, na mesma linha. Contudo, é certo que Lênin e Stalin, Trótski e Bela Kun o liam religiosamente, como convém ler as Escrituras – para dele extrair algumas conclusões lamentáveis, porque culturalmente regressivas; ora, essa leitura era incontestavelmente a boa.

Mencionei esse aspecto particular da diabolética: pois Marx afirma, de um só fôlego, ao vituperar os seus contemporâneos,

---

70. *"In der Weltgeschichte behält der meschuggenere immer Recht."*

71. Na França que, no entanto, não foi o terreno de eleição do marxismo, a maioria dos observadores concordava em registrar, no fim do século XIX, que a doutrina de Marx é aquela "que possui mais adeptos entre os socialistas, e todos sofreram, mais ou menos, sua influência" (A. Bayet). G. Platon evocava "a ação particularmente grave e profunda do firme e poderoso gênio, que mais se dedicou para formular cientificamente o socialismo". Mais reservado quanto à originalidade de Marx, René Berthelot falava de seu "vigor lógico"; e do "senso da realidade com o qual ele trabalhou para organizar o proletariado para a luta". (Cf. os verbetes "Marx", "Coletivismo" e "Socialismo" da *Grande Enciclopédia*, 1895-1900).

72. *"The unique position of authority which (Marx) himself occupied in international socialism during the last decade of his life did more to consolidate and ensure the adoption of his system than mere attention to the works, or the consideration of history in the light of them, have achieved"*, Karl Marx, op. cit., p. 158.

que eles são apenas, pelo menos antes de serem esclarecidos por ele, cegos instrumentos de processo histórico e que, enquanto classes sociais, só constituem "dados objetivos", uma tal concepção leva logicamente à de uma responsabilidade e de uma culpabilidade, até de uma traição, *objetivas*; concepções que receberam na teoria marxista-leninista e na prática stalinista o sinistro desenvolvimento que se conhece. O pensador, que melhor soube resumir esse desenvolvimento, na perspectiva da história universal, é Karl Popper, quando, com o seu laconismo costumeiro, liga as "teorias da conspiração" ("a visão policial da história", de Manès Sperber) à expulsão de Deus ou da Providência como qualidades primeiras, e à questão de saber que, doravante, conservará o seu lugar[73]. Porém, são os trabalhos de Jean Piaget, sobre a formação do julgamento nas crianças, que esclarecem melhor o teor regressivo ou infantilizante do "socialismo científico", uma vez que estabeleceram que, durante o seu desenvolvimento, todo ser humano passa para uma idade dada por uma etapa, no curso da qual conhece apenas uma causalidade ou uma responsabilidade objetivas; é o que Piaget qualifica de "realismo moral":

> O realismo moral acarreta uma concepção objetiva da responsabilidade. A criança de oito e dez anos parece não diferenciar o aspecto jurídico, por assim dizer, ou do tribunal de contravenções, e o aspecto moral da questão: é mais "vilão" aquele que está com uma grande mancha em seu casaco do que aquele cuja mancha é pequena, e, isso, embora a criança reconheça perfeitamente que as intenções possam ser boas. (...) Quanto ao roubo, que é unanimemente apresentado à criança como uma grave falta moral, o fenômeno é ainda mais claro.

E um pouco mais adiante:

> O pensamento na criança, estando sempre em atraso com relação à ação, é natural que a solução de problemas teóricos, como os de que nos servimos, re-

---

73. No contexto, K. Popper procura definir a tarefa das ciências sociais; para começar, critica uma visão sustentada por numerosos racionalistas, que ele qualifica de *conspiracy theory of society*, e que compara a uma visão do mundo teísta popular entre os gregos. *"The conspiracy theory of society is just a version of this theism, of a belief in gods whose whims and wills rule everything. It comes from abandoning God and then asking: 'Who is in his place?' His place is then filled by various powerful men and groups – sinister pressure groups..."* Num outro estudo, Popper, ao criticar o historicismo hegeliano, dá, como exemplo de uma idéia historicista, a idéia bíblica *"that history has a plot whose author is Jahwe, and that the plot can be partly unravelled by the prophets"* (Cf. *Conjectures and Refutations*, op. cit., p. 123 e p. 338).

corra aos esquemas mais habituais e mais antigos, e não aos esquemas mais sutis e menos resistentes em via de construção atual. É, desse modo, que um adulto em pleno período de revisão dos valores e vivendo sentimentos, cuja novidade o surpreende, talvez recorra a noções morais já caducas[74].

Eis-nos reconduzidos, com a devida prudência piagetiana, às "circunstâncias excepcionais, onde, sem nelas pensar, o homem médio retoma [em matéria de causalidade] a atitude característica dos primitivos", de Lévy-Bruhl[75].

Uns trinta anos depois, o criador da epistemologia genética extraía, de suas experiências e de suas investigações sobre a elaboração, conclusões mais gerais:

> Toda a causalidade, que se desenvolve durante a primeira infância, participa desses mesmos aspectos de indiferenciação entre o físico e o psíquico e do egocentrismo individual. As leis naturais acessíveis à criança são confundidas com as leis morais, e o determinismo com a obrigação: os navios oscilam porque devem e a lua brilha apenas à noite "porque não é ela que 'ordena' ".

Portanto, quem ordena? Nessa questão, é preciso fazer justiça a Marx e Engels; não é a eles, mas à ciência nascente dos séculos XVI e XVII que remonta a confusão entre o determinismo e a obrigação, refletida pelos dois sentidos bem distintos do termo *lei*; esses sentidos, porém, representavam, de fato, apenas um só, num universo em que Deus era a causa primeira e única. No entanto, já o longínquo Deus – relojoeiro das Luzes – e quanto mais a deusa razão, ou o Ordenador supremo dos ideólogos, implicavam uma disjunção, donde as esperanças colocadas no futuro "Newton da vida moral". Em suma, esse emprego chegou a ser assumido, de certa forma, por Marx, consistindo o ovo de Colombo em negar todo valor, em sua qualidade de superestrutura mistificadora, à vida dita moral.

Jean Piaget constata mais adiante que, nas criancinhas, "a obediência ultrapassa, de início, a justiça ou, melhor dizer, a noção do que é justo começa por se confundir com o que é ordenado ou imposto de alto". Acrescenta que as crianças interrogadas "sempre acham justa a punição mais forte"[76]. O que está, em

---

74. Cf. Jean Piaget, *Le jugement moral chez l'enfant*, Paris, 1932, p. 120, pp. 147-248, 150-151.

75. Cf. mais atrás, Prefácio, p. XIV.

76. Cf. Jean Piaget, *Six études de psychologie*, Paris, 1964; os dois textos que cito acima remontam, respectivamente, a 1963 e a 1954.

todos os pontos, de acordo com a pedagogia infantil de Stalin e, ainda hoje, não é Deus, é o KGB, que se grafa, na Rússia, em letras maiúsculas. Porém, limitemo-nos a Karl Marx.

Como abarcar o pensamento de um homem, que foi o último filósofo e sábio universal, a exemplo das figuras de proa das Luzes, e que, porque buscava desvendar os últimos mistérios, reduzir a vida dos homens a um princípio único, mereceu o título de "o último dos escolásticos"?[77] Raymond Aron, para quem Marx continua sendo "um grande homem", julga que o seu grande erro sociológico consistia na assimilação, no que concerne à ascensão das classes, do proletariado à burguesia, sem levar em consideração a dissimetria flagrante entre um grupo detentor do poder econômico e a massa dos deserdados:

> A burguesia é uma minoria privilegiada, que passou da situação socialmente dominante para o exercício político do poder; o proletariado é a grande massa não privilegiada, que não pode se tornar, enquanto tal, a minoria privilegiada e dominante.

E eis por que "a ascensão do proletariado não pode ser assimilada, a não ser pela mitologia, à ascensão da burguesia (...) aí está o erro central, que salta aos olhos e cujas conseqüências foram imensas, de toda visão marxista da história"[78].

Como se sabe, Marx, que sabia tão bem analisar os métodos graças aos quais as minorias burguesas e outras se arrogavam o direito de governar em nome do povo, jamais se pronunciou sobre a questão de saber quem, qual minoria privilegiada, governaria em nome dos exércitos vitoriosos do proletariado. Voltamos assim ao "salto na liberdade" – e ao problema das fontes do profeta do "socialismo científico".

A esse respeito, Arnold Künzli, num capítulo de sua *Psicografia* intitulado "O Reino de Deus – A Abertura Religiosa", estabelece que quase todos os escritos marxistas "abundam em citações bíblicas, alusões aos problemas religiosos, projeções de conteúdo religioso, imagens, fórmulas e disfarces" dessa ordem[79]. Algumas passagens, que ele cita, revelam, de fato, uma singular

---

77. A definição deve-se ao historiador de economia Robert H. Tawney; cf. História do Anti-Semitismo, t. III, p. 362, nota 165.

78. Cf. *Les étapes..., op. cit.*, p. 193.

79. Cf. *Psychographie, op. cit.*, pp. 798-805.

FILOSOFIA ALEMÃ: A DIABOLÉTICA

familiaridade com o espírito e o estilo da Bíblia. Assim, quando, em *A Ideologia Alemã*, Marx empresta a Bruno Bauer o seguinte discurso:

> Eu lhe enviei o meu servidor, Jeremias, que conheceu a minha palavra a partir do décimo terceiro ano do reinado do rei Josias, filho de Amon. E ele pregou durante vinte e três anos, mas você não quis ouvir. Eis por que o Senhor disse: Quem jamais ouviu dizer que a virgem Israel comete ações tão horríveis? Pois a água da chuva entra no solo menos rápido do que o meu povo esquece. Ó povo, povo, escuta a palavra do Senhor[80].

Contudo, nessa exortação paródica de feitura vétero-testamentária, Marx qualifica Israel de *virgem* e não de *esposa*, como teria sido apropriado. Manifestamente, ele se reconhecia melhor no Novo Testamento; em *A Ideologia Alemã*, Deus-Pai é evocado quatro vezes; Moisés e Abraão, uma só vez; enquanto Deus-Filho tem direito a catorze menções, o Apocalipse, a quatro, e Lutero, a quatro[81]. Entre o *corpus* bíblico e o de Marx, poder-se-á estabelecer, no prolongamento das páginas que a isso Künzli consagra, um impressionante quadro de concordância; em *O Capital*, a respeito da questão fundamental da relação entre a mercadoria e o dinheiro, não são apenas os "judeus interiormente circuncidados", que servem para alegrar ou para excitar o leitor, mas também São Jerônimo, e o Apocalipse[82], e Lutero tem direito a dez menções e oito citações. Aliás, pelo menos numa ocasião, Marx proclamava numa reunião pública, da forma mais crua, uma certa superioridade do protestantismo sobre o catolicismo[83].

As fontes bíblicas de Marx? Admitiremos, de bom grado, com Arnold Künzli, que são todos os primeiros anos que contam, que "o filho é o pai do homem", e que uma mãe judia poderia ser capaz, mais do que qualquer outra, de inculcar em seu primogênito a convicção de um destino excepcional que o espera: o sentimento, se se quer, de uma eleição. Porém, foram professores pro-

---

80. Cf. *L'idéologie allemande*, trad. cit., p. 129.
81. *Ibid.*, "Índice Onomástico".
82. Cf. ed. Pléiade, t. I, p. 622 e p. 641.
83. Em novembro de 1847, Marx fazia, em Londres, uma exposição sobre um livro de Georg Daumer, *Les secrets de l'antiquité chrétienne*, dedicado ao "canibalismo sagrado" dos primeiros cristãos. Afirmava, em especial, ultrapassando Daumer: "Sabemos que o elemento supremo do cristianismo é o sacrifício humano. (...) O protestantismo apenas fez transpô-lo no homem espiritual, e

testantes que familiarizaram o jovem Marx com as Sagradas Escrituras, e a sua biografia escolar, continuada por suas leituras, nos faz entrever, atrás da marca hegeliana, uma marca luterana-cristã, que ia decidir, tanto temática quanto socialmente, a sua vocação de judeu revolucionário.

O que quer que se diga dele na Paris de 1980, Marx permanece de certo modo tão vivo quanto no primeiro dia. Na própria Cidade-Luz, quantos espíritos universitários e outros continuam a glosar os seus textos e a julgar todas as coisas em função do princípio de que "a ideologia dominante de uma sociedade é a da classe dominante" – e, se isso é menos verdadeiro do que há um século –, "a velha toupeira" com certeza é responsável por alguma coisa –; quantos idealistas e sociólogos, quantos otimistas incorrigíveis ou primários cientistas ou apocalípticos fervorosos continuam a crer "que a elucidação completa dos processos sociais está subordinada à destruição revolucionária da exploração do homem pelo homem"[84]. Ocorre o mesmo em New York ou em San Francisco, e, na velha Inglaterra, o marxismo, parece, multiplica os seus adeptos. Por seu lado, os estudantes do Terceiro Mundo fornecem recrutas proporcionalmente ao seu crescimento em número e, nos países ditos socialistas, o estudo do *diamatt* (materialismo dialético), assunto desacreditado pela juventude, é a condição prévia para toda atividade diferente da manual. Os estudantes soviéticos não podem, pois, fazer, de outro modo, senão impregnar-se do pensamento universal de Marx e de Lênin. Como diz Alexandre Zinoviev, ao tratar do estado das ciências humanas em "Ivanburgo", elas aí "ocupam um lugar particular. O ivaniano não as conhece, nem as compreende, apesar de um aprendizado de toda uma vida, e eis por que ele lhes dá o nome humorístico de ciências sociais. Tampouco os especialistas as compreendem, mas eles as conhecem. (...) As ciências naturais podem prestar-se à discussão; mas, quanto às ciências sociais, não pode haver nenhuma discussão possível. (...) Elas refletem, hoje,

---

abrandou um pouco a coisa" (Cf. História do Anti-Semitismo, t. III, p. 348, nota 110).

84. Expressão de Pierre Fougeyrollas, autor de *Sciences sociales et marxisme* (1979), durante um encontro com Rolland Jaccard; cf. *Le Monde*, 28 de outubro de 1979.

os interesses do proletariado mundial e dos povos oprimidos, que dirigem. No momento, é difícil saber quais interesses elas refletirão, quando o *ismo* for instaurado no mundo inteiro"[85].

Será ele instaurado? O que resultará desse trabalho desordenado das moléculas cinzentas, em escala mundial? O que merece ser retido de Hegel e de Marx, a esse respeito, é a trágica demonstração experimental das desmedidas do raciocínio dialético e da inexistência das leis da história. Uma lição que, atualmente, começa, parece, a ser conhecida.

---

85. *Les Hauteurs béantes, op. cit.*, p. 403.

HISTÓRIA NA PERSPECTIVA

NOVA HISTÓRIA E NOVO MUNDO – Frédéric Mauro (D013)
HISTÓRIA E IDEOLOGIA – Francisco Iglésias (D028)
A RELIGIÃO E O SURGIMENTO DO CAPITALISMO – R. H. Tawney (D038)
1822: DIMENSÕES – Carlos Guilherme Mota e outros (D067)
ECONOMIA COLONIAL – J. R. Amaral Lapa (D080)
DO BRASIL À AMÉRICA – Frédéric Mauro (D108)
HISTÓRIA, CORPO DO TEMPO – José Honório Rodrigues (D121)
MAGISTRADOS E FEITICEIROS NA FRANÇA DO SÉCULO XVII – R. Mandrou (D126)
ESCRITOS SOBRE A HISTÓRIA – Fernand Braudel (D131)
ESCRAVIDÃO, REFORMA E IMPERIALISMO – R. Graham (D146)
TESTANDO O LEVIATHAN – Antonia Fernanda P. de Almeida Wright (D157)
NZINGA – Roy Glasgow (D178)
A INDUSTRIALIZAÇÃO DO ALGODÃO EM SÃO PAULO – Maria Regina de M. Ciparrone Mello (D180)
HIERARQUIA E RIQUEZA NA SOCIEDADE BURGUESA – A. Daumard (D182)
O SOCIALISMO RELIGIOSO DOS ESSÊNIOS – W. J. Tyloch (D194)
VIDA E HISTÓRIA – José Honório Rodrigues (D197)
WALTER BENJAMIN: A HISTÓRIA DE UMA AMIZADE – Gershom Scholem (D220)
COLÔMBIA ESPELHO AMÉRICA – Edvaldo Pereira Lima (D222)

NORDESTE 1817 – Carlos Guilherme Mota (E008)
CRISTÃOS-NOVOS NA BAHIA – Anita Novinsky (E009)
VIDA E VALORES DO POVO JUDEU – Cecil Roth e outros (E013)
HISTÓRIA E HISTORIOGRAFIA DO POVO JUDEU – Salo W. Baron (E023)
O MITO ARIANO – Léon Poliakov (E034)
O REGIONALISMO GAÚCHO – Joseph L. Love (E037)
BUROCRACIA E SOCIEDADE NO BRASIL COLONIAL – Stuart B. Schwartz (E050)
DAS ARCADAS AO BACHARELISMO – Alberto Venancio Filho (E057)
HISTÓRIA DA LOUCURA – Michel Foucault (E061)
DE CRISTO AOS JUDEUS DA CORTE – Léon Poliakov (E063)
DE MAOMÉ AOS MARRANOS – Léon Poliakov (E064)
DE VOLTAIRE A WAGNER – Léon Poliakov (E065)
A EUROPA SUICIDA – Léon Poliakov (E066)
JESUS E ISRAEL – Jules Isaac (E087)
MISTIFICAÇÕES LITERÁRIAS: "OS PROTOCOLOS DOS SÁBIOS DE SIÃO" – Anatol Rosenfeld (EL03)
PEQUENO EXÉRCITO PAULISTA – Dalmo de Abreu Dallari (EL11)
GALUT – Itzhack Baer (EL15)
DIÁRIO DO GUETO – Janusz Korczak (EL44)
O XADREZ NA IDADE MÉDIA – Luiz Jean Lauand (EL47)
O MERCANTILISMO – Pierre Deyon (K001)
FLORENÇA NA ÉPOCA DOS MÉDICI – Alberto Tenenti (K002)
O ANTI-SEMITISMO ALEMÃO – Pierre Sorlin (K003)
MECANISMOS DA CONQUISTA COLONIAL – Ruggiero Romano (K004)
A REVOLUÇÃO RUSSA DE 1917 – Marc Ferro (K005)
A PARTILHA DA ÁFRICA NEGRA – Henri Brunschwig (K006)
AS ORIGENS DO FASCISMO – Robert Paris (K007)
A REVOLUÇÃO FRANCESA – Alice Gérard (K008)
HERESIAS MEDIEVAIS – Nachman Falbel (K009)
ARMAMENTOS NUCLEARES E GUERRA FRIA – Claude Delmas (K010)
A DESCOBERTA DA AMÉRICA – Marianne Mahn-Lot (K011)
AS REVOLUÇÕES DO MÉXICO – Américo Nunes (K012)
O COMÉRCIO ULTRAMARINO ESPANHOL NO PRATA – E. S. Veiga Garcia (K013)
ROSA LUXEMBURGO E A ESPONTANEIDADE REVOLUCIONÁRIA – Daniel Guérin (K014)
TEATRO E SOCIEDADE: SHAKESPEARE – Guy Boquet (K015)
O TROTSKISMO – Jean-Jacques Marie (K016)
A REVOLUÇÃO ESPANHOLA 1931-1939 – Pierre Broué (K017)